PAR LES SENTIERS DE LA SOIE

À pied jusqu'en Chine

1re édition (2002), Transboréal
Transboréal 23, rue Berthollet, Paris (Ve)
Téléphone 01 55 43 00 37
Télécopie 01 55 43 00 38
Courriel contact@transboreal.fr
Internet www.transboreal.fr

Transboréal est une maison d'édition qui veut promouvoir
le travail d'auteurs, d'illustrateurs et de photographes
ayant fait preuve d'abnégation et de courage
lors d'études ou de voyages au long cours
marqués par une réelle connivence
avec le milieu humain
ou le monde naturel.

Conception graphique et réalisation : Transboréal
Gravure : Point Carré, à Rosny-sous-Bois (93)
Impression : Jean-Lamour, à Maxéville (54)
ISBN : 2-913955-14-2
Dépôt légal : juillet 2002

Philippe Valéry

PAR LES SENTIERS DE LA SOIE

À pied jusqu'en Chine

TRANSBORÉAL

À la mémoire
de mes grands-parents,
mus par la foi en Dieu ou en l'homme,
qui m'ont légué l'amour du prochain.

À mes parents,
mon frère Christophe,
ma famille et tous mes amis
qui, par leurs encouragements,
m'ont aidé à aller jusqu'au bout.

À ma mère en particulier,
pour m'excuser des inquiétudes
que je lui ai causées et pour sa patience
à dactylographier mes comptes rendus de voyage.

À tous ceux dont l'amitié offerte
au cours de ce voyage sur les sentiers de la soie
m'a empli de joie et grâce auxquels je pourrai encore,
au soir de ma vie, trouver d'innombrables raisons de sourire.

A Melba, por tu ayuda
para que existe este libro
y porque me permitiste entender
donde quedan mi ideal y mi felicidad.

PROLOGUE

Pour quoi ? Pourquoi se lance-t-on dans un voyage de dix mille kilomètres à pied ? Quel degré d'originalité, quelle vanité, quel zeste de folie faut-il pour se lever un matin et se dire : « J'irai jusqu'en Chine à pied ! »

Tout commence en 1997 : j'ai 33 ans, je suis célibataire, sans enfant. J'ai suivi une scolarité sans histoire à Marseille, étudié en classe préparatoire au lycée Louis-le-Grand à Paris avant de passer trois ans en région parisienne à l'ÉSSEC, une école de commerce où l'enseignement de l'esprit d'entreprise se conjugue à la vie associative et aux valeurs humanistes. Les trois années suivantes, je suis en poste à l'ambassade de France au Japon, puis je voyage sept mois en Amérique du Sud que je parcours par presque tous les moyens de transport possibles : avion, bus, train, voiture, en bateau parfois et même un peu à pied. Depuis le début de 1990, je vis le parcours classique d'un cadre travaillant dans le marketing et les ventes pour une multinationale américaine. J'ai ce que beaucoup de gens appellent un bon boulot, à Paris chez Coca-Cola. Je rêve pourtant du transfert vers l'Amérique latine ou l'Asie qu'on m'a longtemps fait miroiter. Bloqué en Europe depuis huit ans, je m'étiole. J'ai l'impression de me construire une vie fade, sans souvenirs et tracée pour les soixante prochaines années. Je deviens spectateur de ma propre existence. Je la subis. Je travaille plus de cinquante heures par semaine et commence à me demander pour quoi ou pour qui je me démène ainsi… Pour moi ? Pour mon employeur ? Pour mon pays ? La multinationale traite plutôt bien ses employés mais, dans la guerre mondiale des entreprises, je n'ai même pas la satisfaction de pouvoir me dire que je mets mon énergie au service d'une société française ou européenne. Et je n'obtiens pas ce que je veux de mon travail. Le siège américain ne m'écoute pas. Il me berce d'illusions. Je demande une mutation et, en retour, on ne me propose que des augmentations… Pour ma famille ? Je ne suis responsable que de moi-même. Sans m'être accompli, je n'envie même pas ceux de mes amis qui, jeunes mariés et pères, ont déjà atteint cette finalité naturelle de l'existence. Ce n'est pas encore le moment : la régénération de ma propre vie par la grâce d'une femme viendra plus tard. Malgré toute la complicité et l'affection que je partage avec mon amie, nous savons, l'un et l'autre, que le grand amour sera pour une autre fois. Son charme exotique ne peut étancher ma soif d'ailleurs, ni empêcher mon départ.

En mon for intérieur, j'admire à travers leurs écrits les hommes et les femmes qui, comme Antoine de Saint-Exupéry, Ernest Hemingway, Romain Gary ou Ella Maillart ont réussi à avoir plusieurs vies en une seule. Moi aussi, j'ai une autre vie qui me trotte dans la tête depuis des années : la route de la soie et des épices à pied. Cet ensemble de voies terrestres et maritimes qui a relié l'Extrême-Orient à l'Europe (Rome, Gênes, Venise…) *via* l'Asie centrale, l'Iran et la Turquie (ou la Syrie), a servi à développer de nombreux échanges commerciaux, intellectuels ou religieux à travers des pays à l'histoire extraordinairement riche. Cet axe est-ouest a été baptisé au XIXe siècle « route de la soie » par le géographe allemand von Richthofen. Ma fascination pour elle a germé en moi depuis une très belle exposition sur ce thème à Nara au Japon, en 1988. Je peux encore me permettre la fantaisie d'introduire dans mon existence cet épisode de deux ans à la manière de mes grands personnages. Je n'en aurai plus guère l'occasion. Ce voyage me fait trop envie et, si des cœurs vaillants peuvent mener à bien leurs projets, pourquoi pas moi ? Après, je pourrai vieillir heureux, j'en ai la conviction. J'aurai vécu. Si je ne me lance pas, je sais que je porterai à jamais ce regret.

Partir. Je ne rêve plus que de cela. Partir. C'est comme un feu que je couve et qui me brûle intérieurement. Paris devrait pourtant suffire au bonheur d'un homme sensible à son patrimoine architectural, artistique et culturel, ainsi qu'à ses plaisirs gastronomiques.

Mais non ! J'ai eu la chance de recevoir une éducation internationale, de parler plusieurs langues, de travailler au Japon et de voyager dans une quarantaine de pays. À présent, je suis fatigué de n'avoir plus qu'à observer le miroir que me tendent les Parisiens, renfermés, tristes et stressés. J'ai peur d'être emporté moi-même dans leur maelström urbain. Je ne me sens pas d'ici : je suis né et ai grandi à Marseille, ville ensoleillée où les gens savent être eux-mêmes et se parler. Mal à l'aise, engoncé dans un univers étriqué où l'on érige autant en valeurs l'enrichissement matériel et l'individualisme que la compassion et le civisme, je me sens devenir misanthrope, et ce n'est pas dans ma nature. J'aime les gens. Lorsqu'on regarde le monde à travers la télévision, les Croates et les Serbes sont des bouchers sanguinaires, les Iraniens sont de dangereux fondamentalistes, les Afghans, des talibans barbares. Ce manichéisme simpliste m'exaspère. J'ai envie de porter mon propre regard sur l'homme. Je veux prendre mon sac à dos et aller retrouver, derrière l'horizon, les valeurs de partage et d'amitié qui donnent à la vie une mélodie plus entraînante, une couleur plus éclatante et un goût rehaussé.

Partir, oui, mais pourquoi la route de la soie plutôt que l'Amérique latine, les États-Unis, l'Afrique ou l'Océanie ? Parce que cette route relie des pays qui ont généralement deux caractéristiques : une histoire riche et une fermeture prolongée à l'étranger, synonymes de mystère, d'exotisme et de traditions préservées. Turquie, Iran, pays de l'ex-Union soviétique, Afghanistan, Chine… Pendant deux millénaires, la route de la soie a aussi été celle des plus hautes technologies, du travail des métaux, du commerce du poivre, de la cardamome, de la cannelle, de l'anis et de la réglisse, des étoffes, des tapis et des pierres précieuses. Marco Polo l'aurait parcourue. Elle a été empruntée par des conquérants légendaires, souvent destructeurs mais parfois bâtisseurs et porteurs de civilisation : Alexandre le Grand, Tamerlan, Gengis Khan, Babur… Elle a aussi été un terreau d'architectes et d'esthètes ayant laissé leur empreinte sur Gênes, Venise, Istanbul, Ispahan, Boukhara, Samarcande…

Partir pour mettre de l'imprévu, du plaisir, des odeurs et du piment dans mon existence, soit ! Mais pourquoi à pied ? En marchant à travers villages et campagnes, mon souhait est d'aller à la rencontre d'hommes et de femmes qui ont su préserver leurs costumes régionaux, leurs habitudes culinaires et leurs traditions ancestrales. Voyager à pied est pour moi la meilleure façon de calquer ma vitesse sur celle des autres et d'observer le monde lentement, avant qu'il ne s'altère. Hormis leurs quartiers historiques, les grandes villes se ressemblent de plus en plus. Leurs habitants, les jeunes en particulier, vivent dans les mêmes maisons construites par les mêmes architectes. Ils consomment les mêmes produits, écoutent de plus en plus la même musique et regardent les mêmes programmes de télévision. Les avions déversent dans toutes les villes et les sites historiques du monde des hordes de touristes (dont j'ai fait et referai partie). Beaucoup d'entre eux considèrent le dépaysement comme un droit pour lequel ils ont payé. Moi, à pied, j'aurai humblement sué pour le mériter. J'aurai droit à la véritable saveur des rencontres. À leur vraie valeur. La marche n'est pas un but en soi, elle est un moyen de découvrir autrui et, en quelque sorte, un acte d'amour à son égard.

Enfin arrive le jour difficile et beau à la fois où je décide de faire ce à quoi songent des milliers de personnes prisonnières de leurs attaches familiales ou salariales : démissionner pour troquer le rêve contre le voyage. J'annonce donc à mon employeur que je vais à pied jusqu'en Asie, pensant qu'ainsi j'y serai plus vite qu'en attendant ma mutation. Pendant cinq mois, j'envisage plusieurs itinéraires et m'informe sur leur faisabilité administrative, je me mets en quête de sponsors et me documente sur les régions que je veux traverser. Des écrivains européens ont emprunté les routes qui mènent aux contreforts de l'Himalaya pour saisir un peu de l'âme et des mystères de l'Asie. Et bien que Rudyard Kipling ait écrit *Oh, East is East, and West is West, and never the twain shall meet*, je vais essayer, à ma modeste manière, de mon pas lent et égal de marcheur, de partir à la rencontre de l'Est et de ses peuples. Je ne connais aucune des villes et contrées où j'ai décidé de me rendre, hormis Istanbul. Dans ce voyage, je veux laisser vagabonder mon esprit pour imaginer, au fil de ma progression, chacun de ces lieux magiques qui m'attirent. Les imaginer. Les désirer. Les mériter et découvrir leurs habitants. Le voyage, le seul vrai voyage selon moi, me voilà à son commencement !

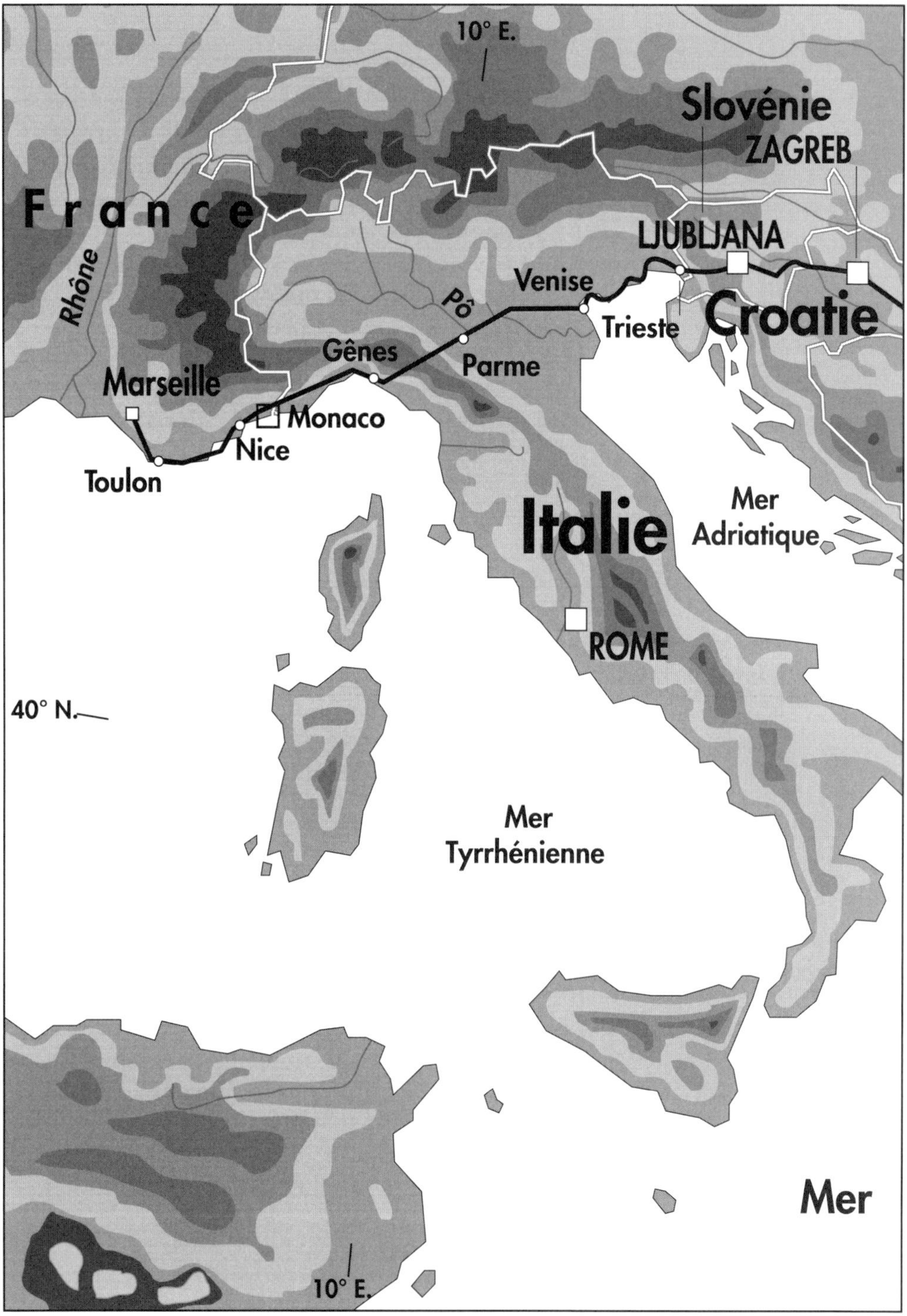
10° E.
Slovénie
ZAGREB
France
LJUBLJANA
Rhône
Venise
Pô
Croatie
Trieste
Gênes
Parme
Marseille
Monaco
Nice
Toulon
Mer
Adriatique
Italie
ROME
40° N.
Mer
Tyrrhénienne
Mer
10° E.

L'Europe

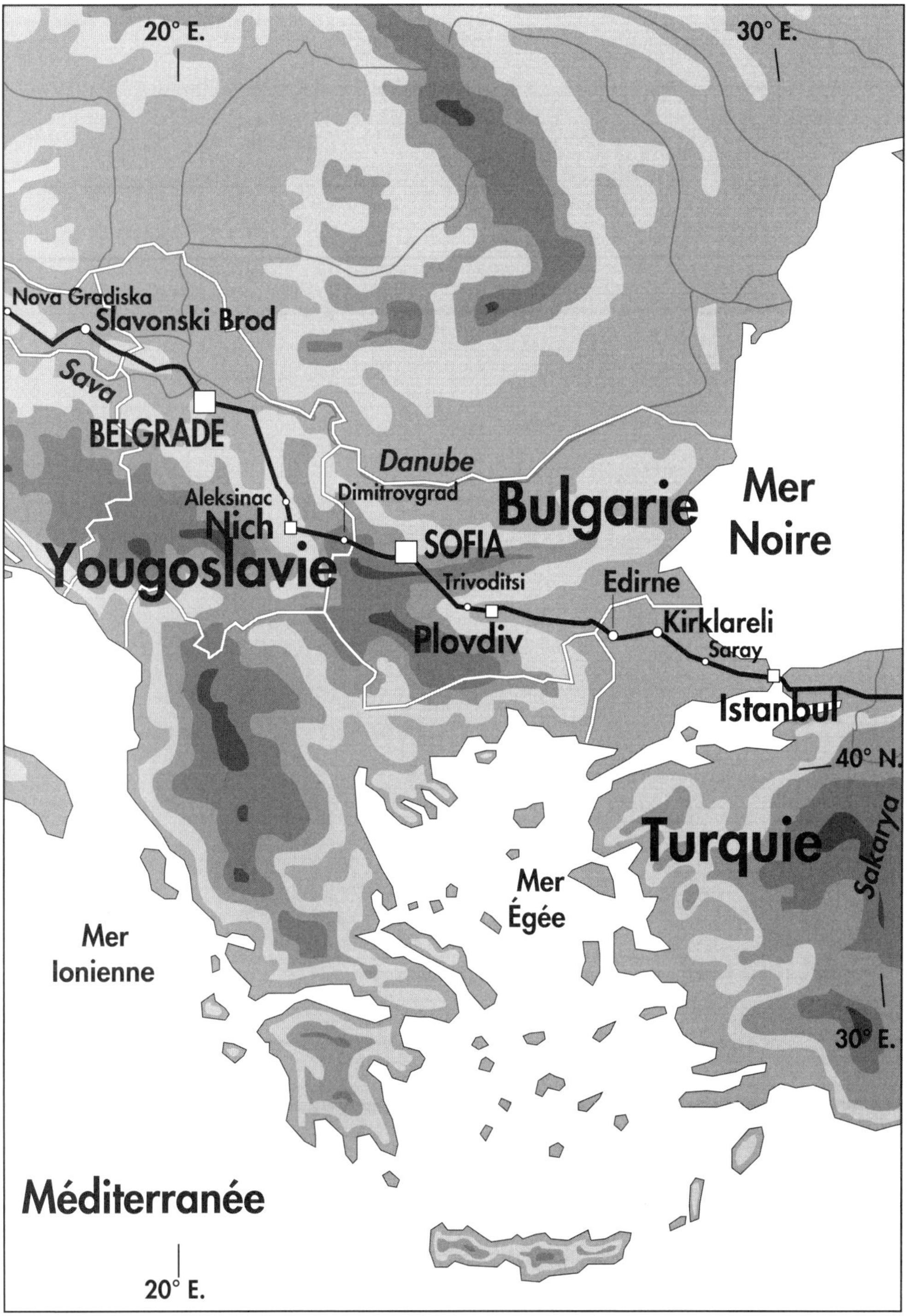

20° E.
30° E.
Nova Gradiska
Slavonski Brod
Sava
BELGRADE
Danube
Aleksinac
Nich
Dimitrovgrad
Bulgarie
Mer
Noire
SOFIA
Yougoslavie
Trivoditsi
Edirne
Kirklareli
Saray
Plovdiv
Istanbul
40° N.
Turquie
Sakarya
Mer
Égée
Mer
Ionienne
30° E.
Méditerranée
20° E.

Canicule sur la côte d'Azur.

FRANCE, MONACO, ITALIE
Un départ de rêve
8 août - 26 octobre 1998

Le coup d'envoi de mon rêve

Curieux départ en ce 8 août 1998 pour un marcheur solitaire : je fais mes premiers pas au cœur d'un stade plein à craquer. Je salue Marseille, ma ville, devant les soixante mille personnes venues m'encourager avant mon départ et fais provision de compagnie pour les deux années que va durer mon absence ! Bien sûr, ces soixante mille amis et spectateurs d'un soir sont aussi accessoirement présents pour le match de football Olympique de Marseille–Nantes, le premier de la saison après la victoire de l'équipe de France en Coupe du monde. Quitte à entrer dans mon voyage, je voulais aussi en profiter pour réaliser un rêve de gosse marseillais en foulant la pelouse du Stade Vélodrome : la consécration pour un minot qui n'a jamais été assez doué pour revêtir le maillot blanc de son équipe. Par un ami de mes parents, Georges Roubaud, aujourd'hui disparu, je suis tombé dans la magie du Vélodrome il y a un quart de siècle, un jour de 3 à 0 contre le Paris F.C.

Il y a quelques semaines, j'ai donc demandé à la direction de l'O.M. si je pouvais commencer mon voyage du rond central. Ils ont vérifié le sérieux de mon projet et m'ont donné leur accord. Me voilà maintenant au milieu de mon stade pour dix minutes, pour un tour de terrain. Je marche sur les traces de mes idoles d'enfance, d'adolescence et de jeune adulte. Depuis, j'ai encore en tête les joies que m'ont procurées Josip, Roger,

L'heure de l'apéro à Nice.

Marius, Paolo, Hector, Bouba, José, Christian, Marc, Marcel et les minots, Éric, Jean-Pierre, Enzo, Chris, Basile, Dragan, Fabien, Didier, Franck, Jean-Philippe, Alen, Rudi, Marcel, Tony, Andreas, Fabrizio, Robert, Laurent. Pour ma première entrée au cœur du volcan, ce soir d'août, l'O.M. tenu en échec à la pause s'impose par 2 à 0 en seconde mi-temps. Jamais je n'aurais imaginé une telle explosion sonore. Je salue le public chauffé par l'animateur. Tous ces inconnus m'applaudissent. Ils hurlent mais, chose incroyable, je distingue dans ce tonnerre « avé l'assent » des : « Vas-y, Philippeuh ! », « Tu vas y arriver ein Chine ! » Ils me la rendent bien, ma passion ! Des enfants handicapés au premier rang des tribunes Ganay m'adressent un baiser de la main. Je leur envoie le mien. Les responsables des clubs de supporters y vont de leurs tirades au porte-voix : « Encouragez-le. C'est bien ce qu'il fait ! » Je suis sur un nuage parce que c'est mon au revoir solennel et qu'il est inoubliable puisque je le reçois sur la pelouse du Stade Vélodrome. Ce soir, j'ai donné le coup d'envoi de mon rêve.

Je frissonne encore de la liesse du stade. Elle me soutient alors que je perce mes premières ampoules avec une aiguille et un fil désinfectés à la Bétadine. Elle me porte tout au long du jour dans la touffeur de l'été jusqu'à mes fins d'étapes à Toulon, Hyères, Cabasson et Saint-Raphaël, où je fais escale chez des cousins, des amis et des amis d'amis. Avec l'engagement que j'ai pris de marcher de Marseille jusqu'à Kachgar devant soixante mille témoins, j'avais intérêt à atteindre au moins Cassis. Quand j'ai quitté Marseille, un camarade qui devait croire en mon projet m'a promis que, si je le rejoignais un jour à Monaco, il m'emmènerait fêter l'événement dans un des hauts lieux de la vie nocturne locale. Nous célébrons donc au Jimmy's mon arrivée dans le plus petit des pays que j'ai prévu de traverser. Tout à coup, nous y voyons entrer le prince Albert accompagné d'un groupe d'amis et de très jolies femmes. Je vais le saluer. Avec une gentillesse et une simplicité que je n'attendais pas de la part d'une altesse princière, il consacre une dizaine de minutes à me prodiguer des encouragements chaleureux.

Après trois semaines de marche, je tiens à peu près le rythme prévu de cinq cents kilomètres par mois. Guère plus de quatre heures d'autoroute en voiture. Quatre jours à vélo. Mais qui veut voyager loin…

Mà ! Ché bella Italia !

Un imposant panneau m'annonce l'Italie et je ne vois aucun douanier à qui déclarer les quelque trois cents kilomètres que je me suis déjà collé sous les semelles. Pour le moment, seule la langue change. J'aime apprendre et suis ravi de me mettre à l'italien. Le littoral, lui, est toujours le même. Depuis que je suis parti, j'ai principalement longé une côte découpée et bordée de collines ou de petites montagnes. Le béton toutefois la ravage de plus en plus. Si la France a réussi à préserver d'agréables chemins de bord de mer, ils ont totalement disparu en Italie. J'essaie donc d'échapper au barrage des constructions côtières par le sentier de la haute voie des monts Ligures qui serpente à quelque 1 000 mètres d'altitude. Le vent, ici, ne s'appelle plus mistral mais, lorsqu'il souffle, les pins s'inclinent aussi pour m'indiquer la direction de la mer.

Mes rencontres sont moins huppées en Italie qu'à Monaco bien qu'elles soient aussi amicales. Sur les hauteurs avant Gênes, au village de Stella San Giovanni, Luigi Piccione, un damoiseau de 82 ans, m'adresse la parole : *« Ché fai qui ? Aspetta ! »* et m'offre pour la route trois tomates de son jardin potager.

Quelques jours plus tard, avant Varese Ligure, je suis revenu sur le bitume. Roberto, âgé de 17 ans, profite d'une de mes haltes pour me poser des questions sur mon voyage, qui l'intrigue. Je suis reparti depuis une vingtaine de minutes quand j'entends derrière moi, un léger crissement de freins et une voix : « Philippe ! Philippe ! » Roberto m'a rattrapé à vélo avec l'un de ses amis qui voulait me rencontrer. Il me tend une paire de gants « pour l'hiver dans les Balkans ». Je les enfile : *« Perfetto ! Grazie mille ! »*, et je continue jusqu'à Varese Ligure avec mon escorte à bicyclette. En vérité, les gants sont un peu justes mais qu'importe, c'est la cordialité du donateur, plus que la qualité du don, que j'apprécie dans ce voyage. De la sincérité, de la confiance, de la simplicité dans le discours et une certaine forme de naïveté rendent la vie aimable et nourrissent le cœur de l'homme. En attendant, l'heure n'est pas à la béatitude. Entre deux bouffées de gaz d'échappement, je croise surtout des hérissons aplatis, des belettes écrasées et un renard éventré. Toute cette nature morte m'incite plutôt à la vigilance lorsque, à la nuit tombée, n'ayant pas encore trouvé de refuge, j'évite de justesse un automobiliste pressé et hargneux.

J'approche de Parme. Mes ampoules sont sèches et tannées depuis longtemps mais une tendinite me tiraille le pied droit. Je me rends compte à l'usure de mes chaussures sur ce sol dur et plat qu'est l'asphalte que je prends appui sur l'extérieur des pieds. User le bord externe de la semelle un peu plus vite que la face interne n'est pas grave lorsqu'on marche un ou deux kilomètres. À raison de vingt-cinq kilomètres par jour, parfois plus, les tendons sont abusivement sollicités. Ils frottent, enflamment leur gaine et, d'insignifiante, la douleur tend à devenir permanente.

À cause de cette tendinite, mon échouage à Parme est pénible. Je m'accorde deux indispensables jours de repos au cours desquels je sympathise avec le photographe Silvio Marvisi. Il me présente Lilian Thuram et Alain Boghossian, deux grands joueurs du Parma A.C., le club de football local. J'ai déjà rencontré des footballeurs médiocres qui sont convaincus d'être les nombrils du monde. Au contraire, ces artistes du ballon, pourtant auréolés de leur récente gloire de champions du monde, sont modestes, intelligents et sympathiques avec le canard un peu boiteux qui leur est amené.

– Vous n'avez pas de problème de santé depuis le départ ? me demandent-ils.

– Si, justement, j'ai une tendinite.

– Ah çà, c'est embêtant !

Leur sollicitude à mon égard n'est pas une inquiétude de façade. Vraiment préoccupés par mon handicap, ils me font examiner par Giorgio. Ce kinésithérapeute bonhomme est habitué à manipuler des jambes qui valent, à l'unité, des millions de dollars. Il n'en travaille pas moins patiemment sur mon pied endolori qui, lui, ne vaut plus grand-chose. Miracle ! Il lui redonne un peu de tonus et me confectionne, avec de la mousse, un soutien de voûte plantaire qu'il cale dans mes chaussures.

Malgré le bonheur de rencontrer quelques hommes généreux et curieux (Luigi, Roberto, Lilian, Alain ou Giorgio), un touriste est, en Italie comme en France, trop banal pour qu'un voyageur sac au dos suscite quelque intérêt de la part des autochtones. Je m'y attendais. Je trouve essentiellement satisfaction dans la découverte d'un pays qui est un hommage à tout ce que l'homme sait réaliser de beau. Tous les arts y sont sublimés : architecture, peinture, sculpture… J'ai adoré la *città vecchia* de Gênes. De jour, elle laisse deviner à travers la splendeur de ses palais ce

Dans le « Baptistère » à Parme, en Italie.

que furent les fastes du commerce avec l'Orient du temps des routes de la soie et des épices. Marco Polo, fait prisonnier lors d'une bataille navale entre Venise et Gênes, y fut enfermé dans le Palazzo San Giorgio. C'est là que « Messire Marco » aurait conté les souvenirs de son voyage en Orient de 1271 à 1295 à son compagnon d'infortune, Rusticello de Pise. Celui-ci les retranscrivit pour en faire *Le Devisement du monde – Le Livre des merveilles*, la vision fantastique d'un pionnier occidental en Asie que nous connaissons aujourd'hui. La nuit, la vieille ville devient une Babel interlope. Dans ses rues sombres, devant les comptoirs des cafés, s'échangent des phrases suspectes dans des dialectes et sabirs africains, en arabe et dans un espagnol mâtiné d'accents sud-américains. Des patrouilles de cinq policiers musclés et armés de matraques quadrillent le secteur pour tenter de juguler le trafic de drogue. Une prostituée nigériane – il y en a beaucoup – qui doit avoir 20 ans me lance : *« Fare l'amore ? »* Elle est mignonne. Je lui souris et passe mon chemin.

Maintenant encore, avant d'arriver à Venise, tous les deux jours au moins je découvre une autre ville attachante : Mantoue, Vérone, Vicence, Padoue... À son tour, Vérone rivalisent de richesses avec Mantoue, puis Vicence avec Padoue. L'Italie est belle et l'est plus encore lorsque Venise est en vue. Je veux me reposer et voir mon amie. Elle arrive comme moi, mais par les airs, dans la cité des Doges en ce 30 septembre.

La Sérénissime

Venise ! Enfin ! Le point de départ de Marco Polo pour l'Orient, ses canaux enchanteurs et mon amie. J'apprécie le confort douillet d'un hôtel coquet, Il Tintoretto. Ces deux derniers mois, j'ai dormi à la belle étoile. D'abord dans les calanques de Marseille, puis dans les parcs des Maures et de l'Esterel où une laie et ses marcassins m'avaient réveillé en pleine nuit, sur des plages en France ou en Italie et dans la salle des pas perdus de la gare de Solignano, attaché à mon sac à dos. Le retour provisoire à un style de vie moins nomade a son agrément, que j'estime avoir mérité. La plupart des amoureux qui arrivent ici, de France ou d'ailleurs, n'ont pas parcouru un millier de kilomètres à pied avant de savourer l'ineffable vénusté de la cité marine. Mon amie et moi parcourons des venelles, dont, bras écartés, je pourrais toucher les deux murs, avant de déboucher, étourdis, sur l'immense place Saint-Marc, bordée d'arcades et de cafés. Un matin, au réveil, nous découvrons que l'eau de la capricieuse lagune a envahi la place et s'est installée dans les commerces et les cafés. Les vendeurs et serveurs, désœuvrés dans leurs cuissardes, suivent d'un œil distrait les touristes qui empruntent les passerelles installées pour la circonstance. Pour ma part, je préfère patauger, les chaussures à la main.

Après une semaine à Venise, mon amie est partie, lestée de mes premiers films exposés, de mon maillot de bain désormais inutile comme le manuel d'italien que j'ai remplacé par la méthode Assimil de serbo-croate. Mon sac s'est alourdi de quelques affaires d'hiver pour affronter le froid des Balkans. Il pèse une bonne quinzaine de kilos. J'ai entassé à l'intérieur un sac de couchage chaud, un sursac de bivouac, un tapis de sol, un tricot, deux hauts de sous-vêtements chauds à manches longues et col montant, une paire de collants, un bas de sous-vêtement et une paire de chaussettes de rechange, une fourrure polaire, une tenue en Gore-Tex contre les intempéries, une doudoune, une serviette, un bâton de marche télescopique, un couteau, des cartes routières, une trousse de toilette et de pharmacie contenant des cachets d'aspirine, un anti-infectieux intestinal, un antibiotique à spectre large, un désinfectant et du sparadrap. J'ai aussi quelques pages déchirées du *Guide du routard* sur l'Italie, dont j'ai jeté le reste pour alléger mon bagage, ainsi qu'un cahier pour noter mes impressions, beaucoup de films et deux appareils photos Leica, compacts, robustes, pouvant fonctionner sans pile et dont l'aspect vieillot ne laisse en rien transparaître leur excellente qualité. J'y ajoute deux bouteilles d'eau en plastique et quelques provisions.

J'ai volontairement fait l'impasse sur une tente pour gagner du poids et sur tout matériel onéreux qui alourdit le sac, se marie mal avec l'esprit de mon voyage à l'ancienne et augmente les risques d'agression. Des instruments tels que caméra vidéo, téléphone satellite, GPS ou balise Argos auraient, dans certains des pays que je m'apprête à traverser, tôt fait de transformer un touriste en espion aux yeux des autorités ou de la population. Redevenu célibataire, je déménage mon sac jusqu'à une adresse plus conforme à mon ambition de voyager longtemps, l'auberge de jeunesse sur l'île Giuddecca. Moins exigeant sur le gîte,

Le café Americano sous les hautes eaux de Venise.

je ne néglige pas pour autant mon couvert. Ce couvert, il est mis pour moi au cossu Ponte di Rialto par le truchement de Gianni Olivo, au nom qui respire le sud de l'Europe, les champs ensoleillés et la cuisine à l'huile. Gianni, à environ 45 ans, n'est pas très grand. Il a le cheveu noir mais la barbe parsemée de quelques poils gris. Son œil pétille sous d'épais sourcils. Il est doté d'une bedaine qui atteste où va sa préférence entre son ancienne profession de parachutiste et son métier actuel de restaurateur. Pour m'aider dans mon entreprise, mon munificent ami m'invite tous les jours à partager un repas et quelques histoires en compagnie de son épouse et de leur fils Egli. Gianni a lui-même roulé sa bosse sur plusieurs continents et connaît bien la Bolivie où il a monté une action humanitaire au bénéfice d'un peuple indien de l'Amazonie.

Pendant que nous piochons dans les *scampi fritti*, la distinguée « Madame Olivier » se préoccupe, en tant que mère, de la mienne :

– Et tes parents, qu'est-ce qu'ils ont pensé ?

– Ma mère, inquiète mais solide, m'a prévenu : “Philippe, je ne te le dirai qu'une seule fois, c'est de la bêtise. Tu fais ce que tu veux mais je te déconseille de le faire.” Vous le savez bien, vous : dans la tête d'une mère, son fils a toujours 10 ans et des culottes courtes. Mon père était plus véhément dans ses propos. Mais à 34 ans, j'ai le droit de prendre mes propres décisions et, si je ne l'avais pas fait, je crois que je l'aurais regretté toute ma vie. Et les regrets, ça n'est jamais bon !

– Tu les appelles souvent ?

– Oui, une ou deux fois par semaine. Ce sera moins souvent après : je sais que mes parents sont habitués à mes absences. Ils m'ont poussé à voyager très jeune. À 4 ans, puis à 7 ans, ils m'ont envoyé pour une ou deux semaines dans des familles anglaises que je connaissais. Avant ma naissance, mes parents eux-mêmes ont vécu au Mexique et aussi beaucoup voyagé.

– Mais maintenant, c'est très différent !

– Cela vous paraîtra bizarre : lorsque j'ai embrassé ma mère, puis descendu les escaliers de l'appartement à Marseille, j'étais serein et comme libéré. Il avait été difficile de lâcher ce qui était ma sécurité, un travail bien payé dans une entreprise renommée mais, enfin, j'étais prêt et avais l'impression de partir pour une balade. Mes parents ne pensaient évidemment pas de même.

Gianni devant le pont du Rialto.

– Et tu n'as pas peur ? Il y a quand même des dangers dans ce que tu vas faire ! intervient Egli, après m'avoir resservi un verre de chianti qui me rend plus volubile.

– Bien sûr ! Dans les pays que je vais traverser, un touriste est riche. J'encours donc le risque de me faire agresser. Il y a aussi les animaux : loups, ours, chiens errants... Et puis, je connaîtrai peut-être des problèmes pour l'obtention des visas. Je n'ai pas pu les demander à l'avance, ils auraient été périmés avant que je n'atteigne les pays où j'en aurai eu besoin. Et les hivers seront très froids et les étés caniculaires, cela aussi, ce sera difficile ! Je ne sais pas non plus si mon organisme supportera l'effort au long cours. Jusqu'à maintenant, je n'ai jamais marché plus de trois semaines d'affilée. J'ai un genou fragile, opéré il y a cinq ans à la suite d'un arrachement des ligaments en jouant au football. Mais j'ai suffisamment confiance dans le hasard. Je veux croire que, là-haut, quelque part, il y a une bonne étoile qui me protège.

– Pourquoi le fais-tu seul ?

– Tu sais, ce n'est pas comme une semaine à la plage. Tu ne peux envisager de partir qu'avec un frère ou un ami que tu connais vraiment, avec qui tu as beaucoup voyagé ou vécu quelque chose de difficile et d'éprouvant comme une ascension en montagne. Sinon, à la moindre difficulté, c'est la scission et le voyage s'arrête. Des amis sur qui tu peux compter en toutes circonstances, si tu en as deux ou trois, c'est déjà bien. Je me voyais mal entraîner mon frère. Mes parents n'ont que deux enfants et je les inquiète assez comme ça. Quant à mes meilleurs amis, ils n'étaient pas vraiment intéressés. Ils ont leurs obligations. Je crois que c'est mieux ainsi. Il est bon d'être seul aussi. Je n'ai personne avec qui partager les souvenirs mais je n'ai que moi-même sur qui m'appuyer en cas de coup dur. Et seul avec soi-même, on se retrouve aussi en agréable compagnie. Le voyage est certes une forme d'abandon, dans un sens positif, mais pas seulement, c'est aussi une quête. On laisse vagabonder son esprit, on a des moments pour réfléchir, on se connaît mieux. De toute manière, on n'est jamais longtemps seul. À moins de traverser l'Antarctique ou l'océan Pacifique, on rencontre tout le temps du monde.

– Tu vas battre un record, non ?

– Les records, ça ne m'intéresse pas vraiment. Il y a déjà

des gens qui ont marché et même couru davantage. Je m'offre simplement le luxe de me faire plaisir et de prendre mon temps.

Au bout de deux semaines de repos, je considère que ma tendinite n'est plus qu'un mauvais souvenir. Finalement, la boutade que j'avais lancée lors de ma démission – « J'irai plus vite à pied en Asie qu'en attendant ma mutation » – n'était peut-être pas tellement exagérée : en moins de deux mois de marche, je suis déjà à Venise. Si je me sors du bourbier des Balkans où les choses sérieuses vont commencer, dans moins de quatre mois je me perdrai dans les effluves du bazar des épices à Istanbul.

Je mets six jours pour atteindre, sous un ciel gris, la triste, triste Trieste, dont l'architecture régulière et rigoureuse est un héritage de l'occupation austro-hongroise et de Sissi, au siècle dernier. Puis, après une montée raide, je me retrouve à la frontière slovène, dans les nuages, aux prises avec un vent glacial.

Bienvenue en Slovénie !

Drago et Marija, vendeurs de marrons à Ljubljana en Slovénie.

Slovénie, Croatie, Serbie, Bulgarie
Lendemains de guerre et gueule de bois
26 octobre 1998 - 15 janvier 1999

Slovénie, terre des ours

La dureté du climat slovène est compensée par la beauté de montagnes qui rappellent nos Alpes et par la solidarité qui règne entre les personnes exposées aux éléments rigoureux des régions froides. Lorsque je longe une route, des automobilistes slovènes s'arrêtent spontanément pour proposer de me prendre dans leur voiture et s'en repartent stupéfaits de mon refus.

Entre Planina et Logatec, je choisis de pique-niquer dans un endroit isolé d'où j'admire une église haut perchée au-dessus d'un village. Le ciel gris est si bas qu'il entre en symbiose avec l'édifice religieux et rend dramatique le paysage déjà austère. Dans cette région montagneuse, la tradition est de bâtir les églises sur des buttes, comme si une visite à cette maison rapprochée des cieux devait se mériter par un effort expiatoire et une communion avec la nature.

Alors que je progresse sur les sentiers forestiers, je pense aux ours bruns slovènes qui ont servi à la réintroduction de l'espèce dans les Pyrénées. Des voyageurs, eux aussi. J'aimerais bien en apercevoir, de loin. Car je crains en même temps de tomber nez à nez au détour d'un chemin avec l'un de ces plantigrades accompagné de ses petits. Je marque une pause dans une clairière, devant un point d'eau. Ce n'est pas un ours mais deux daims que je surprends là. Délicats, ils lapent l'eau avec grâce. Leur pelage est châtain clair si j'en crois mon regard de daltonien léger.

Les verts et les beiges m'ont souvent trahi dans le passé. C'est peut-être pour cela que je préfère à la couleur la photographie en noir et blanc. Les deux animaux lèvent la tête, me dévisagent et s'esquivent élégamment.

Drago, le bon Serbe de Slovénie

J'entre dans Ljubljana le 30 octobre. Ce petit pays vert et montagneux a une capitale qui lui ressemble : propre, aérée, bâtie de part et d'autre d'une rivière et dominée par une colline. En son sommet trône un château. Ici, la cathédrale est en bas, splendide avec ses anciennes peintures murales et ses portes sculptées il y a quelques années à peine. Je ne m'attarderai néanmoins pas à décrire par le détail dans ce récit ce qui est répertorié dans les guides. Le monument que j'observe n'est qu'une baraque de planches en bois sombre, qui est la fierté de ses gérants. De fidèles clients attendent patiemment leur tour devant elle, sous la pancarte *Kostanj* – « châtaignes ». Mazette, des marrons ! Chauds, les marrons, chauds ! Marija est vêtue de noir, un fichu sur la tête. Les années l'ont un peu empâtée mais elle sourit toujours. Son compère, le vieux Serbe Drago coiffé d'un béret noir, est tout aussi rieur dans sa salopette bleue. Ils confectionnent des cornets et les remplissent copieusement. Leurs habitués, des connaisseurs, repartent comblés. Le soir de mon arrivée comme au cours de ma visite de Ljubljana, assis à côté d'eux, j'assiste, ravi, à la préparation du chaudron. Les mains serrées autour du précieux papier journal brûlant, j'apprécie la chaleur du cornet et la saveur de son contenu, qui envahit le palais et me rappelle celle des marrons que mon grand-père Valéry m'achetait square Stalingrad à Marseille, il y a vingt-cinq ans. Ah, que vous êtes bons, chers marrons de Marija et Drago !

« Nous ne sommes pas mariés ; nous sommes amis et nous travaillons ensemble depuis des années », m'explique Drago. Je les adore. Je suis heureux de rencontrer ce brave Serbe, malin comme un singe, caché derrière ses épaisses lunettes à large monture, qui grossissent ses yeux, dévoilant en lui la sensibilité d'une Madeleine. Nous communiquons comme nous le pouvons. Ces derniers jours, le slovène était pour moi une langue barbare. L'exotisme de mon voyage commence vraiment avec cet idiome, proche du serbo-croate et tellement à l'opposé de l'italien mélodieux dont, d'une manière ou d'une autre, j'arrive à saisir le sens. Je partage avec les Italiens leur amour de la vie, de la bonne chère et des arts. Ici, dans les campagnes, l'incompréhension de la langue, le ton rude, les allures nouvelles de grands costauds à la mine rembrunie qui me dévisageaient du coin de l'œil, la météo inhospitalière, tout évoquait un changement pénible, un mystère peu engageant, le passage du monde latin au monde slave, ingrat. Drago et Marija me réconcilient avec la Slovénie. Quand Drago me pose une question que je ne comprends pas, peu importe : après une tentative d'explication en slovène ou en serbe, je ne sais même pas, il essaie de se souvenir de quelques mots d'allemand. En cas de nouvel échec, nous passons aux gestes, aux mimiques, aux onomatopées ou même au dessin sur un morceau du journal avec lequel il roule ses cornets. Au milieu de mon deuxième après-midi, Drago profite des heures creuses de son commerce pour me conter l'histoire d'un autre Philippe, français également, sauveur du maréchal Tito – l'un des chefs de la résistance contre les Allemands durant la Seconde Guerre mondiale puis dictateur communiste de la Fédération yougoslave. Drago mime la scène, ponctuée de rares mots d'allemand et d'onomatopées, où ce Philippe, tel le Messie, tombé d'un avion, est venu sous le feu des nazis – « Boum ! Boum ! » – récupérer Tito réfugié dans une maison pour l'évacuer en lieu sûr. Si au lieu de vendre des marrons, Drago s'était lancé dans une carrière de pantomime, Marcel Marceau aurait trouvé à qui parler. La spontanéité de cet homme, l'œil rigolard de Marija, la chaleur et la gratuité de nos échanges simples, où l'on arrive à se comprendre malgré la barrière des langues, sont choses merveilleuses. Lorsque nous nous quittons pour la seconde fois, Drago me donne, sous le regard amusé de Marija, une accolade assez forte pour soulever un bœuf. Nous avons l'air de deux amis de vingt ans qui se séparent pour une éternité. Le bonheur du voyage, le voilà donc encore !

Première arrestation

Le 1er novembre, je quitte la capitale slovène en direction de la Croatie. Après trois jours d'asphalte et de gaz d'échappement, je repère sur la carte la piste puis la route qui mènent par les montagnes du bourg de Kostanjevitsa à la frontière croate. En m'y engageant, j'évite en plus de la pollution les crues de la rivière qui borde la route principale.

L'automne dans les collines de Gorjanci, avant la frontière croate.

Une forte côte offre une vue superbe sur des vallons verdoyants, noyés d'arbres feuillus s'amaigrissant déjà avec l'automne et, au loin, sur d'autres montagnes enneigées. Après l'ascension, je marque une pause pour photographier la pancarte indiquant le nom d'un village: Vrbje. Quatre consonnes sur cinq lettres, j'ai déjà observé sur les cartes des toponymes aussi biscornus. Les peuples slaves n'en ont pas l'apanage – les Gallois sont assez doués pour cela – quoiqu'ils aient un talent certain de créativité pour écorcher les oreilles sensibles avec ce genre de formule alambiquée. Trieste, par exemple, ne se pare plus, de ce côté de la frontière, de son nom gracieusement mélancolique mais s'appelle Trst: sec, cinglant et quasiment imprononçable.

Alors que je cadre ma photo sur la pancarte de Vrbje, un agriculteur, qui passe par là sur un tracteur, arrête son moteur et me regarde, intrigué. Il doit se dire: « Il va pas bien ce type. Il photographie un panneau. » Néanmoins, je ne dois pas avoir l'air dangereux, car, après que je lui ai annoncé que je viens de France à pied, il sort un jerrycan pour m'offrir un coup de rouge de fabrication maison. Toutes ces attentions finissent par me retarder. De plus, je m'égare en consultant mes cartes, imprécises dans ces sentiers de montagne où, pour la première fois, je laisse la trace de mes pas dans la neige. La nuit est tombée depuis une heure lorsque, seul sur une piste de terre, j'entrevois le blason slovène. Ouf! Je suis à la frontière. Quelques mètres plus loin, il y a un panneau métallique *Hrvstska*, portant les armes croates. J'en reconnais le damier rouge et blanc. J'enlève mon sac à dos et le pose à sa base pour m'asseoir dessus. Par temps froid, et il doit faire 0 °C, c'est toujours un instant difficile. La sueur qui a coulé entre mon dos et le sac se change aussitôt en traînée glaciale. Malgré ce coup en traître du froid, j'entame une tablette de chocolat et savoure l'arrivée dans mon troisième pays après la France.

La maison la plus proche doit être à plusieurs kilomètres. Pas une lumière n'est visible mais j'entends au loin un bruit de moteur qui se rapproche. Le bruit enfle et, brusquement, au détour de la piste boisée, les deux phares d'un 4x4 fendent la nuit. Je me lève. Le véhicule s'arrête, ses phares pointés vers moi. Deux hommes en descendent. Aveuglé, je ne vois pas qui ils sont. Je pense qu'il s'agit de policiers ou de douaniers. Je n'ai pas peur mais reste sur mes gardes. Je tente un bonsoir cordial:

– *Dobre vetcher.*

– *Dobre vetcher !* me répond-on d'un ton sec.

Pendant d'infinies secondes, je suis scruté, sans pouvoir observer en retour. La Slovénie et la Croatie sont des pays tranquilles. Pourtant, le silence dans cette froide nuit d'automne est pesant. Ils me lancent une phrase, incompréhensible. Je réponds en serbo-croate que je ne parle pas leur langue. Autre silence. Et enfin, lapidaire : *Policija !*

Ils s'avancent alors dans les phares : deux jeunes policiers – des colosses – en uniforme, l'un brun et l'autre blond :

– *Passport*, dit l'un d'eux en allemand, langue populaire en Europe centrale.

– *Sprechen Sie Deutsch ?*

– *Ja.*

– Que faites-vous de nuit dans la montagne, sur la frontière ?

J'évite de leur dire immédiatement quelque chose du genre : « Justement, vous voyez, là, j'allais en Chine. » Cela leur paraîtrait sans doute bizarre. Je ne crois pas non plus malin de leur faire remarquer que je suis déjà de l'autre côté de la frontière, probablement hors de leur zone de juridiction. Je me contente donc d'un : « Je vais en Croatie. Je n'ai pas besoin de visa. Je voulais passer la frontière plus tôt mais j'ai été retardé par les invitations des habitants des villages alentour. »

Ils semblent tout savoir de mes derniers arrêts et décident de me fouiller. Malheureusement, la première chose qu'ils découvrent dans ma poche est un couteau. Ils devraient se douter qu'il me sert surtout à préparer des sandwichs. Le policier brun, à deux mètres de moi, sort son revolver et le fait tournoyer autour de son index, certainement pour montrer qu'il a la gâchette facile, puis il me met en joue. Intimidation efficace, car si j'ai toujours du respect pour les forces de l'ordre, là, mon attention n'en est que plus soutenue. Son collègue blond poursuit la fouille. Il ne trouve que vêtements, équipement de bivouac, vivres et matériel photo. En conservant mon passeport et mon couteau, ils me prient de monter dans leur véhicule.

Je suis emmené au commissariat de Krsko. Krsko, quel nom peu accueillant ! Le chef de poste, une femme polie et germanophone, m'interroge à nouveau. Je lui raconte ce que je fais, preuves à l'appui : une première page du journal *La Provence* et d'autres articles à mon sujet, utiles dans ces circonstances.

S'ensuit dans la salle voisine, séparée de moi par une baie vitrée, un conciliabule en slovène à mon propos entre sept policiers et leur chef. Quelques minutes plus tard, j'entends cette dernière épeler mon nom, vraisemblablement pour s'assurer par téléphone que je ne suis pas fiché. Vérification terminée, elle vient me rendre mes biens et me recommande : « Vous devez passer par le poste frontière international de Bregana. Je vous souhaite un excellent voyage. Je vais vous faire raccompagner à Kostanjevitsa, à votre hôtel d'hier soir. »

Croatie : les vertus de l'antigel

Déçu de revenir sur mes pas, j'entre le 6 novembre en Croatie par la grand-route que je voulais éviter. J'atteins Zagreb le 7. C'est une capitale un peu froide mais qui reste agréable grâce au cachet de ses rues pavées, à la pureté des statues devant la cathédrale et l'impression d'espace qui s'en dégage.

Le royaume des Serbes, Croates et Slovènes était une création du lendemain de la Première Guerre mondiale pour rassembler les peuples slaves du Sud (« sud » se dit *yugo* en serbo-croate). Il n'est officiellement devenu Yougoslavie qu'en 1929. Après la disparition de Tito, qui tenait le pays d'une main de fer, les peuples croate et slovène, plus riches économiquement, catholiques, utilisant l'alphabet latin, ont souhaité faire sécession d'avec la Serbie, État orthodoxe à l'écriture cyrillique. La fracture suivait une ligne de moindre résistance esquissée depuis 1054, année du schisme entre les Églises d'Occident et d'Orient, entre Rome et Byzance. Au début des années quatre-vingt-dix, la Yougoslavie amalgamait encore la Serbie, la Croatie, la Slovénie, la Bosnie, la Macédoine et le Monténégro.

La Yougoslavie s'est muée en peau de chagrin, qui ne fédère plus que le Monténégro et la Serbie. Alors que l'OTAN songeait à bombarder cette dernière en raison du conflit des Serbes avec les Albanais du Kosovo, elle vient de suspendre sa menace. Peut-être grâce à ce léger radoucissement du climat politique, j'obtiens à Zagreb un visa pour la Yougoslavie qui m'évite un détour de plusieurs centaines de kilomètres par la Hongrie et la Roumanie. Malheureusement, le visa émis est plus court que ce que j'avais souhaité. Je quitte donc Zagreb le 13 novembre, bien décidé à mettre les bouchées doubles.

À partir de la mi-novembre, chaque matin, je saute des flaques d'eau gelée et, passant dans les villages, vais de café en café pour trouver un peu de repos et de chaleur. Il y a toujours là un Croate à la bedaine reconstituée après les années de privation de la guerre pour me dévisager. Son œil malin, empli de mon apparition, exprime un : « À la bonne heure ! » Le froid et l'arrivée d'un marcheur servent souvent de prétextes à lever un verre pour l'initier aux vertus de l'alcool de prunes, l'antigel de ces contrées, appelé ici *rakiya* et, plus loin, *slivovitza.*

Ma journée du 18 novembre est représentative du sens de l'accueil dans l'ex-Yougoslavie. Je suis parti tôt pour atteindre la ville de Nova Gradiska dans la soirée. À l'entrée du village de Rajic, qui, comme beaucoup d'autres patelins croates, semble n'être qu'une rue s'étirant sans fin, je croise un vieux monsieur souriant. Stupéfait de voir un étranger en cet endroit dépourvu d'intérêt touristique, il m'adresse la parole dans sa langue. Avec mon vocabulaire limité, acquis ces trois dernières semaines, je lui explique que je suis venu à pied de France. Ah, que cela doit lui faire plaisir pour que son sourire s'épanouisse de la sorte et que, béat, il tende l'index vers sa maison !

Anto Cavrag habite une large bâtisse devant laquelle s'ouvre un puits et s'active une femme que je devine être son épouse. En refermant quatre doigts de sa main droite sur sa paume et en pointant le pouce vers son gosier d'un mouvement sec, il me fait comprendre sans aucune équivoque : « On va boire un coup ! » Il est 10 heures du matin. Dans cette vaste demeure, une seule pièce a l'air d'être occupée et chauffée. Au fond, deux petits lits comblent les angles. Les coins opposés sont meublés par une vieille cuisinière à bois et une table au-dessus de laquelle une croix protège le foyer. Sur un buffet est posé un bric-à-brac de menus objets qui racontent une vie : photos, lettres, une carte postale avec d'un côté le blason croate, le Christ de l'autre, des soucoupes et des tasses, une cafetière, un chaton en porcelaine, un réveil cassé gardé dans l'espoir qu'il sera réparé un jour et un autre, qui fonctionne et semble, comme Jacques Brel, dire oui et dire non et dire « je vous attends ». Pour mes hôtes, mon voyage est un peu une manière de prier le temps de s'éloigner et une façon de célébrer un esprit de fraternité internationale. Nous nous asseyons autour de la table, près du poêle, pendant que Jela, l'épouse d'Anto, qui se déplace avec difficulté, prépare le café, un café noir et fort au marc épais annonciateur de l'Orient. Suit l'alcool de prunes de fabrication maison, dont le jovial Anto me remplit une bouteille pour la route.

Le sac alourdi, je n'ai marché que jusqu'à l'autre bout de Rajic lorsque je suis appelé d'un jardin par une dizaine de personnes affairées à préparer pour l'hiver des jambons, saucisses et autres abats de cochons fraîchement dépecés. Il est midi et je pense entrer chez eux pour cinq minutes. À peine suis-je arrivé qu'ils me servent, sans rien me demander, à même la table de travail et sur un plateau argenté, une énorme assiette de viande et une salade copieuse. Quelle surprise : le père tient à ce que je goûte son alcool de prunes maison ! Afin d'être un digne représentant de la France, voyant que la mère apprécie le chocolat, je me rends à l'épicerie voisine afin d'acquérir quelques douceurs et, pour changer un peu de la prune, une bouteille d'alcool de poire. Voilà qui devrait satisfaire le père !

De retour chez les Ivastinovic avec mes chocolats et ma bouteille d'alcool, je suis accueilli en héros et obligé de rester à déjeuner, une seconde fois, avec eux. Au cours du repas, le fils et le gendre me racontent leur combat pendant la guerre d'indépendance contre leurs anciens voisins et amis serbes engagés en face. Ils miment des tirs en m'expliquant qu'ils sont allés délivrer les parents, Antun et Stefanica, restés prisonniers plusieurs années. Les braves, c'étaient eux. Nikola, le benjamin, un petit blond, a été captif huit mois à l'âge de 16 ans. Il est actuellement employé des chemins de fer. Il me laisse sa croix, certain qu'elle me protégera dans la suite de mon voyage. De son côté, Antun ouvre spécialement pour moi un fût d'alcool de prunes maison : du sept ans d'âge, dont il tient à m'offrir une bouteille. Il est 16 heures passées, il va bientôt faire nuit et j'ai encore plus de vingt kilomètres à parcourir avec deux kilos supplémentaires dans mon sac et au moins un autre dans le ventre !

Je mets cinq heures pour rejoindre Nova Gradiska, cinq longues heures pendant lesquelles mon esprit amer ressasse dans l'obscurité le malheur de tous ces hommes et femmes. Vers 21 heures, je quitte enfin la nuit et le froid pour entrer dans le hall lumineux et chauffé de l'hôtel du Roi-Tomislav. Il est décoré de meubles en bois de bon goût. J'ai vraiment l'impression de débarquer au paradis en voyant derrière le comptoir

Anto et Jela, retraités à Rajic en Croatie.

une belle femme d'une trentaine d'années dont l'élégance est rehaussée par des bracelets en or heureusement assortis à sa blonde chevelure. Après deux balbutiements maladroits en croate, je lui tends mon passeport. Elle l'ouvre et me dit en français : « Ah ! Vous êtes marseillais, je suis niçoise ! » Puis Nathalie Kovacevic, franco-croate qui a grandi sur la Côte d'Azur, et son mari Nenad décident de m'offrir une nuit dans leur hôtel. À l'étage, je prends une douche en gardant sur moi mes sous-vêtements : chaussettes, slip et tricot à manches longues. J'ai pris depuis quelque temps l'habitude de les laver ainsi avant de les mettre à sécher sur un radiateur. Puis je vais me coucher, fourbu, merveilleusement satisfait de ma journée mais un peu inquiet en pensant à toutes les horreurs que l'on m'a racontées sur les Serbes que je côtoierai dans une semaine.

Bonjour tristesse !

Les jours suivants, la police, qui vérifie l'identité de l'étrange étranger allant à pied vers la Serbie, ne me perd guère de vue. Je côtoie des maisons détruites jusqu'à Slavonski Brod, où subsistent, sur les murs, les plaies ouvertes des impacts des balles des *snipers*, les francs-tireurs embusqués à Bosanski Brod, en Bosnie, de l'autre côté de la mal nommée rivière Sava. Côté bosniaque, tout est encore en ruines… Slavonski et Bosanski Brod étaient encore hier deux villes jumelles réunies par un pont. Elles sont désormais séparées par une rivière et une frontière. Le spectacle est d'une tristesse infinie, tout comme celui que je découvre à Vukovar, à plus de cent kilomètres de là. C'est une chose de voir à la télévision des images de guerre, c'en est une autre que d'avoir les deux pieds dans les décombres et d'enjamber les poutres des maisons démolies. Vukovar me paraissait si lointaine et, pourtant, elle est si proche géographiquement – à vol d'oiseau, Nice est plus près de Vukovar qu'elle ne l'est de Brest – et de par le malheur des hommes qu'elle porte en elle. Vukovar m'a bouleversé.

Le lendemain de mon passage à Vukovar, et à cause de ce souvenir frais et amer, je suis anxieux. Je ne quitte pas les routes goudronnées par crainte des mines. Vers 20 heures, j'arrive à la frontière. Les douaniers croates m'offrent un jus de fruits. J'aimerais dormir de ce côté-ci et arriver de jour en Serbie mais il n'y a pas d'endroit où passer la nuit ; j'ai peur. Tant pis, il faut y aller.

Je traverse d'abord dans la nuit un no man's land de cinq kilomètres avant de parvenir au poste frontière de Tovarnik-Sid. Une baraque sert de refuge aux services de l'immigration. Je regarde par la fenêtre : tous les factionnaires sont captivés par un poste de télévision... Je frappe pour faire tamponner mon passeport. La porte s'ouvre. La lumière de la lampe m'éblouit un peu. Les téléspectateurs, dérangés, me dévisagent d'un sale œil. C'est donc ça, la Serbie ! Les ostrogoths antipathiques ne comprennent pas ce qu'un Français vient faire dans cette galère, à pied, la nuit et en hiver, mais ils me laissent passer. Je suis crispé sur mon bâton, prêt à voir dans la moindre vieille dame un agresseur. Décidément, la marche de nuit n'est pas toujours agréable.

Belgrade

Dans la matinée du 29 novembre, une vingtaine de kilomètres avant d'arriver à Belgrade, je longe une base aérienne où des haut-parleurs jouent à tue-tête *The Sound of Silence*, des Américains Simon et Garfunkel. L'ambiance est surréaliste car, il y a cinq semaines, les États-Unis voulaient bombarder la capitale. Dans le centre-ville, des visages couturés et quelques unijambistes sur des béquilles rappellent que, de ce côté aussi, l'homme de la rue a dû satisfaire aux plaisirs néroniens du tyran Milosevic. Ce lot de gueux, poilus ravaudés et grognards édentés, confère aux rues piétonnes une tristesse seulement gommée par le passage de nymphes coquettes et élégantes qui portent avantageusement le chapeau. Mon regard est alors aimanté par une pose séductrice, l'harmonie d'un déhanchement ou un galbe avantageux. Être belle est une manière comme une autre, pour ces jolies femmes, d'oublier les temps difficiles qu'elles aussi ont connus. Lendemains de guerre et réminiscences de mode française.

Le parc du château est presque désert. Il domine, à l'extrémité de la vieille ville, la confluence de la rivière Sava dans le Danube et prend une teinte mélancolique sous les flocons de neige qui l'enfouissent sous une cape blanche. Un homme boudiné dans un gros anorak promène son chien. Leurs empreintes me conduisent devant le monument dédié aux hommes de notre pays qui, dans les deux guerres, se sont battus aux côtés des Serbes contre l'occupant allemand. Sur son socle massif, une inscription dans notre langue : « À la France ». Ce pays nous voue encore une admiration extraordinaire.

Ruines de Vukovar, à la frontière avec la Serbie.

En tant que Français arrivé à pied dans la capitale, je fais, le 3 décembre, avec un coup de pouce de l'ambassade, la une de *Blits*, le quotidien le plus vendu du pays. Ce genre d'article est pour moi un gage de crédibilité et une assurance bon marché vis-à-vis d'un policier qui serait mal intentionné. Il pourrait penser : « S'il est dans le journal, c'est peut-être quelqu'un qui a des relations dans le pays. Ne l'embêtons pas. »

Le même jour, je quitte Belgrade et, après quatre heures de marche, déjeune à l'entrée de Boletch dans une gargote quelconque en bord de route. Je paie et pars. À la sortie du bourg, je passe devant un autre restaurant. Un homme rondouillard en sort et hurle dans ma direction à grand renfort de gesticulations pour que je le rejoigne : « Je suis Jina Jolovic. C'est mon restaurant. Entre ! » Nous nous attablons avec Zoran, un camionneur mince et souriant, qui a lu ce matin l'article sur moi dans le journal. Ils en parlaient justement quand ils m'ont aperçu par la fenêtre : « Regarde. C'est lui ! » Me voilà donc en leur compagnie pour un café, puis... un verre d'alcool de prunes. D'un coup Jina se lève :

– As-tu déjeuné ?

– Je viens juste de manger à l'entrée de Boletch.

– Ils t'ont fait payer ?

– Oui, bien sûr !

Il semble indigné.

– Mon Dieu ! C'est pas possible. Le salaud, il t'a fait payer !

– Ben, c'est normal, non ?

Il prend un air encore plus offusqué, lève les yeux au ciel et fait un signe de croix pour demander pardon de l'incorrection de son compatriote à l'égard d'un étranger. Et il me fait servir une viande succulente.

Repu, je me remets en chemin. Bientôt, à une trentaine de mètres de moi, sur une route dégagée, s'arrête une minuscule voiture rouge. Ils sont deux à l'intérieur mais je ne parviens pas à distinguer la personne qui est sur le siège passager à cause de la buée qui recouvre le pare-brise. Le conducteur met un pied dehors et déroule son corps immense. Déplié, le gaillard d'environ 30 ans doit mesurer un mètre quatre-vingt-dix. Il se dirige vers moi prestement, sans mot dire. À quinze mètres, de sa main gauche, il soulève sa veste et plonge dessous sa main droite, comme pour extraire un pistolet d'un holster. Cet instant me semble sans fin. J'ai un moment d'hésitation. Je suis en Serbie où pas mal de gens doivent être armés. Difficile de m'enfuir par les bas-côtés de la route. Et il dégaine… son portefeuille pour en retirer deux billets de dix dinars : « Je t'ai vu dans le journal. C'est pour le thé sur la route. Il fait froid ici. » Je refuse dans mon meilleur serbe : *Ne. Dobro. Hvala lepo!* – « Non. C'est bon. Merci beaucoup ! » –, en maintenant mes paumes ouvertes pour garder les billets à distance. Mais d'un geste vif et inattendu, il coince les billets dans les sangles de mon sac à dos avant de s'enfuir jusqu'à sa voiture. Il s'enferme aux côtés du passager, une jolie femme, la mine espiègle, qui me salue aussi en riant. Dans le feu de l'action, il ne m'a même pas dit son nom. Eh bien, l'ami, si tu viens par Marseille dans ta petite voiture rouge immatriculée BG 319295, tu seras le bienvenu pour un café, un coup de rouge ou un pastis.

Le 4 décembre, le vent de face est glacial. Dans une côte, il se met à pleuvoir. Malgré ma cagoule et mes habits chauds, je sens la morsure du froid sur mon visage. Dès qu'elle touche la route, la pluie forme une couche de verglas. Moi aussi, je me couvre d'une carapace que je brise comme je peux avant qu'elle ne se reconstitue. La glace marque son territoire et orne de fines stalactites les panneaux qui annoncent l'entrée des villages. Ceux-ci réveillent immanquablement en moi l'espoir de trouver refuge à la table d'un café. Ici, à Oresac, je prendrais bien un chocolat mais il n'y en a pas. Je commande un thé, enlève mes gants, me réchauffe les mains sur la tasse brûlante et bois, gorgée après gorgée, le thé bouillant. Je me sens mieux et reste encore un peu tranquille, avant de rouvrir la porte sur mon enfer gelé.

Dragoslav

Cinq jours plus tard, la neige tapisse toujours le sol. À la sortie du village de Deligrad, je croise un vieux appuyé sur une canne. En apparence souffreteux, chétif, le visage émacié et les joues creusées, il a les articulations rouillées. Je le salue. Il m'adresse la parole en serbe :

– Dragoslav. Je m'appelle Dragoslav Kristic. Et toi ?

– Philippe. Philippe Valéry.

– Tu viens d'où ?

– De France. De Marseille.

– À pied ?

– Oui !

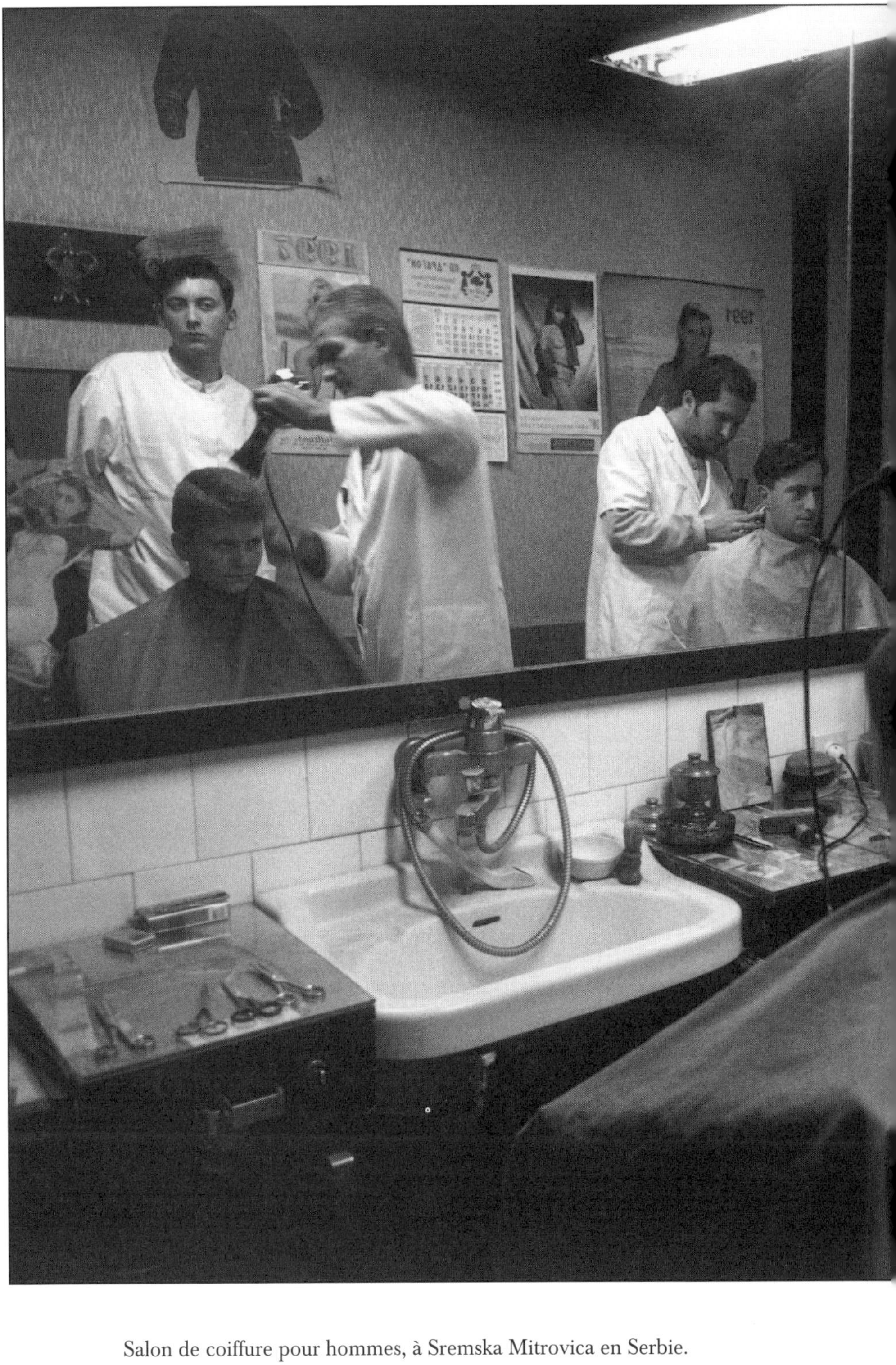

Salon de coiffure pour hommes, à Sremska Mitrovica en Serbie.

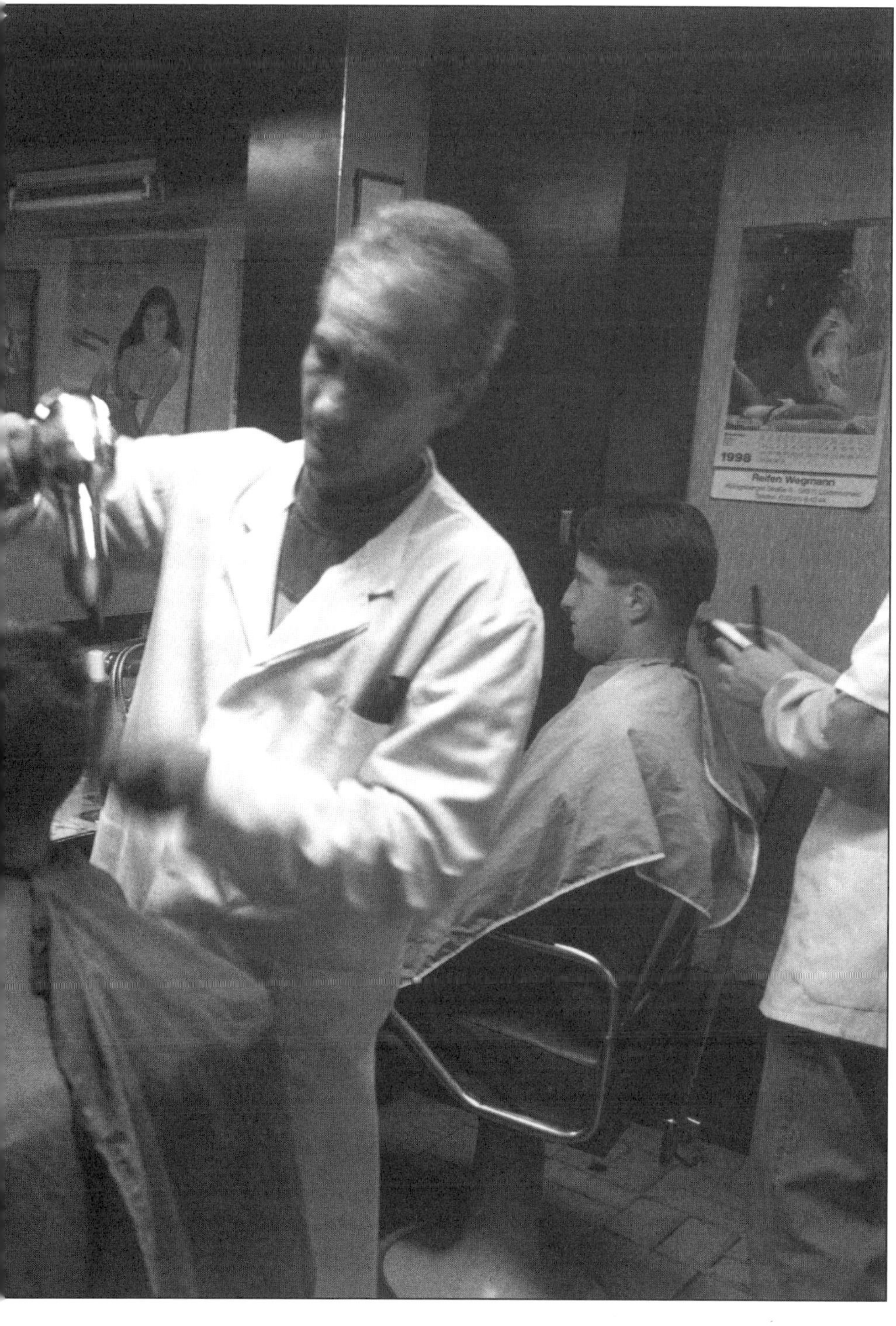
1998
Reifen Wegmann

– Moi, j'ai 80 ans, mais quand j'étais jeune, entre 1941 et 1943, je suis allé à pied de Nich à Vienne. Maintenant, je vais juste à la pharmacie chercher des remèdes.

– C'est loin d'ici quand même !

Nous rions un peu puis nous nous séparons. Dragoslav s'éloigne. Je prends la précaution de le suivre du regard. Quelque boulon mal vissé dans les jointures des fils de fer qui lui servent d'os pourrait se défaire et le laisser s'écrouler sur la route tel un tacot rendant l'âme. Mais non ! Tout tient encore bon : Dragoslav avance guilleret et je repars en souriant.

Une heure plus tard, une 4L s'arrête à ma hauteur. Son conducteur m'ouvre la porte arrière droite. Sur le siège passager, Dragoslav m'adresse la parole sans se retourner : « Monte ! On va boire un verre ! » Je refuse pour respecter mon vœu de marcher. Croyant que je ne l'ai pas reconnu, Dragoslav s'énerve et se tortille, mais la mécanique grippée de son dos et de sa nuque nous empêche de nous parler face à face. Il lance alors à mon attention : « Oh ! Tu ne me reconnais pas ! Je suis Dragoslav, ton ami ! »

J'avance à sa hauteur. Il ouvre sa fenêtre et me redit :

– Viens avec nous !

– Mais je ne peux pas. Je ne veux aller qu'à pied.

– Je vais te laisser mon numéro de téléphone alors. On se reverra plus tard.

Dragoslav réfléchit… puis il me regarde de l'air d'un chien battu, les yeux larmoyants, le ton dolent, prenant conscience de la félonie de sa mémoire : « Je ne m'en souviens pas. »

Tout au long de ma route vers Aleksinac, je regretterai d'avoir déçu ce vieux monsieur si content d'avoir rencontré un piéton français et serai aussi désolé que lui de laisser se flétrir cette amitié. La durée de mon visa ne me laissait pas le temps de l'accompagner et de reprendre ma marche le lendemain du même point. Moi qui pensais qu'en deux ans de voyage j'aurais le temps de tout voir, de tout faire et de m'arrêter quand bon me semblerait. Illusion de croire que le temps m'appartiendrait…

Réfugiés et « Indiens » serbes

D'un clin d'œil entendu, son sourire malicieux évoquant quelque souvenir d'une nuit de débauche éperdue dans sa lointaine verdeur, l'épicier d'un village m'avait laissé entrevoir en Aleksinac la Babylone de tous les plaisirs. J'arrive de nuit dans ce bourg provincial et mal éclairé et, comme chaque soir, je cherche l'hôtel que l'on m'a indiqué une trentaine de kilomètres auparavant. Dans les Balkans, je préfère dormir à l'hôtel. Les prix sont nettement plus abordables qu'en Italie et il fait trop froid pour dormir dehors et bien récupérer. Qui plus est, je n'encours pas le risque d'une agression ou d'une arrestation nocturne dans un pays qui est en conflit larvé avec les puissances occidentales.

Finalement, je trouve le bloc de béton où poser mon sac. Dans le vestibule de l'hôtel, son contingent de réfugiés serbes de Croatie et de Bosnie reçoit un peu d'aide pour les repas sous la forme d'un morceau de pain et d'un œuf dur. Devant un match de football télédiffusé, je discute en anglais avec quelques jeunes. Ils sont heureux de pouvoir s'épancher devant un étranger qui compatit un peu à leur amertume : « Nous, nous sommes des Serbes originaires de la Krajina en Croatie. Beaucoup de nos proches sont morts. Nos familles ont dû s'enfuir et ont perdu leurs maisons et leurs biens. Nous avons grandi dans cet hôtel, parfois à dix par chambre. Le chauffage fonctionne quand il le veut bien et, souvent, on n'a pas d'eau chaude en hiver. Il y a belle lurette, nos ancêtres ont été envoyés là-bas, dans la Krajina, pour se battre contre les Ottomans et le gouvernement nous y a oubliés. Tout le monde à l'étranger croit que les Croates sont bons et que, nous, Serbes de la Krajina, sommes des bandits, alors que nous avons tout perdu ! » Paradoxe et subjectivité de la nature humaine : quelques jours plus tôt, je me trouvais du côté croate et redoutais les Serbes. Je suis côté serbe et me rends compte de l'injustice frappant une grande partie de ce peuple, qui me livre spontanément : « Milosevic est un démagogue et un dictateur. Sa femme, son fils et ses amis sont des voleurs. »

Depuis Belgrade jusqu'à la frontière bulgare, je n'aurai vu de monuments intéressants qu'à Nich, ville natale de l'empereur romain Constantin, qui fit de Byzance Constantinople. Elle reste marquée par les cinq cents ans de présence turque qu'elle a connus plus tard. Nich est, comme ses habitants se plaisent à le dire, « à l'est de l'Ouest et à l'ouest de l'Est ». En son centre, les murailles du château ottoman renferment un parc tranquille mais, sur la route de l'ancienne Constantinople, la dureté coupante, la sécheresse glaciale, l'effroi indicible des Balkans reprennent leurs droits à Tchele Kula, la « tour de crânes ».

L’hiver sur la campagne au nord de Nich.

Lors d'une rébellion près de Nich en 1809, les Serbes sont encerclés par les Ottomans. Leur chef, Stefan Sindjelic, laisse approcher l'ennemi avant de faire exploser son dépôt de munitions. Quatre mille des siens et dix mille assiégeants périssent ainsi. Furieux de cet acte, le sultan turc décide de terrifier la population locale pour prévenir toute nouvelle insurrection. Il ordonne d'encastrer neuf cent cinquante-deux crânes serbes dans un bloc construit à l'entrée de Nich, sur la route de Constantinople. Les cheveux encore attachés à la peau de certains crânes flottent au vent et rendent absolument apocalyptique la vision de ce monument. Alphonse de Lamartine le découvre en 1833 au retour de son *Voyage en Orient* et demande aux Serbes de le préserver pour montrer aux générations futures le prix que leurs aînés ont dû payer pour leur liberté. Soixante crânes restent aujourd'hui prisonniers de la masse, autour de laquelle une chapelle a été construite. Quand on a vu Tchele Kula, on comprend mieux la crainte ancrée dans la mémoire serbe face à l'Islam conquérant.

À Nich, chacun pleure sur le Kosovo. Dragan, la trentaine, avec qui je discute dans un café, est un homme cultivé. Il est au fait de la politique internationale et fin dans ses analyses. Il se sent spolié d'une terre qu'il adore : « Tu sais, j'ai refusé de me battre contre les Croates. Tu ne peux pas imaginer les problèmes que cela m'a valus. Mais là, c'est différent, le Kosovo est à nous ! C'est comme si on vous prenait la Provence ou bien Versailles ou les châteaux de la Loire. Il est difficile d'être serbe au Kosovo. La population serbe y diminue constamment. Vous, vous ne vous en rendez pas compte, mais avec l'appui financier de l'Arabie Saoudite aux Bosniaques et aux indépendantistes du Kosovo, il y a la volonté de créer une grande république musulmane en Europe en fédérant la Bosnie, le Kosovo, la Macédoine et l'Albanie. Ça affaiblirait l'Union européenne. Ici, on se méfie toujours : sous l'Empire ottoman, nos ancêtres, qui n'ont pas voulu se convertir à l'islam et qui ont survécu, étaient des citoyens de deuxième catégorie : ils payaient plus d'impôts. La diplomatie américaine serait inspirée d'avoir plus de discernement dans sa politique pro-musulmane. Ils soutiennent les talibans en Afghanistan *via* le Pakistan, le FIS en Algérie. Ils ont armé Saddam Hussein avant de l'attaquer. Aujourd'hui, ils livrent au Kosovo et en Macédoine des armes à l'UCK, la prétendue Armée de libération du Kosovo… Quand ça ne nuit pas à Israël, ils ne pensent qu'à faire plaisir aux musulmans pour favoriser leur maîtrise des hydrocarbures dans le monde. » Je me souviens également du temps passé à écouter dans un autre café la rancœur d'un policier de retour du Kosovo et dont je préfère taire le nom : « Nous étions une brigade de vingt-cinq personnes. L'UCK a tué treize de nos hommes. Deux sont revenus blessés, dix seulement indemnes. » Ou bien celle d'un habitant des campagnes, mal rasé, habits élimés, croisé sur la route, un fagot de bois sur le dos et une hache à la main, qui avait insisté pour que je rebrousse chemin et vienne déjeuner chez lui avec sa famille. Dans sa maison fragile, frêle esquif sur l'océan de neige de la campagne serbe, Zoran, remplissant le poêle à bois, laissait parler son désarroi : « Nous sommes des Indiens. Les Américains veulent nous exterminer. Ils arment l'UCK. Les Albanais veulent nous prendre le Kosovo. L'UCK vient d'abattre dans un café vingt jeunes civils serbes. »

Je sais combien il peut exister de désinformation dans ce pays. L'armée serbe est loin d'être exempte de reproches mais tous les combattants de l'UCK ne sont pas non plus les héros que les médias occidentaux glorifient dans une simplification par trop manichéenne des bons Albanais contre les méchants Serbes.

Premier loup

Parti tard – vers 9 heures – de Nich en ce 12 décembre, j'emprunte l'ancienne route vers la Bulgarie par la montagne. Enneigée, elle coupe une forêt. Les véhicules la délaissent pour la grand-route qui passe en contrebas à travers des tunnels. Seul avec mes pensées, il m'arrive de reconstruire ce château de cartes qu'est le monde. Je suis aussi triste pour les damnés de la guerre en Serbie que pour les victimes de Vukovar, les suppliciés bosniaques ou les martyrs albanais du Kosovo. Sur ce chemin rude, les pieds dans la neige, je prends une nouvelle fois conscience des drames qui, dans l'histoire des hommes, dressent entre eux des murailles. Paul Valéry avait déjà écrit entre les deux guerres qu'il était temps qu'en Europe les hommes ordinaires se parlent. Avec l'Union européenne, des ennemis héréditaires ont déjà donné un bel exemple. Il est en effet temps que sur des terres comme le Kosovo, Chypre, la Palestine ou l'Afrique l'homme dépasse les clivages des mémoires, des races, des ethnies, des religions et de la politique.

Lorsque je quitte un endroit, je pense souvent aux personnes que je viens de rencontrer ou à celles qui m'ont reçu, à nos échanges qui modifient généralement en bien, rarement en mal, ma perception du monde. J'essaie ensuite d'imaginer mes prochaines haltes. L'esprit déambule souvent de manière incontrôlable. Qui ne s'est pas engagé dans une épreuve de longue haleine comme la mienne pourrait se demander : « À quoi pense-t-il quand il marche, celui-là ? » Ils voient peut-être en moi un mystique capable d'exhausser par la méditation son âme à des hauteurs incommensurables. En réalité, mes réflexions sont ordinairement futiles. Je me remémore les événements les plus insignifiants de mon passé. De ce passé, je rebâtis certaines étapes dans mes cogitations. Je ne sais pas toujours par quelle association d'idées un gars ou une fille dont je n'ai pas de nouvelles depuis des années resurgit du tréfonds de ma mémoire. Je songe à mes grands-parents ou à d'autres personnes décédées il y a longtemps. Je me souviens de camarades emportés par une maladie ou un accident : coéquipiers sur un terrain de sport et amies que j'admirais pour leur dévouement à de nobles causes et pour la manière dont elles savaient rire de l'existence. Leurs disparitions prématurées m'ont peut-être aidé à tout quitter pour ce voyage en me faisant prendre conscience à quel point nos préoccupations terrestres peuvent être vaines et illusoires.

J'essaie aussi de me rappeler les quelques mots de la langue locale que je viens d'apprendre : « Mince ! Comment dit-on déjà "j'ai froid" en serbo-croate ? » Ou bien je me contente de faire enfin le vide en moi, d'essayer de ne penser à rien. J'inspire et j'expire alors l'air pur et frais tout en profitant du rayon de soleil qui se pose sur les conifères et les cimes proches. C'est ce que je fais ce soir-là en arrivant vers 16 heures au col sous des sommets de presque 2 000 mètres. J'admire tout simplement le soleil couchant sur les montagnes enneigées.

Seuls de rares chasseurs empruntent cette route, et les derniers que j'y croise me lancent sur le ton de la mise en garde : *Ima vuk!* Je comprends bien le sens de *ima* – « il y a » –, mais pas le second terme. Tout devient clair lorsque l'un d'eux me dit en allemand : *Achtung! Wolf! Wolf!* Des loups ! Les chasseurs s'éloignent. Je suis à nouveau seul. Un homme averti en vaut deux : je sors mon couteau et un appareil d'autodéfense à

Brune d'Italie et Anna, Joconde blonde des Balkans.

décharge électrique, utile cadeau d'un ami. Quelques kilomètres plus loin, je suis dans l'obscurité. Sans que je l'aie entendu approcher, un roi de ces montagnes au pelage sombre apparaît à deux mètres sur ma droite. Il me dépasse et s'enfonce dans la nuit. Je regarde derrière moi pour voir s'il était seul. Il est passé tellement près de moi que cela m'a dérouté. Ce n'était pas un chien, j'en suis convaincu. Tout ce que les Serbes m'ont dit sur le loup me revient en tête : seul, il fuit l'homme, mais, l'hiver, en bande et affamé, il peut attaquer un homme isolé. Curieusement, sur le coup, je n'ai pas le temps d'avoir peur. Tout a été trop vite. L'instinct de survie, les réflexes prennent le pas sur la réflexion. C'est lorsqu'on a le temps de tergiverser que la peur saisit. En redescendant vers le village de Crvna Reka – la « rivière rouge » –, je crains désormais la réapparition des loups. J'avance avec mon bâton de marche dans la main gauche, lanière du paralyseur autour du poignet, et, dans la droite, mon couteau ouvert. Les bras ainsi encombrés, je prends soin de ne pas glisser dans la descente. C'est dans ces moments de marche de nuit, recru de fatigue, ayant vu la mort rôder dans la silhouette d'une bête ou me méfiant d'hommes arrêtés au bord de la route, que la solitude m'envahit. Cette solitude que j'ignore le jour, malgré le froid et la neige, grâce aux fréquentes invitations des Serbes à manger un morceau ou à boire un coup.

Ce soir, j'attends avec impatience les lumières d'un hameau ou un « Bonjour ! » chaleureux et suis soulagé lorsque, deux heures plus tard, épuisé physiquement et nerveusement, j'entre dans le village de Crvna Reka. Après les premières maisons, j'entends les aboiements des chiens, que je trouve pour une fois rassurants. Je me dirige vers la grand-route. Sur une placette, j'entre dans le premier commerce ouvert. Comme un phare pour les marins égarés en mer, la blondeur de la fraîche épicière attire autour d'elle les mâles de Crvna Reka. Ils viennent tous lui acheter leur bière et roucouler dans sa boutique. Non loin là, le bistrot du village est vide. Crvna Reka, un soir de décembre.

Je poursuis sur la route. Quelques kilomètres avant Bela Palanka, je m'arrête dans un restaurant. Ah, je l'ai bien mérité ! Je passe commande mais je suis tellement épuisé qu'en attendant ma viande je m'endors sur la table. Réveillé par le serveur, j'engloutis mon dîner. La panse regarnie, je ne sais comment je trouve la force d'arriver vers minuit à mon hôtel.

« Je ne suis pas serbe. Je suis bulgare. »

Deux soirs plus tard, j'arrive à Dimitrovgrad, ville-frontière qui a appartenu à la Bulgarie avant le découpage terrible de ce pays au début du XXe siècle. J'ai le nom d'un homme dont on m'a dit qu'il m'aiderait ; j'ai un mot pour lui et son numéro de téléphone. Un jeune Serbe l'appelle pour moi. J'attends patiemment. Il titube quand il arrive : il est saoul et pue l'alcool de prune. Ayant trop bu pour déchiffrer le message, il se le fait lire. Sans un mot, il me fait autoritairement signe de lui prendre le bras. Il s'appuie sur moi, puis s'arrête brusquement, marquant une pause, l'index levé vers le ciel, et m'assène en guise de présentation : *Ne sam srpski. Sam bulgar.* Trente mètres plus loin, il me confirme qu'il n'est pas serbe, mais bulgare.

Nous nous arrêtons en route pour faire quelques courses que je souhaite payer, mais il s'y oppose, parvenant à extraire de l'argent de ses poches. Puis il marque trois ou quatre autres arrêts pour s'assurer que j'ai bien connaissance de cette vérité fondamentale : *Ne sam srpski. Sam bulgar.* Nous arrivons enfin chez lui. Sa femme est visiblement gênée par son attitude. Elle, au moins, est sobre. À la demande de son mari, elle relit mon mot de recommandation à voix haute. Je veux parler mais il me fait signe de me taire. Je tente discrètement de montrer à mon hôtesse l'article en serbe sur mon voyage pour lui expliquer la raison de ma présence à Dimitrovgrad. Il s'en aperçoit, l'intercepte et le réduit en boule. Je le récupère avant qu'il ne le déchire. Ouf ! Nous mangeons à table sans sa femme qui regarde, coite, apeurée peut-être, l'énième épisode d'une série mexicaine. Sans doute les poivrons farcis au riz préparés par son épouse sont-ils excellents, sans doute mon hôte bulgare, pas serbe, qui se tient la tête, a-t-il des raisons de ne pas être loquace, mais j'ai rarement été aussi écœuré par le comportement d'un de mes amphitryons. Gêné par son mutisme, je lui pose une question banale. Il ne me répond pas. Après plusieurs autres minutes de silence, je tente une seconde question. En guise de réponse, il porte cette fois la main à sa bouche – « tu manges » – puis main tendue vers la porte – « tu fiches le camp ». Il a ajouté un seul mot – « hôtel » –, avant de se refermer définitivement. Je suis donc parti de chez mon hôte, bulgare, pas serbe, déçu d'avoir, à travers lui, une première impression négative de sa Bulgarie dont je dois franchir la frontière demain.

Devant le théâtre national de Sofia, en Bulgarie.

« Sofia : mafia ! »

Vers la fin de ma deuxième journée en Bulgarie, j'atteins, sous la neige, les barres d'immeubles de la banlieue de Sofia. La capitale a vu sa grâce coulée dans le béton. Elle n'a pratiquement plus rien de ce que son nom évoque de féminin. Il ne reste guère que de rares églises toutes menues où résonnent parfois des chants grégoriens pour rompre la monotonie des avancées des immeubles et des statues d'artistes doués, louable initiative de l'ancien régime, pour égayer le parc devant le théâtre national. Une forme de beauté plus mobile est celle des femmes de Sofia. Elles ont une prédilection pour les manteaux de fourrure, avec, parfois, le port de la minijupe. Cette audace séductrice est toutefois quelque peu tiédie en ces mois d'hiver par l'adjonction de collants chauds. Quelques hommes, pour leur part, se plaisent à exhiber d'ostentatoires bagues en or massif à plusieurs doigts de la main.

Après les trente-cinq ans de la dictature communiste de Teodor Jivkov, la Bulgarie est devenue politiquement instable. Onze gouvernements s'y sont succédé en neuf ans. La mafia russe en a profité pour s'introduire, entraînant les caïds de la pègre bulgare, prompts à la gâchette, dans une escalade armée néfaste pour le pays. Apparemment, depuis deux ans, le nouveau pouvoir a réussi à endiguer la montée de la violence. Néanmoins, dans les couloirs du Bulgaria, un hôtel convenable du centre-ville, on a cru bon d'afficher une pancarte avec un téléphone mobile et un pistolet, tous deux barrés d'une croix. De nombreux Serbes m'ont mis en garde : « Sofia : mafia ! En Bulgarie, beaucoup de voyous sont armés. Tu te feras agresser. Et comment réagiras-tu avec un revolver sur la tempe pour te demander de vider un distributeur de billets ? » Je commence à être habitué : les Croates m'ont mis en garde contre les Serbes, les Serbes contre les Bulgares… Mais les gens d'ici ne m'alertent pas contre les périls de la nation suivante, ils me préviennent des dangers de leur propre pays. Jamais on ne m'a aussi souvent demandé qu'en Bulgarie si j'étais armé : *Imach pistolette ?*

Pas de fumée sans feu, dit l'adage. En quittant Sofia le 27 décembre, je suis donc d'une vigilance extrême. Je me méfie de toute voiture arrêtée sur le bas-côté. J'espère rejoindre Plovdiv, la seconde ville du pays, en cinq jours, pour être au rendez-vous fixé pour le réveillon du nouvel an avec des

Bulgares francophones. Je choisis de prendre par les sinueuses routes de campagne enneigées vers Novi Kan, Vakarel ou Ikhtiman. Je dois donc repartir avant le lever du jour. La température flirte avec – 20 °C et la mise en jambes est difficile. Les guipures de givre sur les arbres scintillent sous les rayons réconfortants du soleil revenu. Ils illuminent sous le bleu du ciel les blanches cimes des montagnes environnantes. Et des charrettes tirées par des canassons poussifs ou des ânes à la peine me dépassent lentement.

Ianko, mon frère tsigane

Le 31 décembre, je suis fatigué. À trois maisons de la sortie de Trivoditsi, village dont une bonne partie de la population est d'origine tsigane, j'observe un individu âgé d'une quarantaine d'années, mal rasé. Il prépare sa charrette et harnache son cheval. Des Bulgares m'ont prévenu de faire attention aux Tsiganes. Lui, je le trouve sympathique. Quand il m'aperçoit, étonné de voir un étranger, il me fait signe d'approcher. Le bulgare étant un idiome proche du serbe ou du croate, je suis capable, après deux mois de pratique des langues slaves, de conduire un échange basique. Et ce, d'autant plus que l'on me pose toujours, au moins pour commencer, et dans tous les pays, les mêmes questions : « D'où viens-tu ? », « Où vas-tu ? », « En Chine ? À pied ? Tu es fou ! », « Par quel pays ? », « Quel âge as-tu ? », « Es-tu marié ? », « Quel est ton travail en France ? » Mes réponses, quoique grammaticalement imparfaites, restent compréhensibles et me permettent de communiquer simplement. En revanche, j'ai plus de difficultés à répondre à la question « Pourquoi ? » Elle m'entraîne dans une naïve déclaration d'amour et de philanthropie : « Moi vouloir rencontrer des gens. Moi voyager pour vous rencontrer. »

En général, mes explications de primitif sont bien comprises et quelqu'un dans le groupe qui s'est formé autour de moi me propose à boire. Souvent, un café ou un thé. Ici, c'est du rosé. Ianko Stojanov Lalov m'invite à entrer chez lui. Nous passons un bon moment à discuter avec ses amis assemblés autour du poêle à bois, dans sa chambre exiguë au confort minimal. Un vieux Tsigane me fixe avec curiosité : « C'est la première fois que je vois un Français en vrai, pas à la télévision ! » Ianko me conte un peu de sa vie : « Ma femme est de Trivoditsi. Moi, je ne suis pas d'ici. Je suis de Tchernegorovo, à vingt minutes de charrette. »

Tsiganes de Trivoditsi.

Il s'enquiert : « Nous sommes des *Tsigané*. Comprends-tu ? Y a-t-il des *Tsigané*, des *Roma* en France ? » Nous passons aux choses sérieuses : la pièce est rapidement convertie en salle à manger avec l'introduction d'une table basse en bois. Sa femme au sourire enchanteur vient y déposer plusieurs morceaux de poulet frit, un mets exquis avec le vin. Je ne sais trop pourquoi mais il s'est instauré une espèce de complicité. Il est toujours difficile de pénétrer les pensées des autres mais peut-être Ianko m'apprécie-t-il pour ma qualité, certes provisoire, de nomade. Elle me rapproche de ces gens du voyage que le communisme a fixés ici par aversion pour leur forme de liberté.

Il se fait tard et il me reste encore vingt-cinq kilomètres avant le centre de Plovdiv. Je dois monter dans un train pour être à l'heure au rendez-vous du réveillon. Tant pis, je reprendrai ma marche là où je l'ai abandonnée, après le nouvel an. La fête avec Albena Hristova et ses amis est assez classique : un dîner dans un immense bloc d'immeubles. Notre hôte sympathique répond à l'étonnant prénom de Marguerite. Dans la cour, des pétards résonnent de concert avec les bouchons de vin mousseux bulgare qui sautent. Cette pétarade prolonge heureusement les brefs vœux télévisés du président de la République, débutés à minuit précis. Seules des chansons bulgares et la beauté légèrement orientale de certaines femmes donneront une pointe d'exotisme charmeur à ce soir de fête. Plovdiv est une ville agréable. Je la découvre seul. J'ai échoué à me faire guider par les belles insouciantes que sont les étudiantes francophones Lina et Ana. Elles préfèrent les cafés à l'exploration de la vieille ville, où les somptueuses résidences de riches marchands du siècle dernier sont visitées comme des musées. L'une d'entre elles, où Lamartine a séjourné, célèbre la mémoire de notre poète.

Le 5 janvier, je refais le trajet en train dans la direction opposée pour revoir mon ami Ianko. J'arrive chez lui avec deux bouteilles de vin dans les bras. Il me reçoit comme un prince. Après plusieurs heures passées à discuter et jouer au billard et un copieux dîner, il m'invite à passer la nuit chez lui. Sa femme doit partir coucher ailleurs, car il tient à ce que je dorme dans son lit, et lui par terre. Je refuse et dors à même le sol.

Le matin, réveillé tôt, j'essaie de l'aider à égrener le maïs pour son cheval. Il me montre comment frotter un épi nu sur un épi neuf mais, malgré ses explications claires, je termine difficilement

Petit matin au monastère de Rila.

un épi alors que lui, dans le même temps, en a préparé trois. Nous nous amusons bien de ma maladresse. Après un brin de toilette sommaire à la pompe devant la maison, j'ai droit à une savoureuse omelette aux oignons et une plantureuse portion de gras de cochon avec des piments tout droit sortis de l'enfer. Juste avant que je ne parte, Ianko me confiera en guise d'au revoir : « Toi, tu n'es pas mon ami, tu es mon frère ! » « Mon frère ! » Quel idéal de relations entre les hommes permet ce voyage ! Quelle chance j'ai de vivre cela ! Il suffit d'aller vers autrui et l'on a un frère. Italien, slovène, croate, serbe, bulgare, tsigane... Je réfléchis à cette belle leçon en revenant à pied vers Plovdiv quand un curieux spectacle m'arrête à la sortie de Stambuliski. Entouré de centaines de fidèles, un pope debout sur un pont dominant la rivière bénit une croix. Nous sommes le 6 janvier, jour de Noël pour les orthodoxes. Le pope jette la croix, une fois bénie, dans l'eau glacée où, torses nus, de jeunes Tsiganes plongent pour la récupérer. Le plus prompt l'exhibe fièrement, assurant à sa famille, si l'on se fie à la tradition, le bonheur pour toute l'année.

Le Hollandais marcheur

Un peu plus loin, sur la route principale, je m'arrête dans un restaurant routier isolé dont je suis le seul client. Bientôt arrive un couple de Bulgares et, plus tard, un gars mince, cheveux châtain clair, avec un énorme sac à dos. Je le dévisage. Pas de doute, c'est un marcheur. Je vais le voir et lui demande en bulgare d'où il est. *Do you speak English ?* est sa réponse.

La seconde tentative est la bonne :

– Je suis néerlandais et vais à pied d'Amsterdam à Jérusalem.

– Très bien ! Moi, je suis français et me rends à pied de Marseille à Kachgar, en Chine.

Quelle extraordinaire coïncidence : notre rencontre s'est produite parce que je n'ai pas pu arriver à temps à Plovdiv et parce que je suis reparti en arrière reprendre ma marche ! Le destin en ayant décidé ainsi, nous faisons route commune jusqu'à Plovdiv. Puis, nos trajets étant identiques jusqu'à Istanbul, nous décidons de poursuivre ensemble notre route tant que nous supportons notre association. En fait, il est rassurant d'être deux pour la fin du trajet en Bulgarie. Mattheus a été attaqué en Roumanie et même s'il s'en est bien sorti – « Un agresseur inexpérimenté », me dit-il –, désormais, nous sommes moins vulnérables.

Mattheus Postma a 43 ans. Il est technicien-réparateur et travaille en intérim. Original, cultivé, intéressé par l'astronomie, les sites religieux et la mystique des pays qu'il visite, il m'apprend aussi qu'il peint aux Pays-Bas. Il est vrai que je lui trouve, avec ses joues creusées, sa maigreur, son teint laiteux et son regard trouble, un je-ne-sais-quoi qui rappelle certains des portraits de son compatriote Van Gogh. Sur la route, j'apprendrai également, en pressant le pas, que le Hollandais marcheur est une espèce végétarienne qui se déplace rapidement. S'il a la noble ambition de vouloir sensibiliser le monde à la protection de la nature, Mattheus tient aussi la marche comme une source d'introspection.

Contrairement à Mattheus et à Jean-Jacques Rousseau, promeneur délaissé et solitaire qui débutait ses *Rêveries* en écrivant : « Me voici donc seul sur la terre, n'ayant plus de frère, d'ami, de prochain, de société que moi-même », je considère que marcher n'est pas qu'un chemin du soi. C'est surtout un sentier vers autrui, vers mon semblable, et cela me suffit pour me laisser en paix. Je me souviens des paroles de l'alpiniste Gaston Rebuffat, qui gravissait une montagne « parce qu'elle est là ». Eh bien, je voyage simplement parce que les gens sont là. J'aime mieux saisir le regard et la main d'autrui que pérégriner seulement dans ma tête. Et aux *Rêveries*, je préfère une seule phrase de Roland Barthes : « Qu'est ce que voyager ? Rencontrer. »

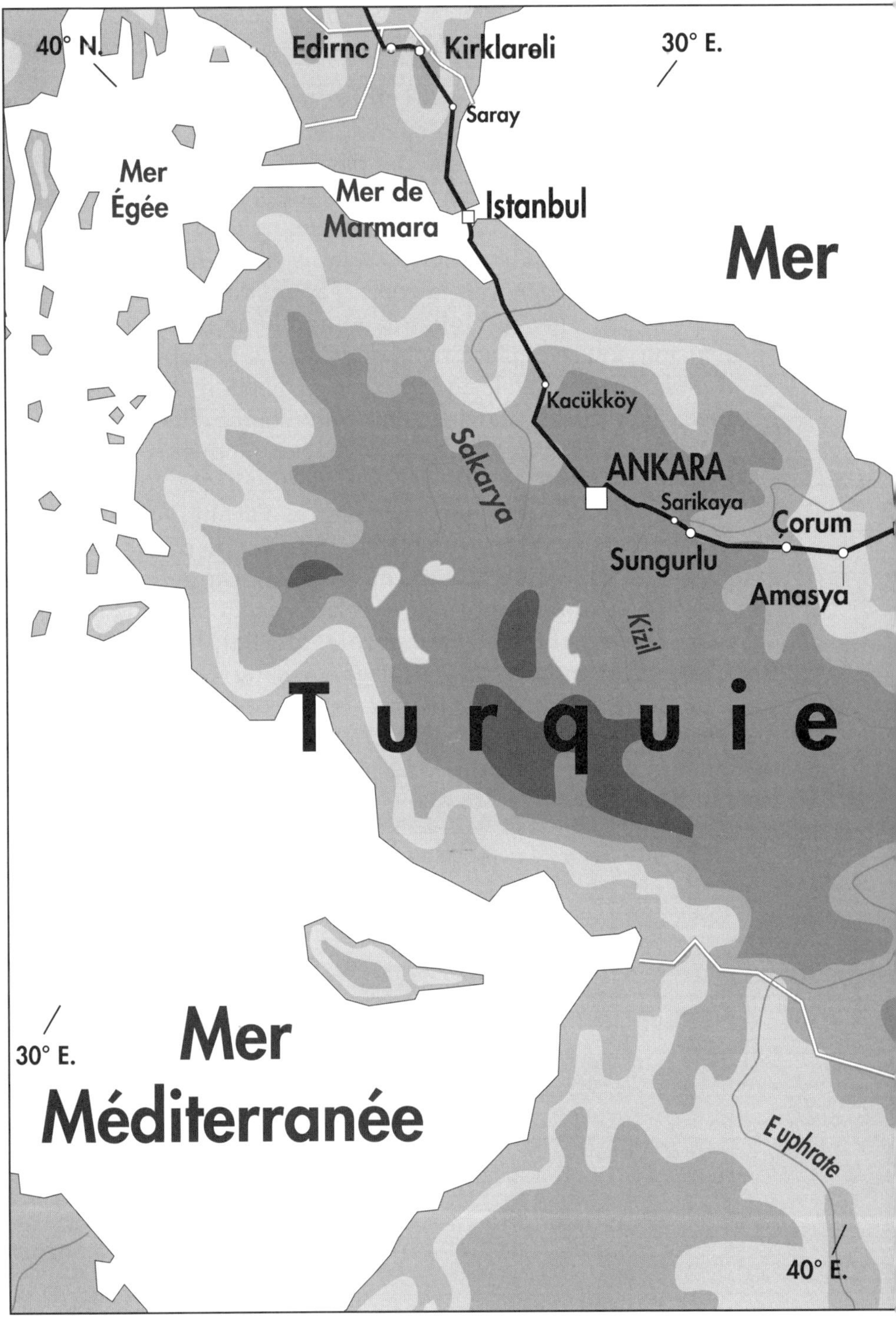

De l'Asie Mineure au Caucase

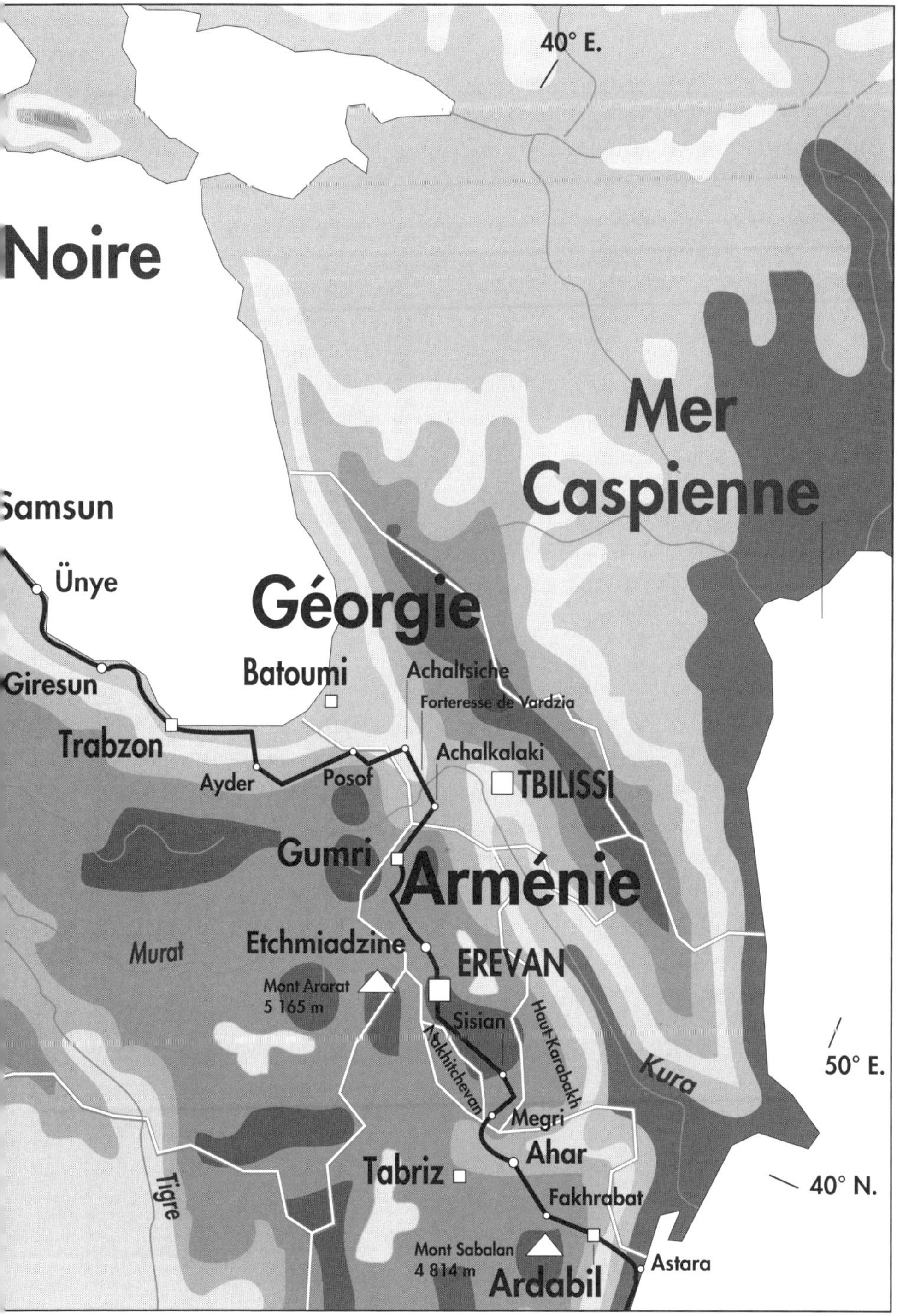

40° E.
Noire
Mer
Caspienne
Samsun
Ünye
Géorgie
Giresun
Batoumi
Achaltsiche
Forteresse de Vardzia
Trabzon
Achalkalaki
Ayder
Posof
TBILISSI
Gumri
Arménie
Murat
Etchmiadzine
EREVAN
Mont Ararat
5 165 m
Sisian
Haut-Karabakh
Nakhitchevan
Kura
50° E.
Megri
Ahar
Tabriz
40° N.
Tigre
Fakhrabat
Mont Sabalan
4 814 m
Astara
Ardabil

Derviches tourneurs à Istanbul.

TURQUIE
L'Asie, enfin !
15 janvier – 9 juillet 1999

La douane à peine passée, une mosquée de construction récente s'élève sur la terre rase. L'islam marque son territoire d'influence et satisfait, dès leur entrée dans le pays, les fidèles en provenance de terres impies. Atatürk, lui, est présent avant même l'islam, en photo du moins et sur les premiers bâtiments officiels. Entre les deux guerres, Mustapha Kemal, le « père des Turcs », a laïcisé et rapproché son pays de l'Occident. Il y a remplacé l'alphabet arabe par l'alphabet latin (à quelques signes diacritiques près), a interdit le port du voile aux femmes et leur a donné, avant nous, le droit de vote.

En fin d'après-midi, Mattheus et moi arrivons à Edirne, l'ancienne Andrinople, à dix-huit kilomètres de la frontière. Sur une butte, nous apercevons une autre mosquée, mais pas un bâtiment moderne érigé à la hâte, la mosquée par excellence. Belle. Majestueuse. Il s'agit de la mosquée Selimiye, une réalisation de Sinan, l'architecte de l'empire ottoman à son apogée. Après les bourgades de Bulgarie, j'ai l'impression que les rues, près de l'ancien caravansérail autour d'elle, débordent de monde. Au milieu des nuages et des odeurs de kebab grillé se dressent partout des échoppes garnies de choses appétissantes, en particulier les fameuses pâtisseries tout sucre et tout miel. Mattheus et moi nous en offrons de copieuses assiettes que nous dégustons à leur pleine valeur, à la hauteur de l'effort qu'il nous a fallu faire pour parvenir jusqu'ici et de l'addition que présente le vendeur.

– Un million de livres turques.
– Un million ?
– Oui, Mattheus, ça fait moins de trois dollars !
En cette fin de ramadan, les files de futurs millionnaires prêts à s'offrir quelques délices culinaires s'allongent devant les distributeurs de billets. Les orfèvres ont disposé dans leurs vitrines les bijoux dorés qui font miroiter d'envie l'œil des passantes. Les conversations s'animent : un homme, bras droit en l'air, doigts serrés contre le pouce, vend sa camelote à un autre : *Çok güzel* – « Très beau ». Décidément, Edirne fleure l'Orient !

Réveillés par les muezzins qui annoncent la prière par haut-parleurs, nous reprenons la marche après deux jours de repos. En route vers Istanbul, hormis un contrôle comminatoire par trois gendarmes zélés et la hargne de chiens errants que la menace de mon bâton de marche et la dissuasion d'une pierre prestement ramassée maintiennent à distance, notre parcours en Thrace orientale se résume à une série de plaisants échanges. Dans les cafés peuplés de moustachus, le thé coule à flots et nous apprenons l'importance des mots *misafir* – « invité » – et *misafir perverlik* – « hospitalité ».

Au rendez-vous de l'Europe et de l'Asie

Le 27 janvier, après avoir facilement franchi les remparts de Théodose, que les assiégeants des temps passés n'ont jamais pu ébranler, nous nous retrouvons au cœur d'une immense agglomération dont la population serait passée entre 1960 et aujourd'hui de un à quinze millions. L'animation y est celle d'un Hong Kong sur Bosphore. On raconte que, dans l'obscurité, des centaines de nouveaux venus des campagnes agrandissent les bidonvilles de leur *gecekondu* – habitations de planches et de carton « pondues dans la nuit ». J'observe, pour ma part, que beaucoup d'enfants travaillent. Ils vendent des mouchoirs en papier ou bien proposent aux passants, pour une somme modique, l'usage d'un pèse-personne. Chacun s'affaire à son négoce. Le vendeur de balais et le chargeur de briquets côtoient dans la rue le marchand de tournevis et les détaillants en stylos ou ceintures. Partout, on s'active ! Dans le bazar aux épices, les parfums de réglisse, de coriandre, de cardamome, la palette de couleurs des poudres de safran, de paprika, des poivres et des thés, locaux ou importés, me plongent dans une

Garçon au pèse-personne.

ivresse exotique. Dans le raki, l'alcool national, je retrouve avec plaisir l'odeur de l'anis. Le Méditerranéen que je suis est également ravi de revoir la mer, mouvante et émouvante, trois mois après l'avoir quittée à Trieste. Nous voilà devant les plus impressionnants monuments d'Istanbul : la mosquée Sultan Ahmet, ou mosquée Bleue, et Sainte-Sophie. Cette gigantesque église que le sultan Mehmet II a transformée en mosquée le jour même de sa prise de Constantinople, le 29 mai 1453, est devenue un musée par la volonté d'Atatürk. Derrière se trouve le célèbre palais de Topkapi, où les sultans conservèrent longtemps leurs privilèges et leur harem. Au lever du jour sur Istanbul, frénétique et grandiose, une mosquée nichée au fond d'une ruelle, intime comme une église de campagne et tranquille comme un jardin japonais, ravit mon cœur : Rüstem Pacha. Ses proportions harmonieuses et la délicatesse de ses faïences bleues achèvent de me gagner au charme de l'Orient turc.

Istanbul est la seule ville au monde construite sur deux continents. Le point de rendez-vous de l'Europe et de l'Asie est, pour Mattheus et moi, le lieu de notre séparation. Tous les souvenirs que nous avons forgés en trois semaines de marche commune nous amèneront à nous revoir un jour ou l'autre.

Istanbul est, en fait de rendez-vous, l'endroit que nous avons choisi pour une réunion avec mes parents, mon frère Christophe et nos amis Maurel. Près de six mois après mon départ, cette visite me réconforte et m'encourage. Je reprends des nouvelles de notre ville, de la famille, des cousins et me plonge dans la presse apportée de France ou récupérée dans l'avion. Je redeviens boulimique d'information et dévore tout ce qui me passe entre les mains, du *Monde* à *La Provence*, du *Figaro Magazine* à *L'Équipe*, de *France-Football* à *Libération*, du *Spectacle du monde* au *Nouvel Observateur*, du *Pèlerin* à *Point de vue*, de *Télérama* à *Paris-Match*... J'ai parfois pu acheter des journaux français ou en consulter dans les ambassades, mais, après six mois de voyage, je prends plaisir et ai besoin d'appréhender tout ce qui s'est passé dans l'Hexagone en politique, sport et culture. Après avoir traversé des pays qui, vus de France, paraissent durs et violents, je reste attristé par le côté sanglant et sordide des faits divers.

Je poursuis mon exploration d'Istanbul en compagnie de mes parents trois jours durant. Après leur départ, je me fais mal au genou lors d'un jogging, ce qui m'oblige à prolonger mon séjour chez des amis français, les Serres. Matthieu est né ici de parents français et parle aussi bien le turc que notre langue. Grand et droit, solide et heureux, il est cadre chez L'Oréal et, malgré son front d'intellectuel légèrement dégarni, s'occupe de produits capillaires. Sa femme, Valérie, veille à l'éducation de leurs deux enfants, Étienne le sensible et Argentine au caractère déjà bien trempé pour ses 2 ans. Depuis leur salon, je ne me lasse pas d'admirer la vue sur le Bosphore avec l'élégant pont suspendu au faux air de Golden Gate qui relie la Thrace et l'Anatolie. Les pétroliers, vraquiers et porte-conteneurs qui passent en dessous dansent sur des reflets moirés et m'hypnotisent. La mer Noire n'est pas bien loin au levant et la Méditerranée pas trop distante vers le couchant, *via* la mer de Marmara et la mer Égée.

Lorsque mon genou va un peu mieux, je décide d'aller voir ce qu'il y a de l'autre côté de ce pont normalement réservé aux seules voitures. Autorisation administrative en poche, je remets mon sac sur le dos et repars en regardant bien en face cette Asie qui m'attend, qui n'attend que moi, ai-je la prétention de croire après 2 888 kilomètres de marche. La vanité et le plaisir de se dire : « J'ai fermé la porte de chez moi en France, j'ai descendu les escaliers et j'ai marché jusqu'en Asie ! » confinent à la joie de l'enfant qui découvre le monde autour de lui et s'émerveille d'un rien. Je repense à mon départ et aux difficultés que j'ai surmontées depuis. En franchissant ce pont, je pose le pied sur l'autre continent de mon voyage. J'ai rarement eu autant l'impression que la terre m'appartenait et qu'en même temps, je lui appartenais. *Yours is the world and everything that's in it* – « Le monde et toute chose t'appartiendront » – écrivait Kipling pour conclure son poème « If ». C'est un grand jour pour moi. En restant dans le même pays, j'ai changé de continent et aboli une frontière, géographique et psychologique.

Invité quatre fois en une soirée

Dès ma première soirée asiatique, je goûte à nouveau aux joies de l'hospitalité turque. Dans le quartier de Maltepe, un ouvrier de retour d'Allemagne et ses amis pêcheurs m'appellent pour prendre part à un barbecue au soleil couchant sur les îles des Princes. Deux heures plus tard, j'entre dans Kartal, localité de bord de mer dont le nom signifie « aigle ». Hassan, propriétaire d'un camion-brochettes, lointain cousin des camions-pizzas

Le pont sur le Bosphore, tendu entre l'Europe et l'Asie.

de France, m'invite dans son antre aménagé pour y déguster de succulents morceaux d'agneau précédés du thé habituel.

Il est 21 heures 30 quand j'arrive dans le centre de Kartal. Je demande à un groupe la direction de l'hôtel que je cherche. Au lieu de répondre à ma question, Deniz Günech, un professeur de musique, veut que je me joigne à ses élèves et à lui pour manger un *börek*, une excellente spécialité de pâte feuilletée, si copieux que je n'arrive pas à le terminer. Deniz me propose ensuite un toit pour la nuit. Nous dînons à nouveau chez ses parents avec ses frères, après minuit. Quatre repas en sept heures ! Je commence à croire que le sens de l'accueil turc me fait courir le risque d'être la seule personne qui marche trois mille kilomètres et prend du poids. Dommage que la route monte entre Istanbul et Ankara ; sinon, j'aurais pu rouler dans la descente !

Le Coran recommande certes l'hospitalité, mais on trouve aussi cette recommandation dans la Bible. L'extraordinaire sens de l'accueil turc ne met donc que mieux en lumière les insuffisances ou les excès de la vie occidentale moderne. En Turquie, j'ai été enthousiasmé d'avoir dû m'arrêter jusqu'à quatre fois en un kilomètre pour prendre le thé ou bien m'excuser de m'y soustraire avec force politesses en arguant que je venais d'être invité deux cents mètres plus tôt. Quelle différence avec le traitement fréquemment réservé à l'étranger, touriste ou non, dans les bistrots de Paris et d'ailleurs en France où, de plus, l'hospitalité est un fonds de commerce ! L'étranger (dans lequel j'inclus son avatar moderne, le touriste) est devenu dans nos pays une « denrée » si commune qu'il en a presque perdu son caractère, pour n'être plus qu'impersonnel et sans importance pour ses hôtes. Oh bien sûr, un verre de thé là-bas ne vaut pas grand-chose, et les Turcs ont le temps de vivre, mais n'irions-nous pas mieux si nous étions capables d'offrir un peu plus souvent et spontanément, à nos visiteurs étrangers, un café ou un petit coup à boire ?

« Y a-t-il des arbres en France ? »

Quelques jours plus tard, entre Mudurnu et Nallihan, je traverse des paysages enneigés au-dessus de 1 200 mètres. À la nuit tombante, j'ai encore vingt-cinq kilomètres à parcourir avant Nallihan. J'envisage de dormir en rasc campagne quand passe Mehmet sur son tracteur. Il est petit avec un bonnet sur la tête. Moustachu aux traits asiates, il est visiblement affable. Vêtu à l'occidentale, il revient de la ville où il est allé vendre ses fromages de chèvre.

– D'où viens-tu à pied ? me demande-t-il.

– De France !

– Non, tu n'as pas compris. D'où viens-tu à pied ? reprend-il, rajoutant à la parole le mime d'un homme en train de marcher.

– Si, si. Je viens de France à pied.

Ma révélation lui fait pousser un *« Allah! Allah! »*, variante du *« Machallah! »* que j'ai souvent compris comme un signe d'approbation autant que de surprise. « Ne dors pas dehors. Il y a des chiens sauvages très dangereux. Viens donc chez moi ! » Mehmet loge au premier étage, au-dessus de l'étable qui abrite deux vaches, deux veaux, un âne, une trentaine de chèvres et moutons et un agnelet de deux jours, comme dans les anciennes bergeries de Provence ou des Alpes. Il le partage avec son fils, Idris, garçon émotif et intelligent, et sa mère, superbe dans son pantalon bouffant traditionnel. Elle est, avec raison, très fière de ses 65 ans et fume des cigarettes avec plaisir. Je remarque que Mehmet utilise toujours l'expression *bizim köy* – « notre village » – que les Turcs, même seuls, emploient là où un Français dirait « dans mon village ». Le village est le groupe, un tout indivisible. J'ai l'impression qu'il y a moins d'individualisme et de clans que chez nous. Il règne déjà ici une solidarité et un sens de la collectivité forts, un peu comme au Japon, à l'autre extrémité de l'Asie, et bien plus, en tout cas, qu'en Europe occidentale. Ma présence attire certains curieux qui entrent chez Mehmet comme s'ils étaient chez eux. Il leur offre le thé. En l'absence de télévision, la soirée est rythmée par la musique du nouveau radiocassette dont Mehmet vient de faire l'acquisition en ville. Ses invités me posent en turc des questions d'une charmante ingénuité : « En France, y a-t-il des arbres ? Y a-t-il de la neige ? des moutons ? des vaches ? » Avant d'autres interrogations plus matérielles : « Combien coûte un kilo de fromage ? et un kilo de sucre ? »

Parfois surgit une question déjà entendue ailleurs :

– Pourquoi ne voyages-tu pas à vélo ? Une fois, j'ai vu un étranger qui traversait ainsi la Turquie. Ça va quand même beaucoup plus vite.

Mehmet chez lui, à Kacükköy.

– Parce que je veux aller moins vite. Je veux regarder, m'arrêter, me retourner, sortir des routes goudronnées, passer par les sentiers et les montagnes, sentir l'odeur des fleurs et de l'herbe.

Je me suis vraiment rendu compte au cours des sept premiers mois que seule la marche permet d'avancer à la même vitesse que les gens du pays. Seule la marche permet de se replonger totalement dans la lenteur qui a par trop disparu de notre civilisation du toujours plus vite, de la communication par satellite, de l'Internet et du téléphone portable. La marche offre le plaisir d'apprécier ce luxe extraordinaire qu'est le temps. Elle laisse la possibilité de regarder autour de soi et derrière soi, de répondre aux sollicitations des gens qui accourent du bout de leur champ pour vous parler. Elle oblige à s'arrêter dans des villages car une journée de marche correspond à vingt-cinq ou trente kilomètres, tandis qu'à vélo, on peut céder à la facilité de rouler une centaine de kilomètres d'une ville à une autre. Dans les pays les plus étendus, parce que sa propre lenteur oblige à les traverser en plusieurs mois, la marche laisse le temps d'apprendre les langues et, de fait, facilite le dialogue et les rencontres. Elle permet enfin au marcheur, quand bon lui semble, de sortir des routes pour emprunter les sentiers ou traverser les montagnes, comme je l'ai fait aujourd'hui. Mehmet insiste pour que je reste plusieurs jours chez lui. Je séjourne un jour entier à Kacükköy en observateur amusé des lentes et répétitives scènes de la vie locale, mais la vedette m'est volée par un loup qui a égorgé une chèvre du troupeau conduit dans les pâturages par la mère de Mehmet.

Le 10 mars, jour de mon anniversaire, je me réveille au chant du coq, au gloussement des dindons et des bêlements matinaux. Après un plantureux petit-déjeuner, je reprends la route de Nallihan. Au soir, fatigué, je m'endors sur le lit de mon hôtel spartiate à 18 heures 30, en lisant ma méthode Assimil de turc. Je me réveille vers 1 heure du matin, le livre sur le ventre, pour éteindre la lumière et reprendre mon rêve là où je l'ai quitté. Il n'est guère spectaculaire de célébrer ainsi son anniversaire mais cela m'est égal car, dans mon voyage, chaque jour tient de la fête.

Ankara et sa sacrée vache

Je rejoins finalement le centre d'Ankara, la deuxième ville de Turquie par la taille et sa capitale depuis 1923. Son agglomération en forte croissance compte quatre millions d'habitants.

Elle est malgré tout assez verte et aérée, dominée d'un côté par sa vieille citadelle et, de l'autre, par le mausolée d'Atatürk. La cour centrale de ce monument plus imposant que beau dégage une impression de tranquillité que les pas sûrs et cadencés de la relève de la garde rythment plus qu'ils ne la perturbent.

Après quatre jours de repos pour soulager mon genou toujours capricieux, je quitte la ville où les amoureux s'embrassent dans les cafés. Tandis que j'atteins le panneau qui en marque la limite et que je repars vers l'Anatolie rurale, un monsieur âgé sort d'un hangar en courant. De quel côté de la pancarte vient-il : capitale ou campagne ? Arrivé à ma hauteur, il me fait signe de le suivre sans m'indiquer la raison de son empressement. Je lui emboîte donc le pas jusqu'à l'intérieur du hangar où il me présente sa vache dont il est visiblement fier. Fevzi Bingol veut une photo avec elle, alors qu'il ne m'a même pas demandé si j'avais un appareil photo. Il suppose simplement que ma qualité d'étranger me vaut de posséder un tel objet dans un coin de mon gros sac à dos. J'immortalise donc côte à côte mon Fevzi Fernandel et sa Marguerite. Plus tard, j'adresserai à cette paire d'amis le souvenir de cet instant. J'espère qu'ils l'ont reçu. Il n'y a pas de doute, avec Fevzi le croquant, je suis passé du côté ensoleillé de l'existence, dans le champêtre, le naturel, le vivifiant et le candide.

Fazil

Le 25 mars, je m'arrête à l'intersection de deux pistes de terre pour discuter avec un homme, la quarantaine bien tassée, potelé, le visage cerclé d'un collier de barbe. Il s'en revient du marché de Sungurlu en tirant par une corde la seule de ses quatre chèvres qu'il n'a pas vendue. Les affaires ont été bonnes et la chèvre, guillerette, le suit sans avoir conscience de sa chance en cette période de préparation de la fête du Kurban : elle a échappé au sacrifice. Fazil me propose de l'accompagner chez lui à deux kilomètres de là, au village de Sarikaya, pour un déjeuner tardif. En arrivant dans sa maison, construite elle aussi au-dessus de l'étable, nous ôtons nos chaussures et entrons dans le salon. Le Coran, protégé dans une enveloppe de tissu rouge et vert, est accroché au mur orienté vers le sud. C'est la direction de La Mecque, vers laquelle Fazil et son père fatigué feront leurs prières. Le patriarche, prénommé Özman – « ottoman » –, barbu, d'une maigreur ascétique mais encore leste, me dit, non sans fierté, qu'il a 90 ans et me conte son service dans l'armée d'Atatürk. Fazil, père de huit enfants, m'avoue, lui, plus tristement : « Nous n'avons pas d'argent ; nous n'avons que des moutons et des chèvres. Les jeunes partent à Istanbul ou à Ankara pour trouver du travail. »

Ici, comme dans les autres villages de Turquie, on s'assied sur le tapis. On mange généralement sur une table basse apportée dans le salon ou autour d'un cylindre large et creux. Sur celui-ci est posée une nappe qui vient couvrir les jambes des commensaux. On sert alors sur un immense plateau une diversité de mets qui ravissent l'œil et le palais. Chacun y va ensuite allégrement de son morceau de pain, d'un coup de sa fourchette ou de cuiller. Même s'ils font des efforts quand ils reçoivent et s'ils ne consomment que rarement de la viande, les habitants de ces campagnes anatoliennes se nourrissent bien. Fromages de chèvre et yaourt accompagnent agréablement des assiettes d'œufs durs ou brouillés, de poivrons farcis ou à l'huile, de tomates et d'olives, dans lesquelles chacun pioche. Au centre de la table se trouve un gobelet d'eau que l'on partage avant le final du thé. Il est versé dans des verres galbés, de faible contenance mais où le sucre n'est guère oublié. Les femmes mangent le plus souvent entre elles quand les hommes ont fini leur repas, soit au même endroit, soit à la cuisine.

Depuis l'arrivée de la télévision, les soirées se passent devant le poste, en famille ou en compagnie des voisins qui ne sont pas encore équipés. Les hommes se retirent donc dans une autre salle pour voir le journal télévisé. L'information est assez complète mais très orientée et monotone à force de rediffusions des mêmes titres et images. C'est au soir, devant le poste, que j'apprends les premiers bombardements de l'OTAN sur la Yougoslavie. Mes pensées vont alors à mes hôtes serbes d'il y a trois mois et aux habitants infortunés du Kosovo. Je me souviens de leurs visages amicaux. Il suffit d'avoir un leader charismatique assoiffé de pouvoir et une poignée d'hommes néfastes pour tenir et dévoyer un pays. Longtemps, je me suis pris à rêver que l'OTAN commence à inonder la Serbie sous des millions de tracts pour expliquer à son peuple et à ses soldats le canevas d'une proposition de paix. Longtemps, j'ai espéré que les Serbes basculent dans une révolution contre leur despote. Mais non, les Américains compteront bientôt les morts de civils serbes en « dommages collatéraux ». Comment réagiraient-ils si des civils américains étaient bombardés sur leur territoire et comptabilisés de la sorte par des étrangers ? Mes pensées sont brusquement interrompues par le commentaire d'un des téléspectateurs :

– Tous les hommes sont bons, sauf les Serbes. Les Serbes sont mauvais. Au Serbistan, les chrétiens tuent des musulmans.

– Non ! La plupart des Serbes sont bons. Ils reçoivent bien les étrangers, comme vous. C'est leur chef qui est fou !

– Tu as raison. Nous venons tous d'Adam. Nous sommes tous les mêmes, acquiesce un autre.

Sur ce point, je m'aperçois ici que la folie de l'apprenti sorcier serbe a au moins permis aux pays occidentaux de dépasser le clivage de l'histoire et des religions pour, dans une certaine mesure, rapprocher les peuples.

La télévision turque diffuse aussi, ce soir comme de temps à autre, des émissions à la gloire de l'armée. Ce sont des exercices d'interventions simulées contre « les terroristes kurdes du PKK », dans l'est du pays. Le programme est entrecoupé de chansons de vedettes incorporées ou venues participer à l'exaltation du sentiment d'unité nationale. Ce dernier est nourri par la méfiance des Turcs à l'égard de leurs voisins – Grèce, Iran, Irak, Syrie, pays de l'ex-bloc soviétique – et la situation tendue dans l'Est. Les Turcs aiment généralement leurs militaires parce qu'ils garantissent leur indépendance et limitent le risque d'éclatement que représente une révolution islamique. L'armée turque a des moyens et des effectifs importants : le service militaire dure en général un an et demi, huit mois pour les diplômés de l'enseignement supérieur. C'est une période de fierté dans la vie du citoyen turc. Une proportion impressionnante des cartes postales vendues en Turquie est destinée aux appelés qu'il convient et qu'il est, semble-t-il, d'usage d'encourager par des missives à caractère humoristique.

Fazil m'intime relativement tôt l'ordre d'aller dormir. Je comprends mieux son injonction le lendemain, vendredi, lorsqu'il se lève à 4 heures 20 pour se rendre à la mosquée. C'était une sage décision de nous lever aux aurores car j'ai également la chance de voir les femmes réunies pour la préparation du pain. Pour l'occasion, la sœur de Fazil, plus maigre et plus âgée que lui, reçoit trois femmes qui ont des tabliers sur leurs ventres rebondis comme ceux des matrones italiennes et des fichus sur la tête, comme pour me rappeler que je suis en terre d'islam. Parfois, une fillette de 7 ou 8 ans vient observer leur travail pour s'imprégner dès son enfance du rôle qui sera le sien dans son foyer. Sans y être obligée, elle s'essaie joyeusement à la tâche avec ses aînées : elles mélangent farine et eau pour fabriquer une pâte qui est ensuite aplatie en tranches très fines et cuite au feu de bois dans la cheminée. Ce pain se conserve un mois, parfois plus. Après avoir un peu ri, ces femmes qui ne sont guère à l'aise en présence d'un homme étranger, même s'il est invité par le chef de la famille, se referment et effacent de leurs visages toute trace de leurs déjà parcimonieux sourires.

Elles se montrent toutefois plus courtoises que les femmes occupées aux travaux des champs, que je croise aux abords des villages, vêtues de manière traditionnelle avec un foulard noué sous le menton. Ces dernières ont une attitude hypocritement respectueuse du Coran, qui ne cesse de m'étonner. La première qui me voit arriver de loin signale ma présence à ses collègues. Elles me regardent et me dévisagent franchement – lorsqu'il n'y a pas d'autre homme à proximité – jusqu'à ce que je parvienne à leur hauteur. Je leur lance alors un bonjour cordial : *Merhaba !* Cette formule doit cacher quelque magie car je disparais d'un seul coup à leurs yeux. Les regards se perdent à nouveau vers le sol et le labeur. Ces êtres sans visage ne sont plus que travail et fichus. J'imagine que si elles restent coites et ignorent le diable d'Occidental, c'est pour mieux en faire le sujet de leurs conversations après mon passage. Les hommes des campagnes vont aux champs habillés d'une veste et d'une chemise, un peu râpées parfois mais presque élégantes, très dignes en tout cas. Ici, un tissu blanc à liserés bleus, là, un joli jaune citron. Les canons de cette mode sont étonnants. La tête est toujours couverte d'un béret ou d'une casquette, plus rarement d'une calotte islamique, le *takke*. Les enfants, garçons et filles, portent également des vêtements à l'occidentale, mais dès qu'une fille devient adolescente, elle drape sa féminité naissante dans la même tenue que sa mère, signifiant ainsi à son entourage sa nubilité nouvelle.

Voyage terminé ?

Après Sungurlu, ma douleur au genou réapparaît. Je dois marquer une nouvelle pause. J'en profite pour visiter, à proximité

Fabrication du pain à Sarikaya.

de Bogazköy, le site hittite de l'antique Hattusas. Je suis sidéré par l'impression de puissance qui se dégage de la forteresse dominant des montagnes pelées. Il a fallu, comme au Mexique et en Égypte, un travail de titans pour dresser cette pyramide d'énormes blocs réguliers qui rappelle davantage les sites aztèques que ses lointaines cousines du Caire. D'environ 1800 à 1200 avant Jésus-Christ, les Hittites ont dominé cette région du monde et poussé leurs conquêtes jusqu'à inquiéter Ramsès II. Ils l'affrontèrent il y a trente-trois siècles à la bataille de Qadesh. L'empire hittite disparut brutalement bien après, à la suite, croit-on, de la mise à sac de cette ville fortifiée.

Ma douleur ne passant pas, je retourne en transport en commun à Istanbul, chez les Serres, qui m'avaient déjà longuement hébergé. Cette période est très dure sur le plan psychologique : j'ai déjà parcouru plus du tiers de la distance totale et, si je suis obligé de m'arrêter, ce n'est pas par choix ou par manque de volonté, mais simplement à cause d'une articulation récalcitrante. Elle me laisse comme seule alternative un arrêt définitif ou la patience d'espérer que la douleur disparaisse d'elle-même. Je crains vraiment que le voyage ne soit terminé : la force mentale est toujours au rendez-vous mais le corps ne suit plus. Heureusement, le soutien de mes amis stambouliotes, les encouragements d'un ami américain arrivé de Chicago et le réconfort de mon amie venue à la rescousse me mettent du baume au cœur. Je ne peux concevoir d'échouer ainsi. C'est impossible. Je refuse. Après trois semaines et demie de repos et bien que la douleur n'ait pas totalement disparu, j'en ai assez d'être sédentaire.

Au pays des « terorist » et des « anarchist »

Le 22 avril, je reprends ma route où je l'avais abandonnée. Il fait beau. Un aigle en quête d'une proie introuvable survole la plaine et se pose sur un rocher peu distant. Je l'observe un moment avant de repartir vers Çorum, un bourg tranquille. La forteresse de cette Carcassonne du pauvre, dont les remparts sont décrépits, est encore découpée en ruelles qui sont habitées par des familles modestes. J'y séjourne trois nuits à l'hôtel, en raison d'une forte fièvre due vraisemblablement à l'absorption d'une eau malsaine ou d'un aliment avarié. Remis de ce mal, je continue d'égrener le chapelet des villages isolés de l'Anatolie agreste entre deux étendues râpées, calcinées, quasi désertiques.

Lorsque l'eau surgit quelque part, les champs renaissent et les arbres fruitiers s'épanouissent : pommiers, abricotiers, cerisiers…

En approchant d'Amasya, je suis à nouveau certain d'être sur l'Ipek Yolu, la route de la soie, quand je traverse Ipekköy, – le « village de la soie » –, où serait encore élevé le bombyx du mûrier. Amasya est une belle ville, provinciale, calme, séduisante pour le touriste flâneur. Du haut des ruines de sa citadelle, on admire la « rivière verte » qui sépare la localité en deux et qui est l'axe sur lequel se disposent en épi ses monuments historiques et ses maisons ottomanes. La quiétude de la ville n'est pas universelle : la police et d'autres personnes me recommandent d'éviter la zone Tachova–Erbaa–Tokat. À l'intérieur de ce périmètre limité, un groupe maoïste, le Tikko, auteur de plusieurs attentats à la bombe, fait régner par intermittence la *teror*. Si ce n'était la gravité de la situation, ce mot importé du français il y a fort longtemps me ferait plutôt sourire. De loin en loin, lors d'une conversation, d'un journal télévisé ou sur une enseigne, je déchiffre d'autres termes « turquisés », me rappelant qu'en turc le *u* se prononce « ou », le *ü*, « u », et le *ö*, « eu » : *mersi*, *pardon*, *kuaför*, *kürdan*, *kartpostal*, *kartvizit*, *antrenman*, *echofman* – « survêtement » – et, dans cette zone et l'Est kurde, *terorist* et *anarchist*.

Entre les lacs Boroboy et Ladik, je suis contrôlé sous une forte pluie par une patrouille de l'armée qui s'étonne de ma présence et hésite à me laisser partir : « Il y a de la *teror* », me confirme le gradé. En guise de *terorist*, ce ne sont que de paisibles cigognes haut perchées et d'autres échassiers baigneurs aux lignes graciles qui me scrutent de loin le lendemain au lac Ladik. Mon seul *anarchist* est l'énergumène local, gardien de trois vaches, qui veut s'approprier mon bâton de marche. Il me le saisit, refuse de me le rendre et, tournant sur lui-même pour le maintenir hors de ma portée, s'enferme dans un rictus, la bouche grande ouverte, les dents serrées et les yeux exorbités dans son effort pour le conserver. Je tiens toujours mon bâton et, le tirant d'un coup sec, parviens finalement à le récupérer. Je pars et presse le pas, sans oublier de saluer mon kleptomane pour ménager sa susceptibilité. Un peu plus loin, en altitude, le froid prend possession du territoire et fige toute cette agitation.

Malgré la date printanière – nous sommes le 7 mai –, il tombe un grésil cinglant et désagréable. Les coups de fouet s'arrêtent à l'orée d'un nuage de brume, que je fends en poursuivant ma route. Soudain surgissent trois énormes molosses blancs qui s'étaient camouflés dans le linceul ouaté. Ils sont taillés pour défendre les troupeaux contre les loups et les ours. De larges colliers cloutés protègent leur cou des mâchoires des prédateurs. Ils courent vers moi. Instinctivement, je me mets dos à un arbre pour protéger mes arrières. Le sac monte haut et me couvre la nuque. Je fais face aux trois cerbères, gardiens de la piste autant que du troupeau voisin. Un sur ma gauche, un sur ma droite et un devant moi, ils aboient, grognent, retroussent leurs babines sur des crocs terrifiants. Vont-ils me déchiqueter ? Vais-je terminer mon voyage ici, entre les canines de ces redoutables sentinelles ? Je hurle plusieurs fois pour ne pas me laisser impressionner, pour rassembler mon courage et dans l'espoir d'attirer l'attention de leur maître, peut-être caché par la brume. Mon bâton les tient à distance avant qu'un berger, brave homme des montagnes, n'émerge effectivement du voile comme une apparition providentielle. Il crie à son tour pour me sauver des terribles mâchoires.

Encore sous le choc de cette rencontre, j'arrive au village de Karli, huit kilomètres avant la grand-route. Là, un homme moustachu d'une quarantaine d'années vient vers moi. Il est petit mais son approche est rendue menaçante par un gros fusil de chasse. Dans cette circonstance, mon bâton de marche ne peut me servir qu'à avancer vers lui. Les chiens n'étaient-ils que les gardiens de l'enfer ? Voilà maintenant le spectre du *terorist*: est-ce ma fin ? Peut-être suis-je arrivé dans un village d'*anarchist*? Peut-être me suspecte-t-il d'être moi-même *terorist*? Je le salue :

– Bonjour ! Je suis français. Je vais vers Kavak et Samsun.

– Je suis Fikret Bach, le *muhtar* – le « maire ». Peux-tu me montrer tes papiers ?

Il parcourt mon passeport et poursuit :

– La nuit tombe. Tu es le premier étranger à venir ici. Je suis inquiet pour toi. Quelqu'un t'accompagnera en voiture jusqu'à la nationale.

– Merci mais je ne voyage qu'à pied. Je vais continuer.

– C'est peut-être dangereux. Dors ici, tu repartiras demain.

J'assiste donc une nouvelle fois au défilé des frères, neveux, ainsi que des amis et curieux des environs qui se sont donné le mot à mon propos. Il y a parmi eux nombre de descendants de Tchétchènes immigrés depuis des décennies. Le matin suivant,

Fikret m'accompagne à pied jusqu'à la bourgade de Kavak – le « peuplier » – d'où je pense repartir seul. En fait, c'est accompagné par un groupe d'une dizaine d'enfants de 7 à 11 ans que je reprends ma marche. Comme tous les enfants turcs – hormis certains sacripants d'Istanbul –, ils sont très polis et s'expriment avec déférence envers l'adulte et l'étranger que je suis. Avec une ingénuité touchante, ils m'appellent oncle : « Nous vous aimons beaucoup, *Amca* Philippe. » Déjà, dans de nombreux villages d'Anatolie, sous la surveillance de leurs parents qui me proposaient un thé en m'accueillant par un *hochgeldiniz*, les enfants saluaient en moi leur aîné avec respect, de manière traditionnelle, en baisant ma main droite puis en la portant à leur front.

L'ancienne route de Samsun évoque plus la Suisse que la Turquie pour le touriste non averti. Elle est surplombée de collines vertes tiquetées de fleurs d'un jaune éclatant sous le soleil. Les enfants, de leur propre chef, rivalisent de rapidité pour me constituer le plus gros bouquet possible. Je l'accroche un temps à mon sac à dos pour leur faire plaisir avant qu'ils ne s'en aillent rejoindre leur village.

Voyage en Ataturquie

Je débute à Samsun une pause justifiée par mon besoin de reprendre des forces et par les festivités du 19 mai auxquelles je souhaite assister. Pour tout dire, il y a aussi à Moscou le match de football O.M.–Parme que je veux voir absolument.

Il y a quatre-vingts ans, le 19 mai 1919, Mustapha Kemal débarque à Samsun en provenance d'Istanbul dans l'espoir de libérer la Turquie de ses occupants et d'éviter ainsi son démembrement. Être dans le port où a débuté la révolution pour le quatre-vingtième anniversaire de ce débarquement est une chance inouïe. Les festivités ont commencé quelques jours auparavant… En ce 18 mai, je prends place dans un restaurant pour y manger un sandwich à la viande. Je viens d'avaler ma première bouchée quand je vois passer sur l'avenue principale d'Istiklal un défilé d'enfants en tenue traditionnelle d'Anatolie. Ils sont suivis de vétérans de l'armée d'Atatürk en uniforme militaire, bardés de décorations, le poignard au ceinturon, le tromblon à la main et les cartouches en bandoulière. J'abandonne *illico* mon sandwich, ma veste et mes affaires en prévenant le patron que je reviens dans trois minutes. J'emboîte le pas

Jour des enfants à Alacahöyük.

à la procession qui arrive à la gare de Samsun juste avant que n'y pénètre le train d'Atatürk. Une ovation exceptionnelle salue le passage du train de l'ancien président. Sa photo grandeur nature orne la fenêtre de son wagon personnel. La foule l'acclame. Atatürk, leader libérateur, visionnaire autoritaire, est bien vivant dans la mémoire de son peuple. Il surveille toujours son pays et veille à sa grandeur. Les enfants scandent son nom en tapant dans leurs mains. La ferveur populaire fait penser, même si la comparaison paraît déplacée en raison de la dimension historique du personnage, à celle que suscite un sportif qui vient de réaliser un exploit. Il y a dans cette unanimité quelque chose de justifié et d'inquiétant à la fois, en tout cas pour moi qui suis peut-être l'unique Occidental à Samsun ce jour-là. Fasciné par le spectacle, je ne reviens terminer mon sandwich qu'après trois heures de photographie. Je suis certain que personne n'aura volé mes affaires déposées dans un café tranquille où, comme dans tous les commerces, les édifices publics ou les écoles du pays, trône l'effigie d'Atatürk. Je ne me souviens pas d'avoir déjà vu, dans un autre pays démocratique, un sentiment national autant cristallisé autour du culte d'une seule personnalité. Sur les murs fleurissent ses maximes, en particulier : *Ne mutlu Türk diyene* – « Heureux celui qui peut se dire Turc ». À l'entrée d'un pavillon éducatif dans le centre de Samsun, une musique enlevée résonne depuis plusieurs jours : « Vive Atatürk et vive le 19 mai ! » Les enfants y apprennent en jouant quelques données sur les sciences et découvrent qu'à l'âge de 12 ans, le parangon Atatürk était un brillant mathématicien. Passe un jeunot, kurde sans doute, qui me chuchote : « C'est pas vrai ! », et puis s'en va.

Je me souviens du matin du 23 avril dans le village d'Alacahöyük. C'était le Jour des enfants, fête nationale qui, elle aussi, consolide l'unité de la Turquie en la rassemblant autour de la République et de son personnage fondateur. Les enfants, âgés de 8 à 12 ans, étaient rassemblés en rang d'oignons. Les plus grands tenaient des portraits du Père des Turcs, d'autres lisaient des textes en hommage à la Turquie et à son leader disparu en 1938. Les déclamations terminées et célébrées par les applaudissements des parents, les hommes d'un côté de la cour de l'école, les femmes de l'autre, avaient commencé des jeux divertissants, dont une bien amusante course en sac. En ma qualité de seul étranger présent, j'avais eu droit, sens de l'accueil turc oblige, à une place de choix et à un respect digne d'un roi.

Je me rappelle le mausolée à Ankara, construit à l'aune de l'admiration presque sans limite que vouent à Mustapha Kemal la majorité des Turcs. L'image que l'armée et le peuple souhaitent conserver du sauveur de la Nation est, en osant une comparaison hasardeuse avec notre histoire, celle d'un Napoléon mélangé à un De Gaulle et, ici aussi, Atatürk est encore plus grand mort que vivant.

Mer Noire de pêcheurs

Je chemine sur la route goudronnée dont la monotonie est en partie gommée par les chaleureux saluts klaxonnés des automobilistes et des camionneurs expressifs qui lèvent leur bras droit au ciel en signe de perplexité. Dans un café, l'un d'eux m'adresse la parole : « Je t'ai vu plusieurs fois déjà. Je t'ai salué il y a dix jours de mon camion. Tu ne te souviens pas de moi ? »

Pour moi, presque tous les camions se ressemblent. J'en ai croisé tellement. Mais je sens qu'une réponse positive lui ferait plaisir à cause des autres curieux qui nous entourent, aussi ne puis-je m'empêcher d'acquiescer :

– Oui, oui, bien sûr !

– Allez, on boit un thé !

Je suis distrait de l'ennui de ma lente progression sur le bitume par les mouvements de la mer Noire sur ma gauche. Je sonde régulièrement mes hôtes turcs, au gré des thés qu'ils m'offrent, sur la raison du « noire » – *kara* – dans la dénomination de leur mer – *Kara Deniz*. Le plus souvent ma question les laisse perplexes. Ils me donnent néanmoins trois explications plausibles. La première est le courroux des flots qui, particulièrement l'hiver, a coûté la vie à des générations de pêcheurs et fait porter à ces eaux dangereuses et aux familles riveraines la couleur du deuil. Une autre est l'incontestable manque de soleil qui donne souvent à cette mer bordée de sables sombres des reflets tragiques. La troisième est le noir des sables eux-mêmes. En réalité, il semble que l'ancien nom de la mer Noire, ce Pont-Euxin par lequel les Romains et les Grecs la désignaient, provienne de la déformation d'un mot perse qui signifie « bleu foncé ». L'origine du nom serait donc liée à la teinte sombre de la mer.

À Ünye, les pêcheurs ont toutefois l'air plutôt joyeux. Sedat, âgé de 29 ans, tient à m'inviter pour un thé. J'accepte à condition que ce soit pour cinq minutes car je veux avancer. Les cinq minutes en question se changeront en presque vingt-quatre heures : les heureux pêcheurs, à qui je conte que ma ville est aussi une terre pour leurs frères de la mer Méditerranée, me proposent de me joindre à eux pour la pêche de 17 heures et de poursuivre la soirée par un plat de poissons sur la plage. Je ne me sens pas la force de refuser car, après tout, je fais ce voyage pour (ap)prendre mon temps. Nous sortons en barque poser des filets de plus de deux cents mètres de long. En mer, un pêcheur se plaint : « On prend moins de poissons maintenant. Certaines espèces ont disparu à cause de la pollution de la mer Noire. »

J'en ai une illustration lorsque, de retour sur la plage, deux groupes de trois pêcheurs auxquels je prête main forte remontent leurs filets. La pêche n'est pas miraculeuse, mais suffisante pour que mes généreux amis laissent à mon palais et à mon esprit un merveilleux souvenir. Le tout est bercé par le murmure des vagues, par un verre de Yeni Raki et la belle mélodie d'Ali Senol (dont une anagramme est, je m'en aperçois, « lo e lanis » : l'eau et l'anis, deux composantes essentielles de la vie du pêcheur turc). Ali est, me semble-t-il, plus dévot du raki que fanatique de l'islam, deux religions majeures et pas toujours incompatibles en Turquie. Je m'en aperçois à la question d'un autre pêcheur, sirotant son aquavit : « Quel est ton Livre ? » Les gens du Livre sont, pour les musulmans, les personnes issues des civilisations qui ont reçu la révélation du monothéisme à travers la Torah, la Bible ou le Coran : juifs, chrétiens et musulmans. Me voilà donc, moi, *roumi*, reçu le verre de raki à la main par ces accueillants musulmans de Turquie.

Ali me prend au dépourvu : « Chante-nous quelque chose en français. » Après une mise en garde sur ma mauvaise voix, je pense bien sûr à quelques succès de musique française – « Ne me quitte pas », « Un beau roman, une belle histoire », « Le Sud » ou cet hymne à la Méditerranée de Massalia Sound System « Qu'elle est bleue ! » – mais je n'en connais aucun en entier. Mon esprit à court d'idées songe à des classiques de supporters appris dans les virages du Stade Vélodrome. Puis je creuse dans les lointains souvenirs des rondes enfantines mais je ne maîtrise plus ni « Mon ami Pierrot » ni « Sur le pont d'Avignon » au-delà de leur deuxième vers. Je suis gêné quand, d'un seul coup, je trouve : « Si vous voulez, je peux vous chanter l'hymne national français, “La Marseillaise”. » L'enfant de la Patrie se lève et récolte, après deux ou trois minutes de sanglants sillons, son « jour de gloire » et une belle volée d'applaudissements. J'ai donc fait mieux que sauver l'honneur. Comment aurait-il pu en être autrement pour moi avec un chant de marche ? Je peux aller chez Ali, qui m'offre l'hospitalité, fier et avec l'esprit tranquille.

Avec Yusuf dans les collines

En route vers Ordu, je peux enfin couper un promontoire par la montagne où règne l'omniprésent noisetier, symbole de la richesse de cette région de Turquie. À hauteur de Bolaman, j'entame la montée par une piste de terre escarpée. En contrebas, on m'appelle : « Eh toi ! Attends ! » L'homme, casquette vissée sur la tête, bien en chair mais toujours ingambe, se joue de la pente pour arriver à ma hauteur.

– Où vas-tu ?

– Je vais de l'autre côté de la montagne.

– On peut faire un bout de chemin ensemble. À midi, on s'arrêtera à mon village. Tu pourras te reposer un peu et déjeuner chez moi. Et après, tu repartiras.

– D'accord ! Merci. Comment vous appelez-vous ?

– Yusuf.

– Et vous arrivez de Bolaman ?

– Oui. Avant, je travaillais à la propreté et à l'entretien de l'école primaire là-bas. Maintenant, j'ai 68 ans et je suis à la retraite. Je suis juste allé acheter quelques produits pour mes arbres et je remonte à la maison.

Il coupe la piste par des sentiers plus abrupts encore pour rejoindre son village de Laleli Mahalesi et me dit, au sortir d'un de ces raidillons : « C'est moi, ou toi qui as bientôt 70 ans ? » Mais je lui fais alors soupeser mon sac qui, chargé d'eau, de provisions, de divers papiers et cartes, atteint vingt kilos. Il comprend alors mieux la lenteur de ma progression.

« Vous êtes robuste, vous ! » lui dis-je. Il sourit et a l'air fier de sa forme éblouissante. Incroyable, ce Yusuf ; il est l'un des rares Turcs à ne pas fumer. Préférant l'islam à la boisson, il se lance dans d'incompréhensibles prières et des incantations sibyllines pour qu'Allah me vienne en aide lorsque je lui annonce

Le printemps à Ünye, sur les rives de la mer Noire.

qu'à 35 ans je ne suis toujours pas marié. Après le déjeuner, cet homme alerte me ramène jusqu'à la piste par un chemin à flanc de colline. Avec l'intention charitable de m'aider, il m'achève plutôt par sa dernière remarque : « Donne-moi un peu ton sac. Je vais t'aider à le porter ! »

Chez les hommes siffleurs... et les femmes accortes

À Görde, je fais la connaissance d'Ömer Sen, professeur de français, qui me parle d'un village dans les montagnes vertes qui tombent directement dans la mer Noire. Il s'appelle Kuchköy – le « village des oiseaux ». Là, depuis des générations, les hommes savent communiquer en sifflant. Habitant près d'une rivière bruyante, ils peuvent ainsi transmettre plus efficacement des messages aussi variés que : « C'est Ali » ; « Apporte-moi la pelle ! » ; « Mehmet, viens vite, s'il te plaît ! » ; « Un étranger est arrivé ! » Quoique les enfants sachent encore souvent siffler, l'usage du téléphone réduirait la richesse du vocabulaire chez les jeunes générations. Il ne subsisterait aujourd'hui que trois ou quatre mille personnes capables de s'appeler par beau temps à plus de cinq cents mètres, la distance qui sépare ce village au nom mélodieux du sommet de la montagne qui le surplombe. Je pose un peu naïvement la question de savoir s'ils parlent aussi avec les oiseaux, mais la poésie de l'endroit ne s'élève pas jusqu'à ces hauteurs-là. Puisse le temps préserver encore la magie de Kuchköy, dont il existerait dans le monde deux exemples similaires, l'un en Espagne, aux Canaries, et l'autre au Mexique !

Plus à l'est dans la montagne se trouve le village de Chalpazari. Pour ma plus grande joie en ce mercredi, jour de marché, la tradition survit aussi dans les mille couleurs qui illuminent les vêtements des femmes venues des villages alentour. L'homme de la région, plus terne dans ses habits occidentaux, sait immédiatement, à la tenue d'une de ces beautés locales, de quel village ou groupe de villages elle provient. En revanche, aucun signe distinctif, hormis la bague au doigt, n'aide à différencier les femmes mariées des célibataires. Les femmes, intouchables, ne sont là que pour le bonheur des yeux. Cela fait deux mois maintenant, depuis le départ de ma belle, que je suis sevré de présence féminine tout contre moi. Afin de pallier en partie l'absence de mes amis habituels et de ma famille, je rencontre heureusement chaque jour des personnes sympathiques. Pour combler l'absence d'amour d'une femme, j'ai ma saine activité de mettre un pas devant l'autre qui fatigue l'organisme et le laisse en paix. On se passe plus facilement de compagnie amoureuse lorsqu'on accomplit cet exercice à longueur de journée. Il n'empêche que le charme féminin taraude tout de même le marcheur solitaire. Lorsque je contemplais une île – qui serait la seule de la mer Noire – du haut des ruines de la forteresse de Giresun, un homme du cru m'a assuré que c'est là que vécurent les Amazones et qu'on y trouve encore les vestiges d'un de leurs temples. Curieux, je vais donc voir, à bord de la barque d'un pêcheur, si quelques Amazones n'auraient pas été oubliées là par mégarde. On ne sait jamais !

Je suis las de la vision des femmes effacées, cachées par d'amples habits et foulards. Toute l'iconographie des guerrières têtes nues et court vêtues m'assaille. Je ne rêve durant cette brève traversée que d'un corps d'armée constitué de beautés sculpturales, de colonnes de jambes galbées, de cohortes de poitrines opulentes. L'esprit chauffé par le soleil et agité par les flots, je suis déjà devant cette légion de cuisses fuselées, je parlemente avec cette compagnie callipyge, je me lance vaillamment à l'assaut de l'escouade de monts de Vénus qui ne demandent qu'à être conquis… Amazones, voici le débarquement que vous attendiez tant !

Mais point d'Amazones sur cet îlot râpé et rugueux, même pas une grotte où elles pourraient se dissimuler. Il n'y a que la maison d'un Yusuf hirsute surnommé le Robinson de Giresun. Il vit là depuis six ans avec sa femme discrète, sa sentinelle de chien amorphe, ses hordes de lapins blancs et sa soldatesque de mouettes, piailleuses gardiennes d'un temple, qui, lui, bien qu'en ruines, est tout ce qu'il y a de palpable. Allah est fort sournois avec moi ! J'ai beau être du signe du poisson et donc un peu rêveur, aux dires d'amies férues d'astrologie, je préfère la terre ferme. Quelles sirènes pourraient me détourner de mon objectif : l'Est et à pied ? J'ai été mené en bateau par la mythologie et l'imagerie populaire. En effet, où les Amazones auraient-elles pu parquer tous leurs chevaux sur une aussi petite île ? Et puis les Grecs ne racontaient-ils pas qu'elles se brûlaient un sein pour tirer à l'arc ? Décidément non, ces détraquées cruelles ont bien fait de se cacher : elles ne me méritent pas !

À Trabzon, d'autres créatures, fuyant la dureté économique des anciennes républiques soviétiques, œuvrent de manière bien plus concrète, sonnante et trébuchante, au rapprochement affectif entre hommes turcs et femmes slaves. Elles sont inévitables dans le quartier russo-géorgien, près de la place principale avec sa statue d'Atatürk qui mate les buveurs de thé, mâles et femelles. Tous n'apprécient pas le développement de cette présence étrangère.

Je suis attablé dans un bar du quartier où, tout en buvant du thé, je consigne dans mon cahier les événements des deux dernières journées. De belles créatures entrent dans la salle. Elles enlèvent leurs longs manteaux pour dévoiler des tenues plus légères. Certaines de ces coquines sont un peu girondes mais possèdent indéniablement des atouts dans leur jeu. Je crois que j'ai trouvé le vrai repaire des Amazones. Des Amazones à deux seins bien généreux, qui plus est.

La lumière maintenant tamisée rend l'écriture de plus en plus difficile. J'ai atterri ici par hasard mais au fond, en tant que célibataire, j'aime l'ambiance de ces lieux interlopes. Ces endroits sont d'autres vitrines du même pays. On y aperçoit le côté canaille qui est ordinairement dissimulé. Il y défile une faune qui me change de mon environnement habituel. Autour des ribaudes éclatent les rires avinés et grivois de farauds en foire et de faquins en fête à la recherche de leur Aphrodite. Hemingway, Baudelaire, Toulouse-Lautrec et d'autres maîtres ont aimé ces concentrés de vie, de beauté ou de laideur. À mon grand désarroi, malgré leur exemple de brillants polissons, je ne me sens pas pour autant devenir ici un meilleur écrivain ou un peintre de talent. Une fille s'assied à côté de moi. Une belle fille au buste moulé par un justaucorps jaune. Une vingtaine d'années ou pas beaucoup plus. Un discret tatouage sur l'épaule droite. De beaux seins. Des seins vraiment magnifiques. J'en mangerais. Le reste est bien fait aussi. La peau mate. Des yeux de braise sombre. Noir de feu.

– Vous êtes poète ?

– J'aimerais bien. Et vous, vous êtes d'où ?

– Je suis azérie. Et toi ?

– Français. Tu as quitté l'Azerbaïdjan ?

– Oui, je n'ai plus de famille.

– Tu as quel âge ?

–J'ai 20 ans et un copain en Italie. J'aimerais bien y aller un jour. Tu ne veux pas coucher avec moi ?

Ce n'est pas par lâcheté que je refuse son avance. Ce n'est pas non plus parce que je me retranche aveuglément derrière les principes de morale qui m'ont été inculqués. Je le regrette quelquefois mais j'ai besoin d'idéal et de fidélité, c'est pourquoi je ne me satisfais pas de la vacuité des sentiments dispensés en ces lieux. Je crois que mon cœur est ailleurs et qu'il n'a pas été marqué par des balafres sentimentales assez profondes pour céder à cette facilité. Peut-être est-ce aussi par fierté : j'apprécie de conquérir ce que je veux obtenir et ai la prétention de pouvoir encore séduire par mes qualités intrinsèques sans avoir recours à cette forme de corruption. Il est dur d'être seul certains jours et, plus encore, certaines nuits. La chair est faible mais l'esprit peut, parfois, parfois seulement, lui donner de la force.

Comme dans toutes les grandes villes du pays, les femmes turques se divisent ici en deux groupes, qui parfois se recoupent. Il y a la « moderne », féminine au possible, habillée de manière séduisante, comme ces étudiantes, Nuray, Banu ou Pinar. Elles s'amusent, rient et, avides de connaissances, m'assaillent de questions. Sur la mer Noire, je ne fais plus peur aux femmes. C'est rassurant ! Il y a aussi la traditionaliste qui affiche ouvertement sa croyance en l'islam avec le foulard qui cache sa chevelure et révèle par là même ses idées. Ses jupes ou ses manteaux masquent sagement ses formes. Il n'est pourtant pas exclu que, le vendredi venu, la première n'emprunte le foulard de la seconde pour se rendre à la mosquée.

Avant d'arriver à Trabzon, j'avais en tête une image du « Caravansérail de Trébizonde », un tableau de Fabius Brest exposé au musée des Beaux-Arts de Marseille. Cette représentation de quelques hommes enturbannés, en costumes orientaux, devant les arcades de cet antique bâtiment – c'est du moins ainsi que je me le rappelle – et Trabzon, le nom actuel de cette ville à quatre mille deux cents kilomètres de la mienne, m'ont longtemps servi de but pour continuer à poser inlassablement un pied devant l'autre. Le caravansérail est moins grand que je ne l'imaginais. Il a été investi par quelques tailleurs qui, comme tant d'autres Turcs, me proposent thés et palabres pour passer un après-midi tranquille. Trabzon me paraissait si loin avec sa vieille ville, son hammam du XIe siècle, son histoire influencée par la communauté grecque et sa superbe église d'Aya Sofia, aux proportions harmonieuses sur un terre-plein dominant la mer. Maintenant que j'ai dépassé cette ville, mon imagination va devoir se trouver de nouveaux objectifs à moyen terme : la frontière avec la Géorgie, Etchmiadzine et Erevan en Arménie, la mer Caspienne…

Retrouvailles dans les montagnes

À partir de la station thermale d'Ayder, je ne marcherai plus seul. Mon camarade Olivier Autran doit me rejoindre pour deux bonnes semaines. Je suis ravi de ce témoignage d'amitié. Olivier m'a déjà accompagné au départ de Marseille, pour mes premiers kilomètres. Avant qu'il n'arrive, je me remémore certains des bons moments que nous avons vécus. En récapitulant les pays où nous avons voyagé ensemble, j'arrive à quinze. Si tout va bien, la Turquie et la Géorgie seront les seizième et dix-septième. Olivier est là comme prévu. Nous parlons beaucoup. Il me donne des nouvelles des copains à Marseille et sous d'autres latitudes. Il vient de perdre son poste d'ingénieur télécoms à Buenos Aires mais espère en retrouver un à Rio où il vient de passer quelque temps. Du Brésil, il me rapporte aussi une histoire étonnante pour un gars qui apprécie beaucoup la compagnie féminine : « À Rio, j'ai sympathisé avec une jolie fille de 25 ans. Très belle. Je bois un verre avec elle de temps en temps. Elle a une fille. Sa vie est dure, là-bas. Elle se prostitue pour subvenir à ses besoins. Elle gagne bien sa vie ainsi mais je lui ai donné cent dollars – le tarif pour une nuit – afin qu'elle rentre chez elle sans client, s'occupe de sa fille et la prenne dans ses bras. Je doute que cela change sa vie, mais sait-on jamais. »

Je me souviens qu'il y a quelques années, avec Olivier, lors d'un week-end à Amsterdam où nous avions fait du lèche-vitrines, nous rêvions innocemment d'aider une de ces filles à s'en sortir. Nous ne savions pas comment distinguer celle qui était « épanouie dans son travail » de celle qui vivait un enfer. À Amsterdam, chacun a ses fantasmes ! C'était le nôtre à l'époque. J'avoue avoir aussi, lors de mon voyage, poussé ma naïveté aux mêmes hauteurs candides qu'Olivier. Dans un lieu nocturne de la route de la joie, je n'ai pas supporté de voir un Occidental, laid, bourru et éméché, imbu du pouvoir de séduction de son argent, approcher une belle fille, fine, avec de la classe.

Futur circoncis en tenue avec son grand frère, devant Aya Sofia à Trabzon.

Elle tirait sur sa cigarette avec trop peu de naturel et de conviction pour être crédible. Son apparence fragile et malheureuse cachait mal une mère de 23 ans qui semblait s'être trompée d'endroit. Ailleurs, elle aurait pu être la fille dont on tombe amoureux ou du moins sous le charme. Elle était économiste de formation comme moi. Nous avons un peu discuté puis je l'ai assez vite mise dans un taxi pour la renvoyer chez elle. En me remerciant, sans doute gênée par le sentiment que j'avais fait d'elle une voleuse alors qu'elle essayait juste de gagner de l'argent par son travail charnel, elle m'a demandé : « Tu es sûr que tu ne veux pas venir ? » Elle était vraiment belle. J'ai hésité un quart de seconde. Très vite, j'ai dit non avant de refermer la porte pour ne pas me noyer trop longtemps dans ses yeux et céder à cette douce tentation. J'ai l'illusion qu'elle ne m'a pas pris pour un demeuré. En tout cas, je me souviendrai de son sourire et de son deuxième *spassiba.* Ce remerciement était le leurre parfait que j'espérais, le bonheur que je voulais me donner, la certitude d'avoir fait seulement un peu de bien.

Le 26 juin, Olivier et moi progressons jusqu'au village d'alpage de Yukari Kavron. Mehmet nous autorise à déployer nos sacs de couchage sur les banquettes du café ouvert l'été, mais il a malheureusement décidé de laisser la télévision allumée à tue-tête toute la nuit. Croyant à un oubli de sa part, je me lève à 3 heures du matin pour l'éteindre. Toutefois, le bruit devant lui manquer pour dormir en toute quiétude, il la rallume une heure plus tard… Vers 6 heures, nous partons les yeux lourds après cette nuit sous le petit écran. Le guide Adnan et un autre Mehmet nous mettent sur le bon chemin. Nous passons deux lacs d'altitude, puis deux cols dans la montagne, à 2900 et 3150 mètres, barrés par plusieurs petits névés sous le mont Kaçkar. Dans les montées, Olivier, qui n'a pas mon entraînement mais est capable de descendre en apnée à vingt-cinq mètres et de progresser en altitude sans effort apparent, avance plus vite que moi avec un sac presque aussi lourd. Il m'attend parfois pour me livrer ses réflexions : « Physiquement, ta performance n'est pas exceptionnelle mais, pour faire ce voyage et l'apprécier, il faut deux qualités : de la volonté et le goût d'apprendre les langues étrangères pour pouvoir communiquer. » Je suis assez d'accord mais le laisse à son monologue pour reprendre souffle. Il a toujours la forme, le bougre.

Nous arrivons dans une vallée rendue parfois verdoyante au passage de la rivière tumultueuse qui descend sur soixante-dix kilomètres jusqu'à Yusufeli. De nombreuses églises, égarées en pleine montagne, témoignent du passé en partie géorgien de cette région. Leur localisation souvent surprenante proviendrait de la nécessité de prévoir des lieux de culte pour les soldats isolés qui, autrefois, tenaient ces montagnes. Si l'extérieur de l'église de Barhal tient encore debout, l'intérieur est en piteux état. Celle de Dörtkilise – les « quatre églises » – est entièrement en ruines. Un arbre lui pousse sur le toit. Cet abandon, tout comme les décombres de l'église de Porta située en hauteur sur la route d'Artvin à Chavchat, n'honore vraiment pas la Turquie. Je suis malheureusement convaincu qu'une belle mosquée du Xe siècle ne subirait pas le même sort. La disparition à terme de toutes ces constructions est vraisemblablement le meilleur moyen d'effacer les traces du passé non exclusivement turc de la région.

Au village d'Akarsu, nous avons la chance d'être invités par l'imam Hassan à la dernière prière de la journée, celle qui suit le coucher du soleil. Après les ablutions rituelles, les sept fidèles présents se serrent à l'avant de la mosquée pour se courber ensemble en direction de La Mecque. Ils s'agenouillent et se prosternent ensuite à deux reprises face contre terre. Puis ils se relèvent et répètent trois fois l'ensemble du cérémonial. À nouveau agenouillés, les fidèles tournent la tête à droite et à gauche, se redressent et s'éparpillent dans la mosquée pour prier en position assise. Ils se relèvent par moments en portant alors les pouces, mains ouvertes, sous les lobes de l'oreille, avant de se concentrer de nouveau sur leurs prières. Ils égrènent parfois leur *tespi* à trente-trois boules. En fin de cérémonie, ils se rassemblent. L'imam chante en réponse à un assistant et ils se séparent. Le tout a duré une vingtaine de minutes. Kenan, maigre moustachu présent avec nous à la mosquée, nous offre l'hospitalité.

Au réveil, notre hôte nous emmène pour le petit-déjeuner chez son père, au troisième étage d'une des maisons en bois sur une base de pierre qui sont caractéristiques de cette région. Les deux niveaux inférieurs sont habités mais, chose curieuse, le troisième étage est entièrement ouvert sur le côté qui domine la vallée. Il sert en particulier à entreposer les ruches et aussi, par beau temps, à déjeuner devant un inoubliable panorama, dans un vrombissement d'abeilles pacifiques qui jamais ne viennent

Lutte au festival d'Aydinlar.

nous déranger. En fin de journée, après deux nouveaux cols et une marche ponctuée d'épuisants dénivelés, nous sommes tout proches de Narlik, notre destination du jour. Au milieu de gorges abruptes, je contemple le flot agité de la rivière, quinze mètres en contrebas, lorsque Olivier hurle : « Attention ! » Fatigué, je n'ai pas vu le serpent sur lequel mon pied droit a failli se poser : un fin ruban verdâtre long d'un bon mètre s'enfuit, plus apeuré que nous. Sans doute le souvenir d'enfance des couleuvres paressant sur les *bancau*, terrasses aménagées en pierres sèches à flanc de colline en Provence, me persuade qu'il n'est pas venimeux. Le patron du café de Narlik à qui je conte l'anecdote a tôt fait de balayer mes certitudes : sa morsure provoque la mort en deux ou trois heures. Ma chaussure a donc bien fait de passer à dix centimètres du reptile.

Lutte sur les plateaux

La clémence du destin nous a permis de poursuivre notre chemin jusqu'à la région d'Ardanus, qui est clairsemée de ruines de forteresses géorgiennes ou arméniennes. Nous avons la chance d'assister le 3 juillet au festival du village d'Aydinlar, sur une prairie à 2000 mètres d'altitude. Les champions de lutte locaux sont venus y rivaliser de force, d'adresse et de ténacité. Sur la musique lente d'un tambour et d'une flûte qui baigne la scène dans une atmosphère irréelle et planante, les lutteurs esquissent plusieurs pas de danse. Les affrontements débutent toujours doucement. Après, les adversaires s'empoignent brutalement et se neutralisent dans des prises souvent redoutables. Quand je vois ces athlètes rivaliser de souplesse, de résistance et de puissance, je ne peux m'empêcher de penser à l'expression « fort comme un Turc ». Contrairement à ce que prétendent certains guides locaux, il ne s'agit guère d'une expression passée dans l'usage après la visite d'un sultan en France au XIXe siècle, mais d'une tournure plus ancienne, attestée dès le XVIIe siècle. Le Turc ottoman a longtemps incarné en terre chrétienne, tout comme le Maure, le mécréant. Sa force, qui a une valeur positive aujourd'hui, était en fait tenue pour brutale autrefois.

L'accélération du *tempo* et du combat emportent mes pensées dans leur tourbillon : l'un des concurrents parvient à renverser son adversaire et à le plaquer au sol, les deux épaules contre terre. Le vainqueur revient alors congratuler le vaincu et se lance dans une sarabande de joie. Les connaisseurs récompensent de quelques billets de banque les triomphateurs. Ces derniers remercient les mains généreuses en les portant à leur front ruisselant, puis en les baisant. La lutte captive les foules, suscite la fureur de l'un ou l'autre supporter qui, mécontent d'une décision de l'arbitre, vient lui dire son mot. Elle est pourtant surclassée en passion par les combats de chiens, cruels et sanglants, où le « gentil » l'emporte heureusement quelquefois. Cette manifestation villageoise oppose également dans une course plusieurs propriétaires de chevaux. Le contentement des spectateurs de ces jeux villageois atteint son point d'orgue avec la remise des médailles aux champions.

En prison !

Plus loin, nous décidons de couper par la montagne pour gagner deux jours sur la route principale qui mène au poste frontière entre la Turquie et la Géorgie, au nord de la bourgade de Posof. Comme nous arrivons le 5 juillet au soir dans le village de Demirkapi, son maire nous offre l'hospitalité. Nous sommes contents de dormir à l'intérieur et d'éviter ainsi la pluie et de possibles désagréments nocturnes avec les ours. Ils ont tué le mois dernier un instituteur et une autre personne de la région. À défaut d'ours, notre nuit sera quand même interrompue à 1 heure du matin par l'apparition chez le maire de onze gendarmes armés de mitraillettes, conduits par deux sous-officiers. « Vous êtes dans une zone militaire spéciale à la frontière de la Géorgie. Seuls les militaires et les habitants du village y ont accès. » Nous sommes interrogés en turc une heure durant, puis nos passeports nous sont confisqués. Après deux heures laborieuses sur des pistes accidentées, nous terminons notre nuit dans une cellule de la gendarmerie de Veliköy dont le seul mobilier est constitué par un banc étroit. On nous laisse dérouler nos sacs de couchage au sol pour trois heures d'un repos souvent interrompu par la curiosité des jeunes gendarmes.

Le lendemain matin, nous pensons être libres en fin de matinée mais, à notre surprise, après nous avoir laissé déjeuner à l'extérieur, les gendarmes viennent nous rechercher pour nous emmener en voiture à une heure et demie de là, au centre de commandement régional d'Artvin. Nous y attendent dans une pièce un officier et quatre hommes en civil, certainement issus

Berger sur le plateau anatolien après le lac Karagöl.

des services de renseignements. Olivier est interrogé en anglais et moi, dans la même pièce, en turc. Je ne pensais pas que notre supposé raccourci à travers la montagne nous ferait faire un tel détour et me conduirait à signer une feuille reprenant un nombre incroyable d'informations à mon sujet, comme le nom de mes quatre grands-parents, de mes oncles et tantes, les langues étrangères que je parle, mes études, mon enfance… L'école primaire Mazenod, rue du Rouet à Marseille, et le collège de Provence sont maintenant fichés en Turquie comme centres de formation d'espions.

Nos interrogateurs restent polis et se rendent bien compte, du moins l'espérons-nous, que des sycophantes internationaux ne se promèneraient pas à découvert sur les pistes et ne dormiraient pas chez le maire d'un village situé en zone militaire. Nous ne pouvons qu'arguer de notre bonne foi : « Ce chemin est le plus court et le plus pittoresque. Aucun panneau n'indique que nous étions en terrain militaire. Nos cartes non plus d'ailleurs. Regardez ! » Un des interlocuteurs examine méticuleusement le passeport d'Olivier couvert de visas de pays d'Amérique latine. Craignant certainement le trafic de stupéfiants, il lui demande :

– Vous étiez en Colombie. Connaissez-vous Pablo Escobar ?

– Je sais qui c'est, mais lui ne me connaît pas.

Olivier contient son envie de rire et l'interrogatoire se termine sur cette réponse qui semble satisfaire les enquêteurs. Nos hôtes du moment nous font reconduire à Chavchat où un gendarme nous prend en photo pour garder dans son dossier, sait-on jamais, une trace supplémentaire de notre passage. Cela étant, nous sommes fort civilement raccompagnés jusqu'au lac Karagöl, le « lac noir ». Nous y arrivons après 22 heures. Demain, nous pourrons passer par une zone, autorisée celle-là, dans la montagne au sud de notre route initiale.

Perdus dans le brouillard des montagnes

Après une forte montée, nous atteindrons ce qui est appelé ici un *plato* – une série d'ondulations peu marquées du relief entre 2 500 et 2 700 mètres d'altitude. Il nous a été conseillé de ne pas nous y aventurer dans le brouillard. Un voile épais efface justement notre monde, alors que nous sommes déjà bien engagés sur le *plato*… Nous errons deux heures avec la crainte de tomber nez à nez avec un ours avant de suivre le cours d'eau menant à une vallée. Ce n'est malheureusement pas celle que nous espérions. En perdant de l'altitude, nous semons le brouillard et apercevons enfin au loin le minaret d'une mosquée qui nous rassure autant que le ferait chez nous la vue d'un clocher d'église. Ce phare nous signale la terre des hommes. Il s'agit du village de Yukari Aydere où tous les habitants insistent pour que nous allions dormir chez le maire. Il semble qu'un de ses devoirs soit de loger les étrangers égarés dans la montagne, comme au siècle dernier dans les villages de France. Malgré l'assurance de ses administrés, c'est une première pour l'édile.

Le réveil a lieu à 4 heures 30. Nous coupons à travers les champs inondés, même s'il nous faut patauger dans l'eau qui ne tarde pas à s'infiltrer dans nos chaussures. Il nous faut gagner le col d'Ilgardagi à 2540 mètres et la route de Posof. Héritières de la guerre froide, les cartes sont délibérément faussées par les instituts militaires aux abords des frontières. Posof, indiqué sur les nôtres à une dizaine de kilomètres du col, se trouve en réalité à plus de vingt kilomètres et à quinze autres de la frontière. Aussi cette ville ne devient-elle pour nos esprits las qu'un mirage qui s'éloigne à mesure que nous essayons de nous en approcher. En coupant par des prairies, futaies et clairières les virages de la route qui plonge vers la vallée, nous avons néanmoins le plaisir de surprendre un daim. Notre objectif du jour, enfin atteint, se révèle être une oasis de francophonie. Dans un restaurant, nous conversons avec un Turc qui a travaillé dans une coutellerie à Thiers, un autre qui réside à Colmar et la petite Elif, venue de Lille en vacances chez ses grands-parents. Ils s'adressent tous à nous en français. Nous ne sommes plus qu'à trois heures de marche de la Géorgie ; je souris à l'idée que demain, après six mois en Turquie, je poserai le pied dans mon huitième pays.

Terrasse de café à Tbilissi.

GÉORGIE
Hospitalité et vin blanc
9 juillet – 18 août 1999

Derrière d'immenses grillages, vestiges de l'Union soviétique, le responsable du contrôle des passeports nous annonce immédiatement la couleur du pays : « Il y a une taxe de cinq dollars pour entrer en Géorgie. » Apparemment, les prostituées géorgiennes s'en retournant chez elles semblent s'en acquitter machinalement. Après avoir hésité et tenté de négocier, nous laissons cette somme modique plutôt que de prendre le risque de devoir céder plus tard un appareil photo ou un sac de couchage. Quelques dizaines de mètres plus loin, c'est au tour des douaniers de nous communiquer leur version du vol institutionnel : « Deux dollars ! » pour nous laisser passer avec nos bagages. La somme est acceptable. Ils sont, pour nous autres étrangers, d'honnêtes voleurs, mais afin de ne pas cautionner ce système déplaisant, nous refusons. Notre réponse les sidère. Ils se regardent, consultent nos passeports et nous les rendent en souriant. C'est avec ce cri de reconnaissance : « Ah ! France ! Platini ! Platini ! » que les douaniers nous indiquent que nous pouvons passer avec des sacs exempts de droits. « Voilà, c'est ça ! Platini ! Platini ! Au revoir ! » Et merci à Michel de nous avoir tirés de ce pétrin.

Lésion du ménisque à Tbilissi

Après une heure de marche dans la campagne, un immense Christ sur sa croix marque notre retour en terre chrétienne. Olivier doit reprendre l'avion le 13 juillet et je dois obtenir mes visas arménien et iranien, aussi rejoignons-nous sans tarder la capitale, Tbilissi, en bus. Le 14 juillet, je me rends à la réception de l'ambassade de France, heureux de pouvoir rencontrer des compatriotes et recueillir des informations sur le pays. Gloria Estafan m'emporte dans une salsa enflammée quand je sens mon genou se dérober, foudroyé que je suis par une douleur intense. Je m'écroule. En essayant de me relever, je suis devenu incapable de poser le pied droit par terre. Je crois que mes ligaments, opérés il y a six ans, ont à nouveau lâché, sonnant ainsi le glas du voyage. Je suis désespéré.

Pourtant, la scène est plutôt comique. La société internationale réunie à Tbilissi comprend de nombreux médecins. Une première voix se fait entendre : « Que se passe-t-il ? Je suis docteur ! » Puis une deuxième, qui appartient à une jolie femme, commande : « Laissez-moi passer ! Je suis de Médecins du monde ! » Enfin une troisième s'écrie : *« Sorry ! I am a doctor ! »* Vincent Braniff, un Australien de 31 ans, un temps médecin dans les troupes aéroportées australiennes, est au fait des problèmes de genoux. Il travaille pour la société médicale OMS et s'occupe des expatriés d'entreprises implantées en Géorgie. Compréhensif à l'égard de mon budget plus serré que celui des multinationales, il propose de m'héberger dans leur clinique. Je reste abattu par ce coup du sort. Mon esprit en rumine sans cesse les conséquences : j'ai échoué et n'arriverai pas à pied en Chine ! Je ne m'endors qu'au point du jour, pour me réveiller dans l'après-midi.

Les 15 et 16 juillet, je reste la proie du doute : je ne peux toujours pas poser le pied droit par terre. Mon beau voyage touche-t-il vraiment à sa fin ? Giorgi, sympathique médecin trentenaire, m'accompagne à l'hôpital principal de Tbilissi pour des radios et une IRM. Malgré son allure sévère, mince, barbu, le front dégarni, les yeux noirs comme jais, il n'est pas dépourvu d'une certaine bonhomie. Son regard teinté de mélancolie est assorti à mes pensées du moment. Le verdict n'est pas très bon mais ne condamne pas absolument la marche : légère lésion du ménisque avec épanchement de synovie. Mes ligaments sont intacts. Je marche encore deux jours avec des béquilles, puis quatre jours avec une seule canne avant de remuscler ma jambe droite et de reprendre la route. En Géorgie et après ma mésaventure d'Istanbul, j'ai donc appris à mes dépens qu'un marcheur qui se respecte ne doit tenter ni de courir, ni de danser.

Leri, francophone, peintre et conteur

Ce séjour imposé me vaut d'admirer la richesse du patrimoine géorgien, dans la capitale comme en province. L'art de construire s'y exprime au travers d'églises extraordinaires : celle, fortifiée, d'Ananuri ou celles de Mskheta et de Djvari. Djvari surtout trône sur sa colline sans ornement superflu. La pierre taillée, employée seule dans sa pureté, y transmute le calme du lieu en sérénité profonde.

Le mythe fondateur de la Géorgie est digne de la beauté de ses églises. Je rencontre dans un café de Tbilissi le peintre francophone Leri Tsukachvili, qui me le conte. Leri, la cinquantaine, est fier qu'un de ses arrière-grands-pères soit mort sur les barricades de la Commune de Paris. Un peu de vin géorgien donne des airs de vérité à son imagination poétique : « Nous autres, Géorgiens, savons bien qu'après que Dieu eut réparti les terres entre tous les peuples du monde, nos ancêtres réapparurent, en retard et confus, avouant qu'ils s'en étaient allés boire du vin. Comme il ne restait plus rien à leur céder, Dieu, à contrecœur bien qu'appréciant leur franchise, leur donna une parcelle de paradis. » D'après une seconde légende, l'histoire de ce vieux pays commence en même temps que celle de l'Arménie. Deux frères s'étaient séparés pour fonder leur royaume, l'Arménie pour l'un, la Géorgie pour l'autre. Kartlos prit la tête des Kartes qui occupaient l'est de la Géorgie actuelle. L'ouest en était la Colchide, au bord de la mer Noire, rendue célèbre par l'histoire de Jason et de la Toison d'or. Dans leur langue, les Géorgiens s'appellent toujours les Kartes et nomment leur pays Sakhartvelo – le « pays des Kartes ». Il est curieux de voir à quel point l'ethnonyme « Kartes » est différent de celui de « Géorgiens ».

Nous poursuivons nos discussions dans l'atelier au plancher de bois où sont accrochées ses toiles figuratives – des rues de Tbilissi et quelques portraits – et présentées des sculptures de sa fille. Le talent artistique doit être héréditaire dans sa famille. Leri enchaîne : « Il y a deux étymologies avancées pour le nom de la Géorgie. La première est rattachée au grec *gê*, la terre (comme dans « géologie » ou « géographie »), car la Géorgie est une terre fertile aux productions abondantes. L'autre explication est l'attachement de notre peuple à saint Georges, le pourfendeur du dragon, qui était originaire de Cappadoce. On dit que l'empereur romain d'alors, hostile à la foi chrétienne, l'a fait enterrer dans de la chaux vive puis découper en trois cent soixante-cinq morceaux en voyant que ses efforts pour expédier le saint *ad patres* étaient vains. Voilà pourquoi il y a aujourd'hui en Géorgie trois cent soixante-cinq églises Saint-Georges et pourquoi Giorgi y est le prénom masculin le plus populaire. »

Malgré leur héritage d'un morceau d'empyrée, l'avenir des Géorgiens n'est pas simple. Ils se débattent pour surnager au milieu du tourbillon d'instabilité régionale qui menace d'engloutir leur pays. Ils sont officiellement émancipés de l'autorité soviétique depuis le 9 mars 1990 mais n'en gardent pas moins sur leur sol trois bases militaires russes, dont la fermeture est l'objet de tractations difficiles. En attendant, un œil tourné vers le nord, ils accusent volontiers d'impérialisme leur voisin. Malignité de l'histoire, c'était un Géorgien, le camarade Staline, qui, du temps de la soviétisation et des goulags, présidait aux destinées de l'Union et avait confié à son compatriote Beria la charge des purges. Combien de millions ou de dizaines de millions de personnes ont-elles été laminées à cause d'eux ? Une femme dont je préfère taire le nom me conte la triste histoire de sa famille : « Ma mère avait un passeport d'Europe occidentale, dont elle était native. Elle a épousé un Géorgien, mon père, et est venue ici en voyage de noces dans les années cinquante. Lorsqu'ils voulurent repartir, on leur a interdit de quitter le pays, et ma mère a dû passer le reste de sa vie ici, contre son gré ! »

La Géorgie, soucieuse de la convoitise de l'ancien grand frère, est aussi préoccupée d'être entourée d'États musulmans indépendants (Turquie, Azerbaïdjan et, pas très loin, l'Iran) ou qui exigent leur autonomie sans plus tarder (le Daghestan, la Tchétchénie et l'Ossétie du Nord, en Russie). Tbilissi, la capitale, se souvient d'avoir été envahie vingt-neuf fois en quinze siècles, notamment par les Arabes, Tamerlan et ses guerriers d'Asie centrale, les Mongols, les Ottomans et les Perses, avant d'être « libérée » par les Russes. Elle conserve néanmoins de bonnes relations avec la plupart de ses voisins, en particulier l'Azerbaïdjan avec lequel elle projette de développer un oléoduc de la mer Caspienne à la mer Noire. En proie à des luttes intestines dans le sud et à des guerres civiles dans le nord, la Géorgie est en voie de balkanisation. Dans ce contexte, la longanimité de son peuple, qui a toujours su relever la tête en dépit des épreuves infligées par l'histoire, est admirable. Les quelque 80 000 Abkhazes musulmans ont expulsé les autres Géorgiens de la nouvelle République autoproclamée (avec des livraisons d'armes de Russie, prétend-on ici). Des tensions similaires existent dans le nord du pays où l'Ossétie du Sud, en territoire géorgien, essaie d'obtenir son indépendance et une fusion avec l'Ossétie du Nord, située en territoire russe. Dans le sud-ouest, l'Adjarie, frontalière avec la Turquie, s'est déclarée autonome et a fait de Batoumi sa capitale.

Cuba du Caucase

Avec l'effondrement du Mur de Berlin, le retard économique et technologique des pays de l'Est est apparu au grand jour et dans toute son ampleur. La survie de la Géorgie ne repose plus que sur son industrie du ciment, réactivée au hasard de commandes sporadiques, sur l'extraction du manganèse et sur de rares productions agroalimentaires, telles que vins et bières. Combien d'efforts seront nécessaires pour que les adolescents géorgiens puissent assurer à leur pays un avenir radieux !

Le salaire mensuel d'un employé de bureau, d'un ouvrier, d'un cardiologue hospitalier ou d'un professeur de collège ou d'université est en général inférieur à trente laris (l'équivalent de quinze euros). Les retraités touchent, eux, environ la moitié alors qu'à Tbilissi le prix d'un œuf équivaut à huit centimes d'euro, un pain à vingt-cinq centimes, une course en bus à quinze centimes et un litre d'essence à plus de trente centimes. Les policiers se débrouillent nettement mieux que la majorité des Géorgiens. Ils sont moins mal payés, bien qu'avec beaucoup de retard comme tous les fonctionnaires, mais ils arrondissent leurs fins de mois en arrêtant les vieilles voitures, qui roulent tant bien que mal, pour établir une contravention à leur conducteur et lui infliger une amende de deux laris (soit environ un euro). L'argent ainsi collecté remonterait jusqu'au sommet de l'appareil administratif par un système pyramidal de pourcentages reversés. Le travail dans la police est de ce fait si rémunérateur que, dans certaines anciennes républiques soviétiques, il faut parfois y monnayer sa place. La corruption et le chômage prospéreront longtemps encore. Les miséreux réduits à des tâches d'un autre âge ou à l'aumône sont nombreux : un homme, étique, la tête chenue, attend assis dans la rue sur une chaise devant son pèse-personne. Il fait aussi pitié à voir que la vieille dame qui brade cinq ou six ouvrages qui ont dû orner sa bibliothèque des décennies durant. Les vêtements sont propres mais ravaudés. Ils masquent autant que faire se peut les brèches d'un orgueil blafard. Ces métiers de survivants, cette ambiance de décadence postcommuniste ensoleillée me rappellent Cuba. Les maisons du centre de Tbilissi sont en effet rehaussées de balcons de bois de couleurs vives et gaies, blanc, jaune, rouge, bleu, plus évocatrices des Caraïbes que d'une ancienne république soviétique. Malheureusement pour la population locale, la comparaison avec Cuba ne s'arrête pas là. Dans les villes de province, le téléphone fonctionne quand il le veut. Les coupures d'électricité, et donc, pour les immeubles les plus hauts, les pannes d'ascenseur, sont fréquentes. Les gens remplissent aussi des bouteilles et parfois leur baignoire en prévision des interruptions quotidiennes de l'approvisionnement en eau.

Lewan

Un jour, alors que je contemple dans la capitale une statue du Petit Prince trônant sur une fontaine dédiée à Saint-Exupéry, je suis interpellé par plusieurs hommes assis sur des bancs publics. Ils veulent que je les prenne en photo. Sont-ils des sans-logis ? Il y a parmi eux un homme habillé d'un pantalon impeccablement repassé et d'un polo vert élégant. Lewan a la quarantaine passée. La rondeur de son visage est accentuée par un crâne dégarni. Après que j'ai pris une photo du groupe, il s'adresse à moi dans un très bon français : « Si vous voulez, je vous invite chez moi pour un café. » Sergo, l'un du groupe, nous accompagne. À notre arrivée, la mère de Lewan, Medea, est horrifiée par la vue de l'autre invité surprise dont le tarin aplati témoigne d'une vie heurtée. Dans l'appartement cossu trônent au mur une pendule et un dessin, le portrait du père de Medea, un écrivain à la barbe noire. « Il ressemblait à Anatole France », me dit fièrement Medea, une femme distinguée. Elle est amusante et ravie de pratiquer son français à la beauté presque surannée : « Plaît-il ? » lance-t-elle par moments. Sergo, le dur à la voix rauque, moins raffiné dans ses tournures de phrase en russe mais tout aussi sympathique, raconte son existence : « J'ai 65 ans et en ai passé trente et un dans les geôles soviétiques et les goulags de Sibérie. Ça n'était pas pour des raisons politiques. J'ai fait des conneries. » Puis, voyant en moi un camarade fortuné, il revient à son sujet de préoccupation :

Sergo devant la fontaine du Petit Prince.

Lewan et Nelli, dans leur intérieur.

« Achète-moi des cigarettes et une bouteille de vodka. » Lewan le met en garde : « N'importune plus mon hôte. » Alors que nous retournons ensuite à la fontaine, je cède à une nouvelle demande de Sergo, qui ravit finalement aussi Lewan, et nous allons boire la bouteille de vodka au bord de la fontaine avec les autres qui m'acclament comme le Messie. Vodka, cigarettes… c'est la fête. Je ne fume pas mais, à leur demande, je partage la boisson. Je suis à jeun et, dans la touffeur de l'été, sens vite l'alcool m'embrumer le cerveau. Je m'enfonce dans une torpeur bienheureuse. Sergo, l'ancien criminel, me saisit le visage avec ses deux mains larges et calleuses pour m'embrasser sur les joues d'un baiser christique, puis me tend sa joue pour que je l'embrasse à mon tour. Lewan est content. Assis sur le banc, après un long silence, il me dit ces mots simples qui me vont droit au cœur : « Tu es mon ami, Philippe. » Sous le regard du Petit Prince qui, parlant du renard, disait : « C'est bien d'avoir un ami », je suis heureux.

Je retourne souvent chez Lewan et fais la connaissance de sa femme d'origine arménienne et de sa fille. Nelli est ingénieur de formation, mais reconvertie à la vente de tapis. Nino est étudiante en anglais. Lewan, après m'avoir confié tout son amour pour la France, me prépare un *cruchon.* C'est un mélange de vin rouge, de fruits et d'eau gazeuse, une sangria version géorgienne, qu'on sert traditionnellement dans un récipient en terre. Je lui pose des questions sur sa langue : « Le géorgien est une langue curieuse. On ne connaît pas son origine. Ce n'est pas une langue indo-européenne et notre système d'écriture, avec ses trente-trois lettres cursives, nous est propre. Il a fallu que les Géorgiens se battent pour sa survie sous le régime soviétique. Certains assurent que le basque aurait des racines communes avec lui. En tout cas, beaucoup de Géorgiens sont convaincus d'être de la même famille que le peuple basque sans que l'on sache si les Basques viennent de Géorgie ou si c'est le contraire. » Le fait que les Romains appelaient certains Géorgiens « Ibères », comme les habitants de la péninsule où les Basques allaient s'établir, est troublant. En attendant des études comparatives sur leurs ADN, des recherches personnelles sur quatre cents mots parmi les plus communs dans les deux langues me laissent penser que la parenté des deux peuples est plus difficile à établir que certains Géorgiens ne le croient. Le pronom personnel « je » – *ne* en géorgien, *ni* en basque –,

Station-service avant Achaltsiche.

40

le verbe « avoir » – *kona* et *ukan* – et « avant » – préposition *tsin*, postposition *aitzin* – sont les seules similitudes que j'ai pu trouver. Les deux langues utilisent toutefois pour compter un système vigésimal (en base vingt) à l'inverse de la plupart des langues européennes, basées sur le système décimal. « Quarante » se dit ainsi « deux fois vingt » ; « soixante », « trois fois vingt ».

Lewan revient de lui-même sur une période difficile de sa vie, celle où il a dû aller se battre en Abkhazie : « As-tu déjà tiré au kalachnikov, Philippe ? As-tu déjà tué quelqu'un ? J'aime la Géorgie mais tous les hommes sont frères. Nous sommes faits pour jouer au football, pas pour nous tirer dessus. » Comme je suis bercé par les flots du *cruchon*, je ne sais pourquoi resurgissent dans ma tête la belle devise de la récente Coupe du monde « C'est beau un monde qui joue » et le mot de Romain Gary : « Le patriotisme, c'est l'amour des siens. Le nationalisme, c'est la haine des autres. » Les paroles du patriote et humaniste Lewan résonnent en moi comme l'expression du bon sens. Je n'oublierai jamais tes paroles, ton *cruchon* ni notre amitié, Lewan.

Dans le sud de la Géorgie, j'ai repris ma route où je m'étais arrêté. Quelques habitants du coin m'ont tendu des traquenards également délétères pour la santé de mon foie et la rectitude de mon trajet. Je suis notamment tombé dans le guet-apens de médecins géorgiens et azéris, une dizaine de kilomètres après la ville d'Achaltsiche. *Achal* signifie « nouveau » en géorgien et *tsiche*, « château ». Toponyme commun à bien des pays : en Suisse, Neuchâtel ; en Belgique, Neufchâteau ; en France, Châteauneuf, en Angleterre, Newcastle. En bordure de route, sur la berge d'une rivière, ils ont vu venir un Français avec un sac sur le dos : « D'où viens-tu ? Tu es français ? Allez ! Viens donc boire un coup ! Juste un ! » J'étais de nouveau tombé dans ce piège, délicieux au début, où le vin coule à flot et où tout le monde écoute religieusement le toast porté pendant plusieurs minutes par le maître de cérémonie, le *tamada*. Le chirurgien azéri Sabir Aliev, qui a travaillé en Allemagne, est aguerri dans l'accomplissement de cette opération. L'auditoire des Géorgiens, des médecins militaires et un sculpteur, est suspendu à ses lèvres pour comprendre toute l'importance du verre qu'il s'apprête à lever et à descendre cul sec dans la seconde qui suit. Ma présence leur donne des occasions supplémentaires de déclarer leur amour éperdu pour le vin géorgien : « À la France ! » Silence.

Puis un discours ennuyeux avant la deuxième levée de coude: « À l'amitié franco-géorgienne! » Et puis, tout y passe. Nous buvons successivement à l'éternité de notre amitié, à mon voyage, à la santé de nos mères et en particulier de la mienne. C'est ensuite à la vie de nos pères, de nos frères et sœurs, à nos amis. À mon initiative, nous trinquons à la Géorgie, puis ils reprennent les rênes: à la paix dans le monde, aux inévitables Platini et Zidane, à l'équipe de France de football et à l'O.M. De temps à autre apparaissent des brochettes de viande pour accompagner le vin. Je lève donc sans cesse pendant plusieurs heures avec ces croisements d'Esculape et de Bacchus ce qui est devenu en cette soirée d'été une excroissance de mon bras, un verre de vin géorgien.

« Un dîner géorgien est un repas où les petits buveurs boivent leurs cinq ou six bouteilles de vin et les grands, leurs douze ou quinze. Quelques-uns ne boivent même pas à la bouteille, ils boivent à l'outre; ceux-là vont à vingt-cinq bouteilles. En Géorgie, c'est une gloire de boire plus que son voisin. Or la moyenne du voisin c'est toujours une quinzaine de bouteilles. » Et si vous pensez que j'exagère en écrivant ces lignes, vous vous trompez, car leur auteur n'est autre qu'Alexandre Dumas. Dans son livre sur le Caucase, où il était en voyage et en goguette en 1858-1859, ce Tartarin de Géorgie claironne fièrement qu'il a battu ses hôtes dans une joute bachique, dont le champion géorgien était toutefois absent, précisait-il modestement.

On m'a assuré pendant mon séjour prolongé qu'il existait encore des sommités du vin blanc capables de descendre trente bouteilles en une soirée. Dans les campagnes, des paysans ne connaîtraient guère la couleur de l'eau. Après tout, les Géorgiens n'affirment-ils pas que la vigne et leur pays ont une histoire commune de cinq mille ans? À Tbilissi, le Dyonisos local serait un des anciens patrons du KGB, un des grands du judo de l'ex-Union soviétique, dont le poids avoisinerait les cent quatre-vingts kilos. Je l'ai cherché, l'animal, dans le restaurant d'un hôtel où il se rend souvent un certain soir de la semaine. Ce n'était pas pour le défier, bien sûr, ni même pour boire cinq ou six bouteilles avec lui mais juste pour le rencontrer et peut-être le prendre en photo. Il était, paraît-il, en vacances. C'est sans doute mieux ainsi car, ce soir, confronté à mes hôtes qui ne sont que d'amicaux et modestes Diafoirus de campagne, je suis tombé par K.O. avant le quinzième round sur le joyeux ring des agapes géorgiennes.

Conversation estivale en Karétie.

La forteresse de Vardzia et la Géorgie arménienne

Il me faut malheureusement me lever tôt le lendemain pour, dans la fraîcheur matinale, prendre la direction d'une des curiosités du pays, la forteresse troglodytique de Vardzia. Creusée dans la paroi de roche blanche tombant à pic dans la vallée, elle protégeait au Moyen Âge un couloir qui permettait l'invasion de la Géorgie depuis le sud. La reine Tamara, fameuse souveraine de l'histoire du pays et bâtisseuse de châteaux, a aussi fait aménager ce gruyère de roc afin de l'utiliser comme refuge pour les populations locales.

Jusqu'à sept cent cinquante personnes ont vécu dans cette place forte. Sur huit étages, elle concentrait des habitations, des salles de classe, des lieux pour le stockage du vin (il était, semble-t-il, aussi vital pour les Géorgiens d'alors que pour ceux d'aujourd'hui) et une chapelle dont les magnifiques peintures murales représentent notamment le mariage de la reine Tamara. À la fin du XIVe siècle, un tremblement de terre aurait chassé de ce lieu de défense la plupart de ses habitants. Au début du XXe siècle, cette demeure chargée d'histoire et certainement bien froide en hiver n'abritait plus qu'un ermite.

Pour continuer en direction de l'Arménie, il faut suivre un chemin raide sur le flanc opposé de la vallée. Au village de Kumurdo, j'ai soudain la bien curieuse impression d'avoir déjà quitté la Géorgie. La langue a changé. Ici commence une partie du pays presque exclusivement peuplée d'Arméniens. Ils sont venus de Turquie et du Moyen-Orient à la fin du siècle dernier ou au début de ce siècle. Dans cette zone frontalière, on trouvait alors, semble-t-il, plus de terres arables disponibles qu'en Arménie même. À Kumurdo se dressent encore péniblement les murs d'une très belle église construite vers l'an 1100. Elle est en ruine. « Détruite par les communistes », me dit amèrement un habitant qui parfois s'y retrouve avec d'autres pour lire la Bible et prier dans ce lieu de culte à ciel ouvert. Ils rêvent de la voir retrouver la splendeur qu'elle connut au début du XXe siècle. Qu'une idéologie totalitaire puisse anéantir ou presque tant de pans d'histoire, d'efforts et de beauté me donne la mesure de ce que la bêtise humaine peut engendrer !

En milieu d'après-midi, j'arrive dans la ville d'Achalkalaki où il y a toujours une base russe. Les Géorgiens n'en veulent plus mais la population arménienne locale souhaite son maintien.

Elle est pour la ville une source d'emplois et de pouvoir d'achat. À Achalkalaki, j'ai davantage encore l'étrange impression de ne plus être en Géorgie : les prix sont affichés en roubles dans les stations-service et, à mesure que j'approche de la frontière, le lari géorgien s'efface au profit du dram arménien. Plus loin, à Ninotsminda, le lari est même traité comme une devise étrangère dans un bureau de change. J'espère que la minorité linguistique devenue majorité dans la région ne provoquera pas ici de nouveau conflit par l'émergence d'une volonté d'indépendance et de rattachement à l'Arménie. Le gouvernement d'Édouard Chevardnadze n'a pas besoin de ce problème-là, et ce serait de bien triste augure pour le reste du monde et le XXIe siècle.

Au village de Gorelovka, peu avant la frontière, je croise un couple de jeunes mariés. Entourés d'amis, au son du tambour et du *duduk*, une flûte à neuf trous en bois d'abricotier, ils vont fêter leur union. Aux alentours, sous l'œil bienveillant des cigognes perchées sur les poteaux télégraphiques, tout semble paisible ; l'Arménie est proche. À sa porte pourtant, souffrant toujours du genou, je décide de retourner en bus à Tbilissi pour consulter mes amis médecins. Je pense reprendre la marche du même point une semaine plus tard. La douleur n'ébranle pas ma détermination de poursuivre le voyage mais un gonflement énorme apparu à l'aine ne me laisse guère de doute : c'est une hernie. Le verdict des médecins géorgiens et de David Cook, l'Écossais qui m'avait déjà suivi pour mon genou, est catégorique : « Il faut opérer. Tu as la chance d'être français, rentre en France ! »

Mes douleurs au genou depuis la Turquie et surtout en Géorgie m'ont fait douter de pouvoir aller au bout de mon voyage. Dans l'avion qui me rapatrie pour l'opération de ma hernie, je suis confiant et certain que je repartirai dès que possible en sens inverse pour reprendre la marche. Le 23 août, à la clinique Vert-Coteau de Marseille, une fois recousu, j'ai presque oublié la raison de ma venue grâce à l'accueil sympathique des infirmières et de l'anesthésiste Frédéric Potié. Je n'en veux même pas à la séduisante Christina Antoine, la première femme à m'avoir donné un coup de couteau dans le ventre.

Buveur de vodka à Ferik.

Arménie
Hospitalité et vodka
28 octobre – 24 novembre 1999

Deux mois après mon anesthésie générale, Air France me ramène à Istanbul. Je prends un autre avion pour Tbilissi, puis l'autocar jusqu'à la frontière avec l'Arménie. Dans le bus, je repense à la mise en garde du docteur Antoine avant mon départ : « Après deux mois de cicatrisation, ça devrait tenir, mais le poids du sac peut tout faire lâcher. Vous éviteriez le moindre problème en attendant un mois de plus. » J'ai pris le risque : je ne souhaitais pas reprendre ma marche en plein hiver et je veux arriver fin mars au Turkménistan, où la température est caniculaire à partir de mai. Autre sujet de réflexion dans l'autocar : avant que je ne reparte, mon amie et moi avons mis fin à notre relation qui avait pourtant survécu à mon absence. J'en suis triste, même si j'ai parfois regretté de ne pas avoir admiré plus intensément la beauté de certaines femmes dont j'avais croisé le chemin lors de ma première année de marche. Pour entreprendre un voyage de deux ans, peut-être aurait-il mieux valu que je fusse totalement libre ? Sans doute me serais-je attardé en certains endroits où la douceur d'une femme aurait pu me retenir. Je ne le saurai jamais.

Le bon côté de cette interruption est qu'elle m'a permis de retrouver ma famille et mes amis. Mon genou droit s'est reposé. Je me suis fait fabriquer des semelles orthopédiques afin de corriger ma démarche, qui contribue à accentuer mon problème articulaire. Ainsi équipé, j'userai moins mes chaussures, ce qui limitera leur remplacement dans les zones excentrées.

Lors de mon séjour en métropole, j'ai aussi lu *Marseille, porte du Sud* d'Albert Londres, journaliste écrivain à qui l'esprit ne manquait point. N'avouait-il pas qu'il était content d'avoir grandi pour constater l'erreur de ses professeurs qui lui avaient appris que l'Arménien est un habitant de l'Arménie : « Un Arménien est un habitant de Marseille. Ni plus ! Ni moins ! » Jusqu'à présent, l'Arménie était pour moi un pays lointain et mystérieux, noyé dans la masse du bloc soviétique. Elle n'avait de réalité qu'au travers de son importante communauté implantée en France et du souvenir de camarades de classe. Grâce à Albert Londres, je suis maintenant curieux de voir si, inversement, je ne vais rencontrer en Arménie que des compatriotes !

Difficultés économiques

Je remarche enfin le 28 octobre. Je me trouve à Bavra, de l'autre côté de la frontière, à environ 1 900 mètres d'altitude. La première image qui me restera de ma reprise est celle d'une enfant, dans un jardin potager, qui pousse au moyen d'un fil de fer une voiture en bois, un jouet qui évoque plus l'Europe d'après-guerre que l'aube du XXIe siècle. Quelques kilomètres plus au sud, à l'hôpital Redemptoris Mater d'Achotsk, je suis accueilli, pour ma première nuit en Arménie, par deux Françaises. Coquin de sort ! Les sœurs Marie-Noëlle et Marie-Reine ne sont pas marseillaises. L'une d'elles est même bourguignonne, mais je n'ai pas eu complètement tort en renversant la remarque d'Albert Londres. Les sœurs Marie-Noëlle et Marie-Reine font don de leur vie pour aider les plus démunis de cette région, en leur apportant des soins médicaux gratuits ou en leur fournissant les chaussures ou vêtements qu'elles s'efforcent d'obtenir du Vatican ou d'autres sources caritatives.

Elles commentent la triste actualité qui vient de frapper l'Arménie : « Hier, le premier ministre a été abattu en pleine Assemblée nationale par des paysans qui souhaitaient ainsi témoigner leur colère. Ils n'avaient, disaient-ils, même plus de quoi se payer des godillots. Ils ont été entendus, pourtant ce premier ministre n'était pas le plus mauvais. Ce serait étonnant qu'on ait pu entrer avec des armes dans le bâtiment sans bénéficier de complicité. Certains disent qu'il y a eu manipulation des manifestants. La défiance vis-à-vis du monde politique, en partie corrompu, risque encore d'augmenter. »

Sur d'autres sujets, elles ne sont guère plus optimistes : « On raconte qu'un cinquième seulement des gens ont un emploi stable en dehors de l'agriculture. Les jeunes essaient de fuir. Ils espèrent trouver un travail et de meilleures conditions de vie en Californie ou ailleurs. » Le mythe de l'Eldorado, illustré par le vieux film *America, America*, n'est pas mort, et l'obtention d'un visa pour les États-Unis ou, à défaut, pour le Canada, la France ou un autre pays européen, est la seule ambition de nombreux Arméniens. L'Arménie se vide. En dix ans, elle aurait ainsi perdu plus d'un million de personnes, soit plus du tiers de sa population, et peut-être même la moitié. À la chute du Mur, sa population était de trois millions. Elle ne serait plus que d'un million et demi à deux millions. La diaspora arménienne serait aujourd'hui environ cinq fois plus importante que les Arméniens qui sont restés en Arménie. Cette dispersion a des similitudes avec celle des juifs. Ces peuples ont tous deux une histoire liée à celle de leur religion, marquée par les persécutions et les fuites. En réaction se sont révélés parmi eux d'excellents commerçants et d'habiles orfèvres et artisans, qui ont mis leur talent au service de leur pays d'accueil.

Que peuvent donc faire sœurs Marie-Noëlle et Marie-Reine pour se débrouiller dans ce marasme ? Eh bien, trouver encore des chaussures, encore des habits et encore des médicaments pour ceux qui restent... Quelles femmes courageuses ! Je suis ébloui par le travail de tous ces anonymes en Arménie et ailleurs qui, avec des institutions religieuses, dans les ONG ou à titre individuel, luttent contre la pauvreté, la faim, l'analphabétisme, la maladie et la souffrance d'autrui. Le dévouement de ces sœurs, mères Theresa inconnues, fait d'elles, comme de milliers d'autres âmes volontaires, charitables et enthousiastes, les véritables héros des temps modernes. Sur la route, je songerai souvent à leur exemple et à leur générosité.

À Gumri, l'ex-Leninakan – les temps changent –, l'une des trois principales villes du pays, les difficultés économiques ont été aggravées par le tremblement de terre de décembre 1988. Onze ans après, de nombreuses personnes âgées y vivent encore dans des conteneurs « provisoires » et ont bien du mal à se nourrir. La gentillesse des habitants reste intacte à travers la crise : comme celle d'Ovsanna qui me reçoit dans sa famille pour l'anniversaire de son oncle. Elle refuse de quitter l'Arménie :

« Je veux rester pour aider mon pays. » L'oncle, Robert Boghossian, m'explique l'origine de son nom : « Chez nous, Arméniens, les noms de famille se terminent par *ian*, qui signifie "descendant de". Ainsi Boghossian veut dire "descendant de Paul", l'apôtre Paul sans doute, Simonian, "descendant de Simon", Grigorian, "descendant de Grégoire" et Ohanian, "descendant de Jean". »

Robert et ses invités parlent de Paris où « toutes les maisons d'une rue sont construites à la même hauteur » et de Marseille, « très belle ville de bord de mer, où il y a beaucoup d'Arméniens ». Chacun me dit tout le bien qu'il pense de la France, et tout ce qu'il en sait, du général de Gaulle à Jacques Chirac : « Il porte le même nom que notre région et notre bière, Chirak. » Il n'y a qu'en Serbie, avant les bombardements, que j'ai traversé un pays aussi francophile. Ailleurs, j'ai toujours rencontré des gens chaleureux sans toutefois que leur cœur soit particulièrement tourné vers la France. En Arménie, l'amour de la France est partagé avec celui de la Russie, qui l'a libérée des jougs ottoman et perse. La Géorgie, elle, prend plutôt la Russie pour un occupant. Les conversations sur la France mènent aux Français les plus connus en Arménie : « Charles Aznavour. Il a beaucoup fait pour aider le pays. On l'adore. C'est un homme bon et honnête. Et, sacrebleu, si la France a gagné la Coupe du monde de football, elle le doit bien aussi aux deux Arméniens, Boghossian et Djorkaeff ! Et cet Henri Verneuil, alors… Quel réalisateur ! *Mayrig*, quel film ! »

Étourdi par tout le gotha de la France arménienne, je goûte à de savoureuses spécialités locales, dont les extraordinaires *dolmas*, tomates et poivrons farcis de riz et de viande, accompagnés d'excellents jus de cerises et de pétales de roses. En guise de dessert, je déguste un *muraba*, préparation qui tient de la marmelade et des fruits confits. Le plus connu et le plus authentiquement arménien est sans doute le *muraba* de noix, confectionné à partir de noix vertes et tendres. Il en existe bien d'autres, de pêches, de courges et de divers fruits et légumes. Je salue la finesse de ce mets exquis par un *Hamer, chat lavé* – « Délicieux, très bon » – qui provoque la satisfaction de la maîtresse de maison et le sourire approbateur des autres convives, qui semble dire : « C'est qu'il s'y connaît en cuisine, le Français. »

« À Marseille, vous avez sûrement connu mon frère. »

En direction d'Artik, je quitte la route principale et côtoie des rames de train désaffectées, nouveau témoignage d'une économie en capilotade. Lorsque le ciel s'éclaircit apparaît le sommet du mont Aragatch. Il étire au-dessus du plateau ses 4090 mètres et sa majesté de point culminant de l'Arménie actuelle. Arrivé dans Artik, bourg de 25000 habitants, je suis invité à me restaurer dans une famille dont le fils, âgé de 15 mois à peine, se prénomme Jules Verne. Il est posé sur les genoux de sa grand-mère qui est en train de l'initier à la dégustation de la vodka en trempant ses doigts dans le verre devant elle et en les lui faisant sucer. Jules Verne aime bien cela: dès qu'il bénéficie d'un moment d'inattention, il essaie d'attraper et de boire un verre entamé ou bien se jette directement sur la bouteille. La consommation d'alcool a encore de beaux jours devant elle en Arménie!

Mes hôtes et leur ami Henno Asoyan se lèvent soudain et composent un numéro de téléphone. Ils conversent en arménien et me disent en russe: « Viens parler! » Je prends le combiné en main et j'entends: « Allô? »

Ce n'est pas un « Allô? » sorti de la rudesse des hivers continentaux. C'est un « Allô? » légèrement chevrotant mais plein de charme qui me ramène aux cigales et au soleil, un « Allô? » de grand-mère qui fleure le Vieux Port et la Méditerranée.

– Alors, vous êtes Français? poursuit-elle dans cet accent aillé, qui sent bon la ratatouille, l'huile d'olive et la bouillabaisse (accent que je n'ai que par pointes).

– Oui. Et vous, d'où êtes-vous?

– Moi, je suis arménienne.

– Mais vous avez vécu en France?

– Oui, dans le Sud.

– Où dans le Sud? Moi, je suis marseillais.

– Ah! Moi aussi! Je suis de Sainte-Marguerite (un quartier du neuvième arrondissement de Marseille). Repassez-les-moi. Je vais leur dire qu'ils vous amènent ici.

Devant les tapis qui, comme dans beaucoup de maisons arméniennes, impécunieuses ou plus fortunées, ornent le mur principal, elle m'invite ensuite à m'asseoir:

– Alors, vous êtes marseillais, comme ça?

– Oui. Et vous, quand êtes-vous venue habiter en Arménie?

– Cela fait cinquante et un ans déjà. Je suis née à Damas et, à l'âge de 2 ans, suis arrivée à Marseille avec mes parents. À 20 ans, j'ai épousé un Arménien puis quitté la France pour fonder un foyer ici. Et vos parents, ils sont de là-bas aussi ? Ils sont marseillais ?

– Oui, mes parents sont marseillais. Mes grands-parents également et plusieurs de mes arrière-grands-parents et arrière-arrière-grands-parents l'étaient aussi. Avant, je ne sais plus.

– Ah ! J'aimais beaucoup Marseille ! J'y ai laissé mes deux frères : Mathieu Ohanian, qui était piqueur de tiges (de souliers), habite dans le quartier des Olives. Et mon autre frère, décédé l'année dernière ; vous êtes marseillais, vous l'avez sûrement connu. C'était Jeannot Ohanian.

Je réfléchis aux célébrités du sport, de la politique, de l'industrie, des arts et des spectacles : « Écoutez, je ne pense pas le connaître », dois-je avouer, désolé de la décevoir.

« Pourtant je suis allé le voir une fois à Marseille. C'était en 1979. Tout le monde le connaissait », me dit-elle, n'acceptant pas que je puisse être marseillais et ne pas connaître son frère. « Il était boulanger derrière la Canebière », ajoute-t-elle alors. Mes grands-parents avaient habité à proximité mais, en dépit de cela, je regrettais de ne pas pouvoir lui faire plaisir.

Je suis replongé dans la scène de *Marius*, de Marcel Pagnol, où César refuse de croire monsieur Brun qui dit être allé à Paris, car il n'y a pas vu Landolfi. Albert Londres n'était pas loin d'avoir raison ! Et la chanson marseillaise : « Elle va jusqu'au bout de la terre, notre Cane-Cane-Canebière », n'est peut-être pas tellement exagérée non plus.

Je resterai en contact épistolaire avec Marie Apoyan et la reverrai même à Marseille lorsqu'elle rendra visite en 2001 à son frère Mathieu. Les paroles de ce dernier sur sa vie méritent d'être rapportées : « J'ai travaillé avec ma femme dans la maisonnette d'à côté. On y faisait des chaussures, payées à la pièce. Ma femme était merveilleuse. Mes parents et les siens avaient fui la Turquie, où ils étaient paysans, pour la Syrie, avant de venir à Marseille. C'étaient des gens simples qui n'étaient jamais allés à l'école. Moi, j'ai eu la chance d'y aller jusqu'à l'âge de 14 ans et, quand je rentrais, mes parents me demandaient : “Qu'as-tu appris à l'école aujourd'hui ?” Qu'est-ce que vous vouliez que je leur réponde ? Ce n'est pas facile comme question.

Mon père, il travaillait à la journée comme docker et le pauvre homme, lorsqu'il avait eu du boulot trois jours dans la semaine, faisait le signe de croix. » Merci, Mathieu. Grâce au *pasterma* de Marie, aux haricots assaisonnés avec génie, aux aubergines farcies de viande et d'oignon, et surtout à votre amitié, le voyage se poursuivra.

Après cette parenthèse francophone, nous rentrons chez Henno qui m'héberge pour la nuit. Dans son salon, il a une télévision avec un écran large, un magnétoscope et une caméra vidéo, dont il est fier et avec laquelle il me filme. Cette aisance matérielle est la rançon d'un dur labeur : « Je suis employé du bâtiment en Russie car il n'y a pas de travail ici. Du coup, je ne vois pas assez souvent ma femme et mes fils, Gregor et Garik. » Ils ont 9 et 10 ans, deux frères complices, rieurs et prêts à s'enthousiasmer et à sourire au moindre de mes gestes. Dans cette ambiance familiale, Henno et son épouse me commentent leur album de photos : leur mariage, le service militaire…

Henno me propose ensuite le luxe rare et bienvenu d'une douche. À l'étage inférieur, non chauffé, nous entrons dans une pièce dont il ferme la porte. En russe, il me dit de me déshabiller. Je ne sais pas si j'ai bien compris mais, lorsqu'il réitère cette demande en joignant le geste à la parole, et parce que j'ai vu sa charmante épouse, Safia, je n'hésite plus. Je m'installe en tenue d'Adam sur un tabouret en bois d'une dizaine de centimètres de haut, au centre d'une volumineuse cuvette en métal, ovale, d'un mètre de long. Henno a réchauffé le banc en l'aspergeant de deux ou trois brocs d'eau chaude et continue le processus sur ma tête. Propre comme un sou neuf, je peux aller me coucher !

Le lendemain, au matin du 1er novembre, l'hiver a envahi Artik. L'eau des flaques et des bassines devant les maisons est gelée. Un vent glacial souffle et je commence à me demander si les régions froides du globe ont été nommées d'après cette ville, ou bien si c'est le contraire. Je prends néanmoins congé de Henno et de sa famille.

La petite église et l'immense montagne

Sous le village de Nijni Talin et sa forteresse seldjoukide en ruines se trouve une église du VIIe siècle, modeste malgré les pierres de taille qui la composent. En dépit de la croix brisée qui pend de son sommet, elle se dresse dignement devant

Église de Nijni Talin et mont Ararat à l'automne.

les 5 165 mètres de l'imposant mont Ararat qui règne sur la région avec son cadet, le petit Ararat, haut de 3 925 mètres. L'Ararat est en territoire turc depuis un accord liant l'Union soviétique de Lénine et la Turquie naissante d'Atatürk. Néanmoins, l'attachement des Arméniens à ce symbole est tel qu'il figure toujours sur leur blason national. On raconte que, dans les années 1920, les dirigeants turcs demandèrent aux Arméniens et aux Soviétiques dans une réunion officielle pourquoi le mont Ararat était toujours représenté sur les couleurs arméniennes alors qu'il n'était plus sur leur territoire. La délégation arméno-soviétique leur aurait répondu : « Et alors ! Vous, vous faites bien figurer la lune sur votre drapeau ! »

L'Ararat, par son isolement et la pureté de ses lignes, me fascine autant que le firent le majestueux Kilimandjaro en Tanzanie ou le gracieux Fuji-Yama au Japon. Par l'impression de force qu'il dégage, il me rappelle aussi l'Aconcagua ou le Chimborazo, deux colosses des Andes, qui n'ont toutefois pas un port aussi noble. C'est sur le mont Ararat que se serait échouée l'arche de Noé et, avec un peu d'imagination, les Arméniens prétendent qu'on peut l'apercevoir. Je passe la fin de l'après-midi à contempler le mont, sans distinguer l'arche. Je décide de dormir sur place pour pouvoir apprécier le coucher du soleil et, au terme de la nuit, l'aurore qui vient nimber la petite église et l'immense montagne d'un halo de lueurs bleutées, peu à peu flavescentes.

De Nijni Talin, il y a deux routes vers Erevan, distantes d'une vingtaine de kilomètres, l'une au nord et l'autre au sud. J'opte pour une troisième solution : passer entre les deux, par la colline en vis-à-vis. Ayant atteint le sommet de celle-ci, je me demande pour quelle étrange raison les habitants du coin ont dressé, à intervalles réguliers, des monticules de pierres de quarante à cinquante centimètres. Est-ce pour débarrasser les terres arables de leurs cailloux ? J'aperçois alors au loin une construction que j'imagine être la tour d'une ancienne église en ruines. En redescendant, je trouve encore ces tas de pierres et j'entends des détonations et des explosions. D'un seul coup, je comprends : je suis une nouvelle fois dans une zone militaire. La frontière turque n'est pas très loin et les monticules qui m'intriguaient sont en réalité des abris derrière lesquels les soldats peuvent se cacher pour tirer. La tour dont je devinais la silhouette est en fait un mirador. Il vaut mieux que je m'en éloigne rapidement et, autant que faire se peut, sans être repéré. Le camp militaire est très vaste mais je parviens, après avoir parcouru quelques kilomètres et franchi plusieurs tranchées, à m'en échapper sans croiser quiconque. Mes pas sont guidés par d'interminables fils de fer près d'anciennes rangées de vignes laissées à l'abandon. Lorsque j'atteins le village de Noramanos, le soleil disparaît derrière les montagnes et ce paysage de désolation sombre dans l'obscurité. Deux frères, Ludvig et Arman, m'abordent en russe :

– Qu'est ce que tu fais là ?

– Je fais un voyage à pied ; je marche jusqu'à Etchmiadzine.

– Tu n'as qu'à rester dormir chez nous.

Ici, l'hospitalité va de soi, même dès l'enfance. Les Matevosian m'invitent donc à passer la nuit chez eux. Dans leur salon dépouillé, où seule une affiche de la Vierge rompt la monotonie des murs, un ami de la famille a pris place à table : le vieil Ivan, barbu, le visage creusé. Sa mine, de prime abord rembrunie par la dureté de l'existence dans ce village isolé et déshérité, laisse échapper un regard pétillant à l'idée de pouvoir lever son verre en mon honneur. Il accueille le marcheur déshydraté avec une vodka maison, servie dans des tasses à café. L'apéritif terminé, nous mangeons des grenades : « Dans chacun de ces fruits, grand ou petit, il y a 365 graines. » J'ai du mal à croire cette allégation que j'ai déjà entendue en Arménie. J'avoue que je serais stupéfait si la nature était aussi précise : « En avez-vous une autre, intacte, avec plusieurs assiettes ? » J'incise cette grosse grenade avec une adresse chirurgicale. J'en extrais toutes les graines dans une assiette et les regroupe par tas de dix dans les autres. Les petits-fils se joignent bientôt à moi pour cet exercice, sous l'œil amusé de leur grand-mère. Très vite nous dépassons le chiffre annoncé. Il y a plus de sept cents graines dans ce fruit-là. Je suis satisfait. On ne trompe pas si facilement un Marseillais !

Erevan : 5 000 kilomètres

Après avoir longé une centrale atomique désaffectée pour d'inquiétantes raisons techniques, je parviens au plus tranquille « Vatican » de l'Église arménienne, Etchmiadzine, dont le nom signifie « l'Unique est descendu ». Ses rues sont parcourues par de nombreux prêtres en soutane noire. C'est ici qu'en 303

Dans une église d'Etchmiadzine.

Grégoire Lussarovitch, « l'Illuminateur », a construit sa première cathédrale. Il avait converti en 301 le roi Tiridate qui a fait du christianisme la religion d'État. L'Arménie est le premier des pays encore existants à l'avoir adopté comme religion officielle. Elle se pare déjà pour commémorer en 2001 le mille sept centième anniversaire de sa conversion.

Erevan n'est plus qu'à une demi-journée de marche. Je dépasse en ce moment même les cinq mille kilomètres, soit la moitié de mon chemin. Si je suis assez fier des kilomètres comptabilisés jour après jour dans mes cahiers et, particulièrement, de chaque nouveau millier d'entre eux, là, je me dis : « Bien joué ! » Ce passage symbolique a vraiment une saveur particulière après mes ennuis de genou et mon opération sous anesthésie générale. C'est pour l'occasion un hôte de marque qui m'accueille dans la capitale : Ara Babloyan, ministre de la Santé pendant plus de cinq ans. Ses coordonnées m'ont été communiquées par le Marseillais Antoine Agopian. C'est la première fois qu'un ancien ministre porte mon sac et me loge. Il n'est pas grand mais costaud, le nez large sur un visage carré et avenant. Le francophone Ara Babloyan est simple et chaleureux.

En sortant d'Erevan après m'y être reposé, j'apprends, lors d'une halte culturelle à la citadelle d'Erebuni, qu'au Ier siècle avant notre ère l'Arménie s'étendait de la mer Caspienne à la Syrie. En 69 avant Jésus-Christ, Rome, s'inquiétant de sa puissance, envoie Lucullus pour la réduire à de plus modestes dimensions. Marco Polo évoque encore dans son *Livre des merveilles* une Arménie coupée en deux, une grande et une petite, connue aussi sous le nom de Cilicie, sur les bords de la Méditerranée, dans la Turquie actuelle. On y parlait deux formes voisines d'arménien. La langue de la diaspora moderne serait plus proche de celle de l'ancienne Cilicie. Elle conserve des différences avec la langue parlée en Arménie même, qui ne s'étend plus que sur un septième de la superficie qu'elle occupait du temps de sa splendeur.

Sacha, rusé Russe

En quittant Erebuni pour le sud, je passe à Noragavit, dans la banlieue d'Erevan. Un homme me hèle : « Viens donc boire un café ! » J'accepte volontiers. J'entre dans le salon d'Arayik Papiyan où il est attablé avec quelques-uns de ses amis et cousins.

Avant le café, on me sert de quoi me restaurer et… un verre de *piedeset gram* – « cinquante grammes » – de vodka Ararat. Pendant ce temps, Arayik jette un coup d'œil distrait par la fenêtre et se retourne vers moi :

– Ton copain est arrivé.

– Mais non, je voyage seul !

Il sort et je le vois interpeller un quidam qui passe par là, avec un sac à dos :

– Ton copain est déjà là, lui annonce-t-il, viens donc boire un café toi aussi !

– Mais mon copain n'est pas là. Il est rentré il y a deux jours à Moscou.

– Si, si ! Il est là, entre !

Un gars blond, d'un mètre soixante-dix environ, s'avance, vêtu d'un pantalon blanc cassé, d'un blouson vert. Un foulard noué autour de la tête contre le froid encadre son nez en trompette et ses yeux pleins de malice. Sacha est russe ; il a 22 ans. À cinq minutes d'intervalle, c'est le second bourlingueur à traverser à pied un village qui ne voit jamais de touristes. Il est parti à la découverte de la Biélorussie, de l'Ukraine, de la Géorgie et de l'Arménie, avec pour objectif l'Iran. Pour un mois et demi en auto-stop, son budget n'était que de cent dix dollars. Le visa iranien en coûte déjà le tiers. Sacha compte sur l'entraide légendaire des peuples du Caucase. Il a sur moi l'évident avantage de parler russe, mais je n'admire pas moins sa détermination. Au bout de cinq minutes et deux verres de cinquante grammes de vodka plus tard, Sacha lance : « Ton aventure est intéressante. L'auto-stop n'a pas de succès aujourd'hui. Il se trouve que je ne suis pas pressé. Je t'accompagne à pied jusqu'en Iran ! »

Sacha ne m'a guère demandé mon avis mais comme je suis heureux d'avoir de la compagnie, j'accepte volontiers son idée. Il est agréable de cheminer à deux sur la route goudronnée presque déserte, même si la seule phrase que Sacha connaisse en français est : « Je n'ai pas mangé de trois jours ! », tirée d'un classique du cinéma russe, « Les douze chaises ». Cette formule revient souvent dans nos conversations, chaque fois que nous avons faim ou que nous passons à table après une rude étape. J'aurais voulu apprendre avec lui un peu de russe mais il parle mieux l'anglais que moi le russe, et il est tellement enthousiaste à l'idée de le parler que j'accepte aussi. « J'ai arrêté mes études en mathématiques pour travailler dans une entreprise de création de logiciels informatiques. Je voyage avant de reprendre le travail. Nous sommes cinq frères et sœurs. Mon père est un ouvrier de la banlieue de Moscou. Il a été éduqué dans le communisme. Je regrette que le communisme n'ait pas fonctionné. C'était un bel idéal ! Mais bon, ça ne marche pas. Alors… il faut bien faire autre chose. » Sacha poursuit néanmoins son rêve de patriote d'être un jour engagé dans les services de renseignements de son pays – s'il ne l'est pas déjà au moment de notre rencontre. Il a bien des qualités pour cela. Débrouillard et vif d'esprit, il est doté d'une excellente condition physique et de la force que lui confère son sentiment chauvin. Sur l'histoire de la Russie, il est péremptoire : « On vous a battus, Napoléon et vous les Français ! Nous, les Russes, sommes les meilleurs ! » Avec une variante, il réaffirme son endoctrinement : « Nous possédons le meilleur système scolaire. En Occident, vous êtes nuls ! » En ce qui concerne le charme féminin, en revanche, il est prêt à quelques concessions, et presque corruptible : « À Moscou, les femmes sont belles : des brunes et des blondes, des faciles et des timides… Y a de tout. C'est bien. Moi, j'ai une copine qui me plaît beaucoup à Moscou. Mais toi, tu as voyagé. Où sont les meilleures ? Et comment sont les Françaises ? Il faudrait peut-être que tu penses à m'en trouver une, si je ne me marie pas avec ma copine. Vivre en France, ça doit être bien aussi. » Sur le cinéma, sujet qui lui tient à cœur, il peut même oublier la mère patrie : « J'aime bien le cinéma américain, surtout Bruce Willis ! » Tiens donc ! Le traître ! Sacha adore aussi raconter des plaisanteries : Philippe ! *Do you know zis anekdote ?* – « Connais-tu cette blague ? » Généralement, il commence à rire bien avant la fin de son histoire et il lui manque parfois en anglais le mot-clé pour sa chute. C'est peut-être pour cela que je ne les trouve pas toujours drôles, ces *anekdote*, mais comme il en connaît beaucoup et qu'il s'esclaffe pour un rien, Sacha me fait quand même souvent rire.

Au village de Chaumian, nous croisons Gurgen qui garde ses vaches : « Allez vous restaurer chez moi. Dites à ma femme de vous préparer à manger ! Je vous rejoindrai plus tard. » Nous sommes accueillis par Rosa, vétérinaire sans emploi, et sa vieille mère. Ravies de cette visite inopinée et exotique, elles se pomponnent et se coiffent, avant de mettre, quatre heures durant, les petits plats dans les grands. Gurgen termine le repas avec nous dans la vaste pièce, la seule chauffée, où sont disposés cinq lits. La grand-mère, les parents et les trois enfants la partagent avec une cane et six canetons. Les oiseaux sont installés dans une grosse boîte en carton près du chauffage à bois depuis que cinq de leurs congénères sont morts de froid à l'extérieur. La cane, un peu curieuse, estime que c'est pour elle aussi l'heure du repas et fait, de temps à autre, une incursion hors de son repaire pour notre amusement.

Je propose à mes hôtes de les prendre en photo et constate, ici comme en pareille occasion, leur empressement à repasser devant le miroir, se recoiffer et enfiler leurs plus beaux habits. Un appareil photo est devenu banal chez nous, mais il reste encore un objet d'émerveillement ici et tirer le portrait est un des plus beaux cadeaux que l'on puisse faire. Le déclic magique les emplit de joie, aussi la vieille mère m'embrasse-t-elle en partant.

La route longe l'ouest de l'Azerbaïdjan, le Nakhitchevan, terme que des amis arméniens traduisent par « Là où l'Esprit saint est descendu en premier », alors que Nicolas Bouvier affirme dans *L'Usage du monde* qu'il désigne « les gens du navire ». Si loin de la mer et si près du mont Ararat, ce doit être une référence à Noé et à son arche. Curieux pays que l'Azerbaïdjan, coupé en deux par l'Arménie, un peu comme si le Portugal et la France, de part et d'autre de l'Espagne, étaient les deux parties d'une seule entité politique. Les relations entre l'Azerbaïdjan et l'Arménie sont pour le moins tendues après la reprise définitive par cette dernière du Nagorny-Karabakh, avec le soutien des Russes. Le « haut jardin noir » est une région montagneuse, limitrophe de l'Azerbaïdjan, dont la population est majoritairement arménienne.

Achevant, une fois encore, notre étape dans l'obscurité, nous devons au culot de Sacha de ne pas dormir à la belle étoile. Il frappe à la porte des maisons pour qu'on nous loge. Tant mieux car notre hôte du soir, Iourik Petrosian, nous captive, sa femme Lusik, ses trois enfants, Sacha et moi : « Il y a cinq jours à peine, les loups sont venus dévorer notre chien juste devant la maison. Il n'était pas bien grand. Je vais devoir en acheter un plus imposant et emprunter son fusil à mon cousin. Il y a quelques années déjà, en hiver, un loup venait rôder près de l'étable. Un soir, je lui ai tendu un piège en laissant à sa portée un alléchant morceau de viande. J'ai attendu, posté aux aguets. C'était l'hiver. Il faisait froid. À 2 heures du matin, le loup est

Babayan dans son intérieur à Chaumian.

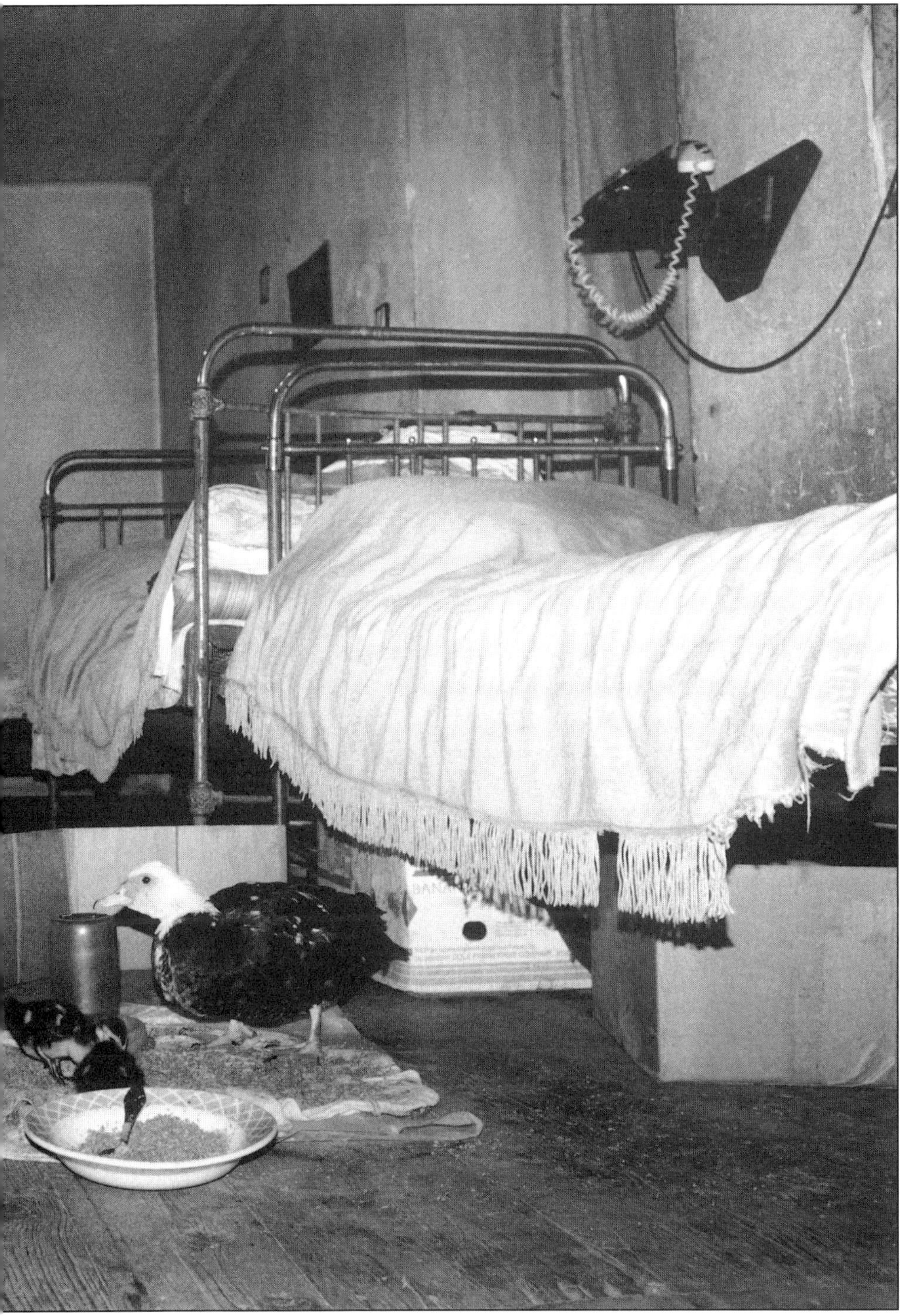

venu. Bam ! Bam ! Il n'est pas reparti. J'ai offert sa dépouille à mon cousin », nous raconte-t-il avec véhémence. Une peau de loup vaut dans les cent cinquante euros, une grosse somme ici.

La majorité des Arméniens parlant russe, Sacha se révèle un interprète fort utile, mais je le découvre madré, ce soir-là. Malgré le passionnant récit de Iourik, digne des trappeurs du Grand Nord, et sans que je lui aie rien demandé, je l'entends expliquer à nos hôtes : « Philippe est un grand sportif en France et a l'habitude de se coucher à 21 heures 30. C'est l'heure pour lui d'aller dormir. Il ne faut pas perturber son programme. » Je comprends que Sacha a vite saisi l'utilité de se coucher tôt en prévision de la prochaine étape.

Le lendemain, dans la zone voisine du Haut-Karabakh où nous nous trouvons, c'est la journée des organisations humanitaires : une voiture d'Action internationale contre la faim s'arrête pour nous prendre à son bord. Nous refusons. Les trois Arméniens qui l'occupent, peut-être apitoyés par nos têtes d'affamés, nous offrent pour la route une rasade de la bonbonne de vin rouge régional qu'ils sortent de leur coffre. Action contre la faim était venue porter l'espérance, « Action contre la soif » pouvait repartir avec le sentiment du devoir accompli.

Armen, contremaître et géopoliticien

Au village de Letsen, nous sommes accueillis par Armen Margarian, ancien contremaître dans le bâtiment, et son épouse Donara. Armen, crâne dégarni et cheveux grisonnants tombant sur les tempes, est un homme au sourire triste, aux yeux emplis d'une indicible nostalgie. Pendant le repas, nous dégustons son vin élaboré avec le fruit rouge ovale, d'un centimètre et demi, d'un arbuste épineux. C'est le fruit de l'églantier que les Russes appellent *chipovnik* et les Arméniens *masur*.

Dans son survêtement élimé, Armen s'épanche, comme beaucoup, sur les déboires de son pays. Son analyse de la situation politique est assez fine : « La paix est nécessaire dans le Haut-Karabakh pour que les échanges entre l'Azerbaïdjan et la Turquie transitent de nouveau par l'Arménie. Mais j'ai peur que les Turcs et les autres peuples musulmans turcophones décident de créer une "Grande Turquie" de la mer Égée aux contreforts de la Chine. D'un côté, il y a la Turquie, de l'autre, l'Azerbaïdjan, le Turkménistan, l'Ouzbékistan, le Kirghizistan et le Kazakhstan.

Il y a en plus, en Russie et en Ukraine, des Tatares et d'autres peuples qui parlent une langue proche du turc, et, dans l'ouest de la Chine, il y a aussi des musulmans, les Ouïghours. L'Arménie et la Géorgie, terres chrétiennes, pourraient un jour se réveiller dans cette nasse. » Plus tard, Armen nous rassure sur les risques liés aux bêtes : « Bien sûr, les loups peuvent être dangereux, surtout la nuit. Ils auraient dévoré une femme âgée d'un autre village qui voulait traverser la forêt mais qui était partie trop tard. En réalité, les loups ne tuent qu'un ou deux moutons par an ici. Quant aux ours, ils hibernent déjà et n'aiment pas la compagnie des hommes. À l'époque où les poires sont mûres, il y en a toujours un, plus gourmand que les autres, pour s'aventurer jusqu'au village et les déguster sur l'arbre. »

Donara a fait du *lavach*, un pain fin comme une crêpe. Il me rappelle un peu celui de Fazil, en Turquie, mais je me garde bien de le dire. Dans chaque pays de cette grande région qui va de la Grèce et du Proche-Orient aux contreforts du Caucase, on est en effet persuadé d'avoir inventé les *dolmas*, l'utilisation du yaourt comme ingrédient dans la cuisine, le pain et certaines pâtisseries sucrées. Pour le *lavach*, Donara en prend un en main et nous explique sa technique de fabrication et ses racines arméniennes : « C'est l'invention ancienne d'une mère pour son fils qui s'en allait guerroyer plusieurs mois. La pâte à base de farine et d'eau est plaquée quelques secondes contre la paroi du four, creusé dans la terre et porté à 350-400 °C. Elle est vite retirée : le *lavach* est prêt. Il se conserve durant des mois et retrouve son caractère moelleux et sa saveur initiale s'il est humecté même plus d'un an après sa fabrication. »

Au réveil, deux arcs-en-ciel éclairent simultanément la vallée, donnant aux lieux une ambiance surréaliste. Mais le plus beau spectacle est celui de nos assiettes. Donara nous a préparé un petit-déjeuner pantagruélique constitué de délicieuses pommes de terre aux oignons. Contrairement à certaines familles des campagnes arméniennes où nous avons mangé seulement en compagnie des hommes, soit par manque de place, soit par tradition, Donara s'attable avec nous. Puis elle enroule avec passion les morceaux de pommes de terre dans le *lavach*. Ses talents de cuisinière nous comblent. Armen et Donara insistent pour que nous emportions comme viatique du *lavach* et du fromage dans nos sacs.

Le chemin jusqu'à Tatev étant difficile, Armen nous accompagne jusqu'à la sortie du village que marque un monument dédié aux morts du conflit du Haut-Karabakh. Sur la stèle gravée, un poème d'Akhvan Minasian, jeune homme décédé au combat à 23 ans en 1993 :

« C'est la dernière chanson et la première chanson
C'est une chanson sans rime ni raison
C'est la chanson de la nostalgie de ma terre
C'est la chanson de mon âme en colère
C'est une chanson pour le vent et pour moi,
Le visage de ma mère est devant moi.
Ne m'attends pas, maison de mon père.
Si le destin le veut, je ne rentrerai guère.
Un bien long chemin me guette.
Envers la patrie, de mon sang, je paie ma dette. »

(Traduction de l'arménien au russe par Armen, du russe à l'anglais par Sacha, et enfin de l'anglais au français par moi-même : pauvre Akhvan, poète trois fois trahi !)

Égarés dans la forêt

C'est devant cette plaque que nous saluons nos amis et partons sur la piste. Je demande à Sacha s'il a bien compris les explications et le croquis d'Armen. Il en est certain. Il l'est moins quand trois sentiers se présentent, dont aucun ne semble correspondre à notre schéma. À la boussole, nous optons pour l'un d'entre eux, qui très vite s'évanouit. Nous continuons quand même à la boussole. L'Arménie est, sauf au nord-est, presque dépourvue de végétation. Je n'ai pour ainsi dire pas vu d'arbres depuis mon entrée dans le pays. Ses montagnes sont impressionnantes d'aridité. Ici cependant, il y a des arbres partout. Il est difficile de se frayer un chemin et impossible de voir au loin ! Nous redescendons jusqu'au ruisseau d'où nous visons un coin de ciel bleu environ trois cents mètres plus haut. Nous espérons que nous pourrons redescendre de là vers le village de Tatev. Les dix premiers mètres sont en forte pente. Le sol est boueux et glissant et, juste à l'endroit où nous en aurions besoin, il n'y a plus d'arbre sur lequel prendre appui. Nous risquons de tomber dans le ruisseau et de nous casser une jambe.

– Ça semble impossible, mais nous y arriverons, lance Sacha.
– Bien, Bruce Willis !
– O.K. Belmondo, on y va !

Parvenus à grand-peine sur la crête, nous trouvons malheureusement de l'autre côté une autre vallée encombrée d'arbres et un autre sommet. Nous devons donc couper transversalement et rejoindre le cours d'eau. L'heure tourne et augmente notre crainte de voir surgir des loups. Tatev n'est qu'à quelques kilomètres à vol d'oiseau. Il est facile aux oiseaux d'y aller : eux sont délivrés du relief, des arbres et de la boue. Nous avons dépassé l'heure limite que nous nous étions fixée pour retourner vers Letsen et repartir plus tôt le lendemain matin. Venant de retrouver notre ruisseau, nous sentons que nous sommes sur la bonne voie. Nous le remontons pour arriver bientôt au confluent de deux rus. À la boussole, nous choisissons le plus fluet. Nous le suivons, les pieds dans l'eau pour éviter les obstacles de la végétation. Vers 17 heures 30, nous atteignons le sommet, à 2 100 mètres. Sur l'autre versant, il n'y a plus d'arbre mais, cette fois-ci, la pente est trop douce pour nous offrir assez de visibilité. Soit nous montons plus haut sur notre droite, soit nous allons voir au bout du surplomb. Nous optons pour cette dernière solution et distinguons enfin une piste trois à quatre cents mètres en aval mais toujours pas d'habitations. Nous consultons la carte : en prenant pour repère la piste et le point culminant à 3 399 mètres face à nous, le village de Tatev devrait être sur notre gauche. Nous redescendons donc et poursuivons dans cette direction. Après une heure dans le noir se découvrent les rassurantes lumières de Tatev, où Murat Simonian nous remet de nos émotions avec force alcool de raisin. Nous avons aussi mangé mais je me souviens surtout de l'alcool. Le lendemain au réveil, le vent est d'une violence inouïe au-dehors. Le premier verre aussi : nous avons encore droit au jus de raisin à 50 degrés et, par un froid pareil lors de notre visite du proche monastère millénaire, nous ne regrettons pas l'absorption d'antigel.

Derrière les barbelés, l'Iran

Le 22 novembre, nous passons le dernier col avant l'Iran, le col de Debaklu, à 2 535 mètres. Nous le dévalons par les pentes raides qui, sans fin, coupent les lacets de la route. Le 23 novembre, deux mille mètres plus bas, nous dépassons Megri,

Monastère de Tatev.

dernière bourgade arménienne, où poussent des arbres fruitiers, des kakis notamment. Plus loin, nous suivons le fleuve Aras, frontière naturelle avec l'Iran. Nous en sommes séparés par un grillage de deux mètres cinquante de haut, surveillé par des soldats de la Russie qui trouve ainsi le moyen de rester présente sur l'échiquier du Caucase-Sud. Je préfère entrer dans un nouveau pays de jour pour mieux le jauger. Nous passons donc une nuit à l'hôtel et nous offrons un énorme *chachlik*. Pour une fois, je paie la nuit d'hôtel et les brochettes de porc. J'ai tellement reçu en Arménie et dans les pays précédents que je suis content d'offrir à mon tour, fût-ce à mon courageux camarade.

Le lendemain matin, nous nous présentons à la frontière. Je n'aurais pas cru que nous aurions tant de mal à quitter l'Arménie. Les vérifications de nos sacs et de nos passeports durent deux heures et demie ! Mon cas semble passionner les autorités arméniennes d'abord, les militaires russes ensuite. Mes papiers sont examinés à la loupe, minutieuse attention sans doute due au désœuvrement des douaniers et à la multitude de visas qui ornent mon passeport. Un militaire est appelé en renfort pour une vérification téléphonique de je ne sais quoi je ne sais où. Pendant ce temps, Sacha, narquois, entonne « La Marseillaise ».

Finalement, le feu vert nous est donné. Nous passons une zone sous juridiction russe. J'aperçois deux énormes cochons, placés à la frontière comme pour narguer les voisins d'en face. Je n'en verrai sans doute plus pendant quelques mois. Nous traversons le pont. Le contrôle iranien est sommaire : les douaniers nous offrent des caramels. Ça y est, nous sommes en Iran. À présent nous boirons du thé !

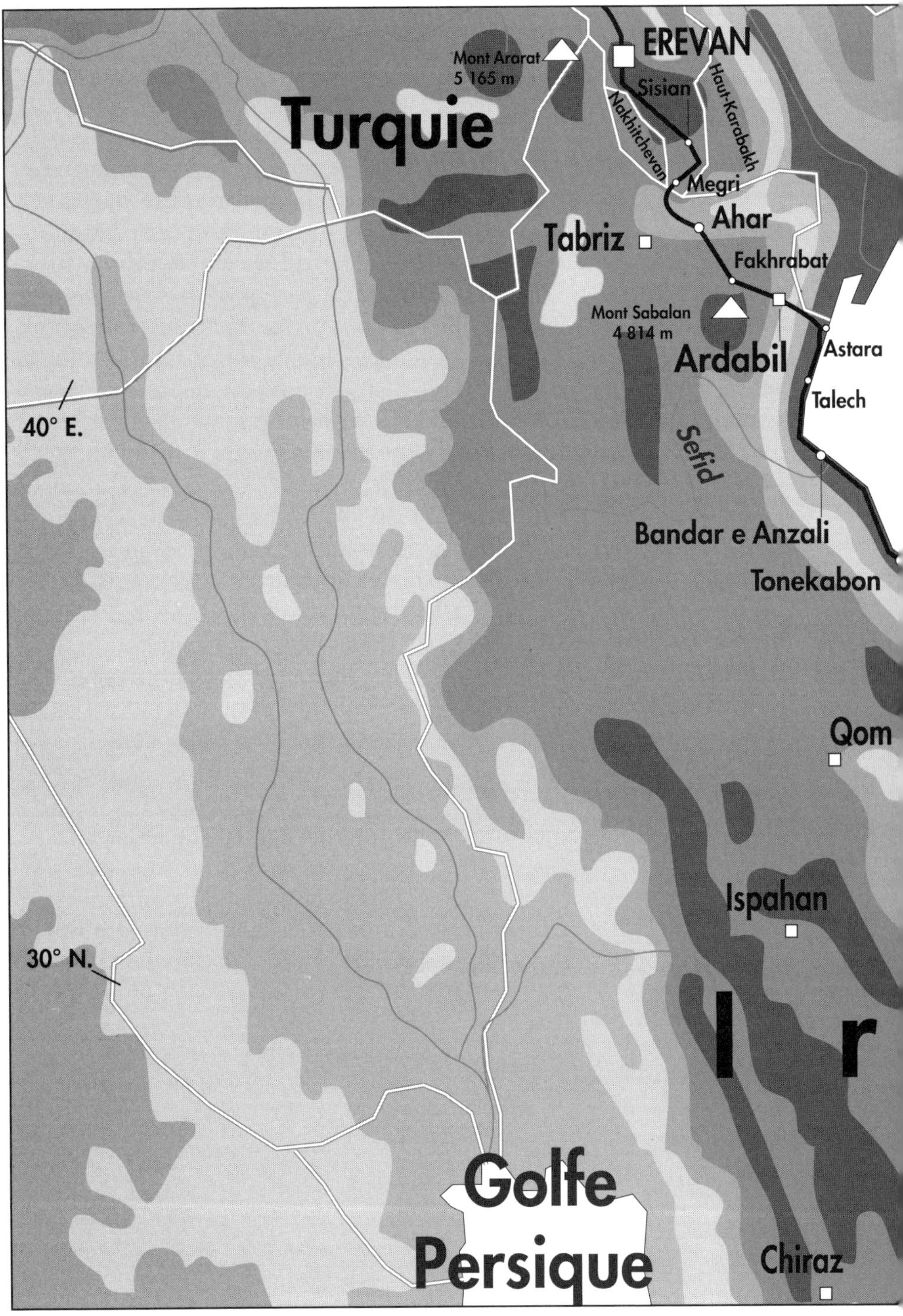

Le Moyen-Orient

50° E.
Mer d'Aral
Mer
Caspienne
Amou-Daria
Turkménistan
40° N.
péninsule
de Gorgan
Gombad e Qavus
ACHKHABAD
Tedzen
Bandar e Turkmen
Bojnurd
TÉHÉRAN
forêt du
Golestan
Atrak
Quchan
Mary
Machhad
Sarakhs
Mala
Hauz Han
a n
60° E.

L'heure de la prière à Chiraz.

IRAN
Entre chien, loup et police religieuse
24 novembre 1999 – 28 avril 2000

Après notre chaleureuse accolade d'amitié franco-russe, Sacha monte dans le premier véhicule qui veut bien de lui. Il me dit au revoir par la fenêtre baissée du gros camion peinturluré sur lequel trois lettres dorées sur fond rouge – GOD – sont censées conjurer le mauvais sort. Avec une telle protection, je ne me fais pas de souci pour la suite du voyage de Sacha.

Je me suis déjà retrouvé seul après les bouts de chemin effectués en compagnie de Mattheus et d'Olivier mais nos séparations avaient été suivies d'escales prolongées à Istanbul et à Tbilissi. Cette fois-ci, la cassure est brutale. Maintenant, c'est sans transition que je suis seul, à peine arrivé dans un pays que l'on imagine volontiers hostile aux infidèles. J'ai en tête les images violentes de la Révolution islamique d'il y a une vingtaine d'années, la prise de l'ambassade du « Grand Satan », les États-Unis d'Amérique, et les assauts sur l'ambassade de France. Je ne sais trop qu'attendre de l'Iran. Je suis légèrement inquiet, quoique je n'aie pas peur à proprement parler.

Autour de moi, il y a les mêmes montagnes rouges et arides, les mêmes désolation du paysage et absence de règne végétal que de l'autre côté de la frontière ou dans le morceau d'Azerbaïdjan, le Nakhitchevan, que j'aperçois par-delà la rivière. Une heure avant son coucher, les doux rayons hivernaux du soleil parent les monts pelés d'un nacarat sublime. Mon décor a beau ne pas avoir changé, je sens bien que je suis entré dans un autre monde. Je suis même devenu illettré car, dans une écriture indéchiffrable qui me rappelle l'arabe, la plupart des enseignes et panneaux indicateurs sont devenus pour mon esprit autant de messages abscons. Le persan (ou farsi ou iranien) est une langue indo-européenne à l'origine sans parenté avec l'arabe. En revanche, de nombreux termes, notamment ceux liés au domaine religieux (Coran, Prophète, pèlerins...), ont été importés lors des conquêtes arabes du VIIe siècle ; les systèmes d'écriture des deux langues sont aujourd'hui similaires à quatre lettres près. Le persan n'a rien à voir avec le turc, langue ouralo-altaïque, hormis des mots proches introduits au hasard d'invasions ou d'échanges.

En face de l'Arménie et du Nakhitchevan, les nombreux postes militaires, bien que de construction récente, ressemblent à des fortins à l'européenne. Je me glisse subrepticement sous la tour de guet de l'un d'entre eux, perché sur une hauteur. Je ne sais trop ce que penseraient les militaires en voyant un touriste à pied dans une région où l'étranger est une denrée rare.

« Tu es là pour le trésor ! »

Après avoir dormi dans un restaurant – ici, il y en a beaucoup qui, la nuit, hébergent les voyageurs pour une somme modique –, je pars en direction du village d'Iri. J'y remarque une jeune femme à la peau claire dans un tchador d'un bleu qui contraste avec le noir de ceux de ses aînées. Je croise son regard. La pureté de ses traits me fascine. J'aimerais pouvoir lui dire ne serait-ce que bonjour, mais au deuxième jour en Iran, je ne sais comment lui adresser la parole et n'ose pas lui parler de peur de choquer les habitants et de lui causer du tort. Ses yeux troublants occupent encore mes pensées lorsque des garçons me convient dans le local de jeux dont tout être féminin est malheureusement exclu. Dans les villages du nord-ouest de l'Iran, il existe souvent une maison commune, servant de salle de jeux ou de lieu de réunion. Ce n'est parfois qu'une pièce aux murs de pierre, avec des bancs de bois alignés et une large estrade au fond. Je me rappelle que les paysans provençaux que j'ai connus enfant à Méounes-les-Montrieux dans le Var appelaient cela un *radassau* – « radassière ». Comme dans le sud de la France, on s'y repose, on y discute et le temps s'y passe à réfléchir. Ici, je n'ai pas le loisir de penser. La ferveur sportive gagne Iri. La perspective de se mesurer à un Français survolte les champions juniors locaux. Je dois défendre mes couleurs au baby-foot comme à la table de ping-pong. Je suis défait sur toute la ligne, mais l'essentiel pour moi est peut-être encore à l'extérieur.

Lorsque je ressors, l'apparition drapée s'est évanouie. L'espace d'un instant, je pense avec la candeur d'un adolescent que je vais la croiser à nouveau et que peut-être elle aussi en ce moment rêve d'un ailleurs dans sa solitude. Malheureusement, l'Iran n'est guère un pays pour les coureurs de tchador et, dans la République islamique, seuls mes pieds ont le droit de se balader : il y a des lieux plus propices que les campagnes pour se lancer dans l'entreprise de séduction d'une femme. L'heure est à la marche si je veux être ce soir au village de Dastgert, à une vingtaine de kilomètres de là.

Un gars me suit. Je suis facile à repérer. Qu'est-ce qu'il me veut ? Inutile de fuir, je l'attends. Il veut me faire avouer, comme cela m'est déjà arrivé plusieurs fois en Turquie : « Ça n'est pas vrai ton histoire de marche depuis la France. Tu es là pour le trésor ! Tu as un *detektör* de métaux dans ton sac. » Devant l'obstination de ce fâcheux, j'abandonne pour une fois mon caractère plutôt conciliant pour le morigéner :

– Ça suffit maintenant. Je vais vraiment à pied en Chine.

– Pardon ! Je vous prie de m'excuser. Souhaitez-vous rester ce soir chez moi ? Vous partirez demain.

– Merci, mais il vaut mieux que j'avance jusqu'à Dastgerd !

– Vous ne devriez pas. Il va faire nuit et il y a des loups !

Entre chiens et loups

Pendant ma deuxième nuit en Iran, les montagnes rases ont revêtu leur manteau blanc, et je dépose désormais les empreintes de mes chaussures dans la neige. Dans les rares villages que je traverse, les maisons aux murs de terre rouge laissent parfois entrevoir leur ossature de pierre. Cette association de matériaux, outre son aspect esthétique, est certainement le meilleur isolant thermique disponible dans ces froides contrées.

Au hameau de Tchaï, deux énormes chiens de berger, agressifs, me ramènent à ma réalité. Leur maître vole à mon secours et me fait entrer dans sa maison pour un thé. Dans la pièce principale, deux hommes sont assis. Le premier est un paysan âgé,

Neige sur les montagnes Noires.

le père de mon sauveur sans doute. Le second, presque la cinquantaine, à l'embonpoint distingué, est assis en tailleur sur un tapis dans son costume de bonne facture. Son air véritablement serein me rappelle l'expression des figurines de moines bouddhistes chinois, ventrus et souriants. Maître des lieux, il m'invite à m'asseoir par terre, me fait apporter un thé avec du pain et du fromage, se présente. L'affable monsieur Mehrzad s'exprime lentement dans un très bon anglais, avec beaucoup de distinction et un rien de componction pour cet endroit rural : « Je suis propriétaire d'une entreprise de transport à Téhéran mais je viens me mettre au vert dès que je veux échapper à la pollution de la capitale. »

De son côté, le vieux paysan me demande :

– Tu n'as pas eu peur des chiens ?

– J'ai eu peur ! J'ai déjà été attaqué avant-hier par trois chiens encore plus gros dans la nuit. C'est un berger qui m'a sauvé.

Lui et son fils partent d'un bel éclat de rire. On s'amuse de peu de chose dans ces villages iraniens, mais, ma foi, on sait encore rire. Au milieu des rustauds qui ont au moins huit enfants chacun, le propos de monsieur Mehrzad, qui me confie avec fierté que sa fille unique est pianiste, a un je ne sais quoi de surréel. Puis, solennellement, l'index levé, il me livre, en détachant chaque mot, son inquiétante prophétie : « Dans les montagnes, il y a des loups, des ours et de petits tigres (une espèce de lynx ?). Ces animaux sont dangereux la nuit. De jour aussi, par temps de neige ou de brouillard. Fais attention ! »

Dehors, la neige tombe toujours et la visibilité reste mauvaise. Le premier endroit habité se trouve à une vingtaine de kilomètres. Je pars quand même. Il passe maintenant beaucoup plus de véhicules qu'au matin, soit deux ou trois par heure. Assis sur mon sac à dos dans la neige en bord de route, je ne mange que quelques dattes fraîches, fruit iranien énergétique et délicieux que je consomme souvent. Un quart d'heure après cette pause roborative, une voiture me croise. Ses passagers m'aperçoivent sur le bas-côté. Elle continue une centaine de mètres, puis elle s'arrête et remonte la pente en marche arrière. C'est une famille avec ses trois fils d'âge adulte. Visiblement affolés, ils ont quelque chose d'important à me dire :

– Ne va pas là-bas. Nous avons vu quatre loups à environ deux kilomètres. Viens avec nous en voiture à Tabriz !

– Merci, mais je vais à pied à Ahar. C'est à l'opposé.

– Tu prendras un bus pour Ahar à Tabriz. Viens avec nous ! On va se serrer à l'arrière.

– Non, merci. Je vais à pied. Ce n'est pas mon chemin !

Ils insistent lourdement, pensant me décourager par leur dernière phrase : « Si tu as un pistolet, vas-y. Sinon, n'y va pas ! »

Depuis la frontière italienne, je n'ai traversé que des pays où vivent encore des loups ou des ours. On ne s'en rend plus bien compte chez nous mais il subsiste là-bas, vivace dans les mémoires, la terreur ancestrale qui existait dans des régions comme le Gévaudan ou les Vosges. Sans pistolet, je marche avec, outre mon bâton, mon couteau ouvert dans la main droite et la lanière de mon appareil à décharge électrique autour du poignet gauche. C'est certainement dans ces circonstances que s'affermit le caractère, mais je ressens la peur et espère que les loups annoncés se sont éloignés de la route. Si les autos ne les font pas fuir, pourquoi s'écarteraient-ils à la vue d'un piéton ?

J'avance. Quinze minutes. Vingt. Trente. Ma prière a été exaucée, les loups semblent avoir disparu. Plus loin, un cavalier au galop me rassure par la puissance superbe de son cheval brun qui soulève une nuée de poudre sur la piste blanche. Il s'arrête près de moi. Il paraît la trentaine derrière sa barbe noire noyée de flocons. Après nos salutations, il me lance en guise d'au revoir : « Le village de Jochin est à l'écart de la route et il n'y a qu'une seule maison sur ton chemin. »

Chez Ismaïl et le monstre

La voilà, dans la montée, cette bâtisse isolée et fortifiée. Sur son parvis me reçoit un homme rabougri d'allure austère. Je me présente à lui : « Je viens de France et je vais à pied à Machhad. » Cette ville de pèlerinage au nord-est de l'Iran est sans doute pour lui une destination plus concevable que la Chine. Ismaïl comprend que je ne veux pas dormir dehors à cause des loups mais il m'accueille avec suspicion : il veut voir mon passeport. Il l'empoche d'un mouvement sec et m'ouvre une pièce exiguë, séparée du reste du bâtiment et donnant sur la cour. Il flotte dans cette pièce spartiate, sans autre mobilier que les tapis, une curieuse odeur de chien mais je suis ravi d'avoir trouvé cet abri providentiel. Comme je demande à utiliser les toilettes, Ismaïl remonte ses sourcils vers le haut de son front et plisse ce dernier. Il ne dit mot mais ses yeux traduisent son inquiétude. Il se munit d'un gros bâton, va jeter un coup d'œil à l'extérieur et revient : « Attention ! Reste près de moi. Je ne sais pas où est le chien. » Il m'accompagne trente mètres sous l'entrée du fortin et attend à l'extérieur pour faire le guet. Je sors. Nouvelle mise en garde plus oppressante : « Ne viens pas ! Le chien est par là ! » Les minutes s'écoulent. Je commence à perdre patience dans la froidure de la nuit tombante, à 1400 mètres d'altitude. Ismaïl reparaît brusquement et me fait signe de monter. Une fois revenu dans la cour, j'aperçois à l'autre extrémité de celle-ci un énorme fauve blanchâtre retenu par une chaîne. J'espère qu'elle est solide parce que la bête, furieuse, tire dessus à la rompre pour se jeter sur moi. Ismaïl me reconduit dans la pièce sans autre ouverture que la porte. Il en referme de l'extérieur les deux battants avec une chaînette et libère son chien. Immédiatement, celui-ci se rue sur la porte, glisse son museau entre les deux vantaux qu'il fait bouger en grondant et en aboyant dans l'espoir de donner du croc à l'importun qui a osé s'approprier son enceinte.

Je rejoins mon duvet dans l'angle opposé de la pièce et prie pour que la chaînette résiste toute la nuit. Je prends soin de garder à portée de main mon arsenal de défense. Avec un tel molosse, Ismaïl est peut-être serein face aux loups mais je dois, moi, me défier de son protecteur.

Ismaïl m'apporte un chauffage à mazout et, plus tard, du thé. Il s'assied alors, le dos contre le mur, à côté de la porte qu'il bloque avec le bâton, tandis que, de l'autre côté, le chien reste hargneux. Il voit le livre que j'ai commencé à lire en son absence et comprend l'inscription en arabe sur la couverture. *Al-Qoran ?* – « la récitation » ou « la lecture » – me demande-t-il. Rassuré par la présence de son livre sacré, il le prend à deux mains, l'embrasse, le porte à son front à deux reprises et me le rend. Ismaïl me précise qu'il est turc, ce qui signifie sans doute azéri. Sa langue maternelle n'est pas le persan. L'histoire a séparé les Azéris : le nord-ouest de l'Iran est majoritairement peuplé d'Azéris qui parlent une langue de la même famille que le turc, presque identique à celle de l'Azerbaïdjan voisin mais qui reste très différente de la langue parlée en Turquie. J'essaie de satisfaire la curiosité de mon hôte quoique la conversation reste ardue. Quelques mots de base suffisent pour que je m'en rende compte : « village » se dit communément *köy* en Turquie et *tchent* ici, « chien » *köpek* et *it*, « chat » *kedi* et *pichik*, « riz » *pirintch* et *düye*... Mon hôte a 55 ans, il est marié et père de six enfants. Ce qui me frappe à présent, en observant Ismaïl et en repensant à tous les Iraniens valétudinaires et édentés que j'ai croisés, c'est combien les progrès de la médecine et de l'alimentation aident les octogénaires occidentaux à vivre en meilleure santé et avec une denture plus saine que les sexagénaires de cette région du monde.

Les moments de silence me perturbent. Ismaïl reste impassible ; il rompt une fois seulement le calme :

– Demain, tu dois être parti à 7 heures.

– Je me lèverai à 6 heures 30 pour être parti à 7 heures.

– Non, lever 6 heures.

Il ne boit pas de thé mais insiste pour que je finisse la théière d'un litre qu'il a préparée. Je l'ai terminée vers 21 heures. Ismaïl me signifie alors que c'est l'heure de dormir. Il me demande si je veux aller aux toilettes. Après avoir bu l'eau de ma gourde et tout ce thé, j'estime que ce serait bienvenu.

– Oui, je voudrais aller aux toilettes, s'il vous plaît.

– Eh bien non, tu peux pas ! rétorque Ismaïl. Il y a le chien !

Et lui de s'en aller en refermant la porte derrière lui.

Ce qui paraît une torture n'est qu'une incitation à la prudence dans le langage simple qui nous sert à communiquer : derrière la porte, il y a le chien, et, au-delà, les loups peut-être.

Je dors assez mal. Je dois faire des cauchemars avec le monstre qui pourrait entrer dans la chambre pendant mon sommeil et me mettre en pièces. Au réveil, après qu'Ismaïl m'a rendu mon passeport, je lui tends un billet pour le dédommager, mais il le refuse et me souhaite un bon voyage depuis le pas de sa porte. Le jour se lève sur un ciel bleu éclatant. Le chien n'est plus là. La journée s'annonce belle et, de fait, je traverse à 2000 mètres de superbes paysages enneigés dépourvus d'arbres. Ils me rappellent des coins isolés des Alpes, où se devineraient, çà et là, des traces de daims, de lièvres et de loups, bien sûr, pour apporter une touche d'exotisme. Après cette journée de marche, j'arrive à l'unique hôtel de Varzaghan. Le patron de l'hôtel m'annonce sèchement que son établissement est complet mais, avec l'aide d'épiciers, je trouve à me loger dans un café. Il est rempli de fumeurs de *ghalian*, objet que nous connaissons

Fumeurs de narghilé et mollah, à Varzaghan.

sous le nom de narghilé. Du vase de verre décoré part un tuyau à l'aide duquel on aspire la fumée du tabac, parfois parfumé, qui se consume au-dessus sur des charbons incandescents. Le liquide contenu dans le vase, filtrant la fumée, exprime son irritation par de grosses bulles et force borborygmes. Le *ghalian* est pour beaucoup d'hommes iraniens une pratique quotidienne et sert de prétexte à rencontrer d'autres fumeurs. À tenter l'expérience à jeun et sans en avoir l'habitude, on risque d'être un peu fatigué.

Au moment où ferme l'établissement arrivent deux policiers, des appelés sans doute, qui me prient poliment de les suivre. La rumeur de la présence d'un étranger en ville a dû être colportée jusqu'au commissariat. Déjà, il y a deux jours, dans le bourg de Kharvanak, j'ai été contrôlé sans aménité aucune par un gradé à la mine féroce. Il a procédé à des vérifications téléphoniques pour savoir que faire de moi. Pendant ce temps-là, de jeunes appelés, des *sarbaz* – « ceux qui offrent leur tête », sous-entendu « à la nation » –, compatissants et beaucoup plus sympathiques, m'ont proposé de partager leur repas : un morceau de poulet avec du riz. Une heure plus tard, visiblement dépité de la réponse de son autorité et de ne pas pouvoir arrêter un espion, l'officier m'a rendu à contrecœur mon passeport et laissé repartir, ce que j'ai fait après de chaleureuses poignées de main avec les appelés. Je me demande jusqu'à quand ce manège va durer. Va-t-on me contrôler ainsi tous les deux jours et me faire perdre un temps considérable ? Va-t-on m'interdire de poursuivre mon voyage à pied pour quelque mystérieuse raison ? En définitive, après les vérifications téléphoniques d'usage, l'officier fait réveiller le patron de l'hôtel, qui est alors contraint de m'ouvrir un dortoir. La police garde toutefois mon passeport… À mon lever, c'est malheureusement auprès d'un plus haut gradé que je dois le récupérer. J'ai droit à un nouvel interrogatoire, et les contrôles téléphoniques recommencent. Rude et sec au début, le supérieur me souhaite finalement la bienvenue de manière courtoise quand il est assuré d'avoir la caution de sa hiérarchie.

Rasséréné, je m'installe dans un café ; j'y savoure du pain frais que je tartine de beurre et d'un excellent miel artisanal. L'établissement est ouvert aux femmes, mais à l'étage seulement, qui leur est réservé, et où elles sont invisibles d'en bas. Elles en sortent discrètement par un escalier qui donne à l'extrémité de la pièce. En détournant la tête, elles tirent exagérément leur foulard côté salle pour ne pas croiser le regard des hommes, acte répréhensible dans la tradition coranique. Devant une école primaire, je remarque également que les garçons, électrisés par l'arrivée d'un visiteur étranger, se regroupent pour être pris en photo alors que les filles de même âge, la tête dans leurs foulards, sont déjà plus timides. Elles sont d'autant plus fuyantes que des garçons, affirmant le machisme précoce de leur société patriarcale, leur interdisent d'être photographiées. L'islam n'aime pas cela !

Ali Reza, né en 1361

Avant Ahar, je suis rejoint par un jeune qui me salue, la main sur le cœur : *Es-salaam aleikoum !* Je lui rends la politesse. J'aime cette forme pure de salut par laquelle on offre son cœur à la personne rencontrée en lui souhaitant que la paix l'accompagne. Il me pose les quelques questions d'usage en faisant un bout de chemin avec moi : « D'où viens-tu ? », « Où vas-tu ? », « Par quels pays es-tu passé ? », « Depuis combien de temps es-tu parti ? », « Quelle est ta religion ? », « Quel âge as-tu ? » Je demande à mon tour son âge à Ali Reza. Je lui donne 18 ans, mais sa réponse me fait écarquiller les yeux : « Je suis né en 1361. » J'ai bien compris ce qu'il m'a dit ; il n'a pourtant pas l'air d'avoir pris un coup au réveille-matin. Pourtant, il n'y a rien à faire : j'ai beau l'observer sous tous les angles, ni de face ni de profil il ne paraît ses 638 ans. Heureusement, je me remémore que chez les musulmans l'histoire commence en 622 de l'ère chrétienne par l'Hégire, la fuite du prophète Mahomet pour La Mecque, à l'âge approximatif de 52 ans. L'Iran ayant adopté un calendrier solaire de trois cent soixante-cinq jours un quart, qui débute le 20 mars avec l'équinoxe de printemps, nous ne sommes donc qu'en 1378. Les pays musulmans qui suivent le calendrier lunaire sont déjà en 1420. Leur temps calendaire s'écoule plus vite que celui de l'Iran (les mois lunaires comptent vingt-neuf ou trente jours, et l'année environ dix jours de moins que la nôtre, soit trois cent cinquante-cinq jours). Calculé sur la base du calendrier persan, l'âge d'Ali Reza n'est plus que de 16 ou 17 ans. Je suis quelque peu rassuré sur mes facultés d'observation !

Ahar et Tabriz

Je parviens au centre économique régional d'Ahar à la tombée du jour, quand se déversent dans les rues sombres les filles sortant de l'école, toutes drapées de noir. Ce spectacle des tenues parfaitement uniformes, sans la moindre couleur, est d'autant plus impressionnant d'austérité que les lycées ne sont pas mixtes… Après le rythme épuisant que je me suis imposé en Arménie et depuis mon entrée en Iran, je m'accorde quelques jours de repos. Dans un café, je commande un *abgucht* (de la « viande à l'eau »), mini pot-au-feu à l'iranienne. Le garçon apporte un bol et une assiette vides, ainsi qu'un pot métallique où baignent dans un bouillon de la viande d'agneau, des pois chiches et d'autres légumes. Quand je ne sais pas comment affronter un plat ou des traditions locales, j'observe comment font les autres clients autour de moi. Amusés par mon hésitation, ils doivent se dire : « Ce nigaud, il ne sait pas manger. On va lui expliquer. » Ils me conseillent de vider le bouillon dans le bol et d'y imbiber le pain. Je peux ensuite me régaler de la viande disposée dans l'assiette. Tout le reste est écrasé au pilon avant d'être avalé avec d'autres morceaux de pain. L'*abgucht* sait contenter son homme.

Je découvre la ville sous la belle lumière du soleil, qui éclaire la statue du soldat islamique. Mitraillette au poing, il est prêt à marcher sur le globe et à rappeler à qui oserait l'oublier les piliers de l'islam : croire qu'il n'y a d'autre Dieu qu'Allah et que Mahomet est son prophète ; effectuer cinq prières quotidiennes en direction de la Qibla, le sanctuaire du Prophète à La Mecque ; s'acquitter de la *zakat*, taxe pour l'aumône aux pauvres ; effectuer le pèlerinage à La Mecque quand on est assez riche pour le faire ; jeûner le dixième mois lunaire, mois du ramadan. Il trône depuis peu ici, à une place d'honneur comme ses frères érigés ailleurs en Iran. Malgré la gentillesse des individus, cette exaltation de l'islam à travers la sublimation de la guerre sainte me fait froid dans le dos. Elle est entretenue à des fins d'unité nationale par le régime. Le portrait de l'imam Khomeyni est peint sur un mur à l'arrière-plan. Dans toutes les villes d'Iran, cette divinité tutélaire omniprésente et omnipotente surveille le pays. Devant ce guide passent des femmes en tchador noir, et parfois un mollah enturbanné dont la tenue tranche avec celles, occidentalisées, de la majorité des hommes. Khomeyni, à l'époque où il était exilé à Neauphle-le-Château en région parisienne, sous la présidence de Valéry Giscard d'Estaing, portait le titre d'ayatollah, qui marque un haut degré d'érudition dans l'islam chiite. Rentré en Iran pour prendre la tête de la Révolution en 1979, il a ensuite reçu le titre symbolique d'imam de la jeune République islamique, signifiant au peuple iranien qu'il était l'hoir des douze Saints Imams.

Ce soir, dans le restaurant que j'ai choisi, se tient près de la porte un homme longiligne, droit comme un I. La quarantaine, barbe sombre, le visage grave et émacié, il est vêtu d'un costume noir élégant. Il m'informe en anglais que le restaurant est réservé mais qu'il me servira si je monte à l'étage. Sa distinction est plus celle d'un hôte que celle d'un serveur de restaurant provincial. Je gravis donc l'escalier sans très bien comprendre. À peine suis-je assis, sans même que j'aie rien commandé, une copieuse assiette de poulet au riz est posée devant moi. Quelques instants plus tard, l'homme en noir me rejoint, s'assied en face de moi et se présente : « Mohammad Ali Alizadeh. Mon oncle est décédé. En Iran, quand quelqu'un meurt, la famille invite ses amis à dîner et vous êtes notre ami. » Ce gentleman, professeur de biologie de formation, dirige une école pour garçons à Tabriz. Il s'installe avec des proches du défunt à la table où j'avais pris place seul. Les autres convives, généralement plus âgés, mangent en silence en bas. Lorsqu'ils ont fini, ils lancent ensemble quelques brèves paroles à connotation religieuse, dont je ne saisis pas le sens, et sortent en groupe discrètement. Étrange dîner dont le côté réunion d'amis me rappelle un peu la chanson « Le moribond » de Jacques Brel : « Je veux qu'on rie, je veux qu'on danse, je veux qu'on s'amuse comme des fous, quand c'est qu'on me mettra dans le trou ! » La joie n'est pas aussi présente que dans les paroles du grand Jacques mais un repas de funérailles entouré de proches rend le deuil moins triste.

Tabriz, la ville de mon ami Ali, est décrite par Marco Polo comme « la plus belle ville de la province d'Irak ». Elle n'est pas sur ma route. J'effectue donc l'aller-retour en transport en commun pour l'admirer. Les constructions de béton et les rues modernes ont entamé son charme, qui reste intact dans l'immense et splendide bazar. Je prends plaisir à y errer au risque de m'égarer comme dans un labyrinthe. Je vois un homme blond aux traits européens. À sa façon de s'exprimer, il est iranien. Après tout, Iran ne signifie-t-il pas « pays des Aryens » ?

En 1935, le Chah estima ce nom plus fidèle aux origines de sa nation que celui de Perse. Des grappes de tchadors noirs se pressent dans la section du bazar où sont regroupés les orfèvres et les bijoutiers. Dans la pénombre de l'endroit, bracelets, bagues et pendentifs scintillent sous les éclairages et, comme toutes les femmes du monde, les Iraniennes s'extasient, devant les vitrines, sur les bijoux qu'elles aimeraient porter en privé ou cachés sous leurs vêtements. Les vendeurs de tapis palabrent devant le magasin de l'un ou de l'autre en attendant les clients. Quelques mollahs viennent faire leurs courses. Ces hommes en robe sont les homologues des prêtres et pasteurs de l'Occident. La plupart d'entre eux portent le turban blanc. Ceux qui se coiffent d'un turban noir signifient par cette couleur qu'ils descendent en droite ligne du Prophète. Ses héritiers font précéder leur nom du titre de *seyed* pour indiquer qu'ils appartiennent à ce qui tient lieu de noblesse locale. Noirs ou blancs, toujours est-il que les *akhund* – les « turbans » –, surnom péjoratif dont ils sont affublés, sont loin de faire l'unanimité parmi leurs compatriotes !

Assez à l'écart du bazar, on admire encore un pan de l'ancienne citadelle et la mosquée Bleue, vieil édifice sunnite mal entretenu, dont les belles faïences céruléennes ne résistent pas au temps. Les Iraniens sont à une écrasante majorité des musulmans chiites au milieu du monde islamique composé à l'inverse de 90 % de sunnites. Cette répartition peut expliquer un relatif abandon des monuments sunnites en Iran. Les sunnites dominent la vie religieuse en Indonésie (premier pays musulman du monde), en Arabie Saoudite, au Pakistan, en Afghanistan, en Turquie, en Afrique du Nord et dans de nombreux pays d'Afrique Noire. Les chiites affirment que le prophète Mahomet, mort en 632 sans descendance mâle, a expressément désigné son cousin et gendre Ali comme son successeur. Les sunnites pensent au contraire que le successeur légitime de Mahomet est Abu Bakr, le père d'Aïcha, la plus jeune femme de Mahomet, épousée alors qu'elle n'avait pas 10 ans. Une vraie guerre de succession avec intrigues et assassinats se déroula à la mort du Prophète. Les sunnites et les chiites se sont encore divisés par la suite en de nombreuses dynasties et philosophies qui se proclament héritières du pouvoir ou de la pensée du Prophète. Quoi qu'il en soit, Ali et Fatima eurent deux fils,

Hassan, qui succéda à son père et devint le deuxième Imam chiite, et Hussein, qui aurait dû être le troisième Imam après l'assassinat de son frère. Conformément aux hadiths (paroles attribuées en dehors du Coran au Prophète, ainsi qu'à ses successeurs), auxquels croient la majorité des chiites, Mahomet devait avoir douze successeurs, douze Saints Imams. Le douzième Imam, Mahdi (ou Mehti suivant les graphies) devait disparaître pour revenir au jour du Jugement dernier en compagnie de Jésus-Christ. Appelé l'Imam du Temps par les chiites duodécimains en raison de ce don d'éternité, il observerait le monde, caché, et aurait aujourd'hui bien plus de 1 000 ans. En Iran, depuis la Révolution de février 1979 – baptisée ensuite « islamique » –, c'est au nom du prophète Mahomet, de son gendre Ali et de leurs successeurs que le pays est dirigé par un Guide, chef du pouvoir religieux.

Après mon escapade à Tabriz, je repars d'Ahar reposé. Mon sac s'est malheureusement allégé du poids de mon appareil à décharge électrique. Il a certainement été subtilisé d'une poche extérieure. Je le regrette beaucoup à la perspective de ma traversée de régions à loups l'hiver prochain. De retour à ma chambre d'hôtel, je confectionne une lanière pour mon couteau avec un lacet de rechange. Un Iranien rencontré dans un café m'a recommandé : « Si le loup d'une meute t'attaque et te mord au bras, l'important est de ne pas laisser tomber le couteau. Toi, tu es droitier. Il faut que tu présentes le bras gauche plié pour barrer l'accès au cou. Si le loup te mord le bras gauche, il recevra du bras droit un coup de couteau. » Je me prépare donc psychologiquement à rencontrer des loups.

Fakhrabat, village iranien

C'est en admirant l'extraordinaire mont Sabalan se découper sur un ciel dégagé que j'atteins le village de Fakhrabat. Le mont Sabalan, deuxième sommet du pays, culmine à une altitude voisine de celle du mont Blanc. Malgré l'attroupement que je crée, personne ne me propose de solution pour me loger. Il n'y a pas d'hôtel avant Ardabil, à une soixantaine de kilomètres, et je ne souhaite pas dormir dehors sans tente, à 1 300 mètres d'altitude, dans cette région de plateaux enneigés et infestés de loups que l'on prétend dangereux. Sur ces entrefaites arrive Mehbub, un costaud barbu âgé d'une trentaine d'années. Il demande à l'assemblée ce que je fais ici et annonce aussitôt qu'il désire m'héberger. Il me conduit chez ses adorables parents. La nuit tombée, sa mère prépare une collation légère pendant que Milat, son fils de 2 ans et demi à l'esprit vif, me parle sans cesse en riant. Mehbub m'explique, entre deux assauts de Milat, qu'il est revenu au pays travailler en tant que coiffeur après avoir boxé et exercé différents métiers à Téhéran. Il s'y est notamment illustré comme chauffeur, ainsi qu'en témoigne la lettre de félicitations du président de la République Khatami accrochée au mur. Nous nous rendons ensuite au café pour caler nos estomacs avec quelques brochettes. Des amis de Mehbub sont déjà installés autour du thé. Ahmed, la trentaine, conducteur de poids lourds et amuseur public, mime pour moi le métier ou l'oisiveté, le cas échéant, de chacun des participants : chauffeur de taxi, de bus, éleveur de volailles, agriculteur, commerçant, adepte de la sieste… Devant la porte vitrée du café, les jeunes, qui ont entendu parler de l'étranger et veulent le voir, ne serait-ce qu'à travers une vitre, provoquent un joyeux attroupement désordonné. L'ambiance culmine lorsque je sors avec Mehbub. Nous traversons la place du village jusqu'à son salon de coiffure au milieu d'une cohue d'enfants. Il le rouvre pour me couper les cheveux et me raser la barbe que j'avais laissé pousser deux semaines avant d'entrer en République islamique. Je pensais que le port de cet attribut y serait apprécié. Devant le salon où nous ont suivi quelques hommes, c'est la panique. Une quarantaine de garçons de 4 à 20 ans s'entassent contre la vitre pour assister à la taille de ma barbe et à la chute de mes cheveux. La pression de leurs têtes contre la vitrine menace de la faire éclater sur nous. Par moments, un adulte sort leur dire de se calmer et de partir. Ils reculent de quelques mètres, et à peine la porte est-elle refermée qu'ils se recollent au carreau.

Pour parachever ma révision à neuf, nous allons au hammam dont l'entrée payante, combinée à l'heure tardive, modère l'enthousiasme des jeunes. On se déshabille dans une première salle spacieuse qui sert de vestiaire. Un poêle sur lequel sont déposées des écorces d'orange y parfume l'atmosphère et les cheveux qu'on vient y sécher. Passé en sous-vêtement dans la pièce voisine, chacun se lave dans un compartiment individuel. Assis ensuite sur la pierre chaude pour transpirer, les uns se reposent en silence, les autres, en nage, discutent avec leur voisin. La douche est là pour se rafraîchir à volonté, où l'on retourne régulièrement avec plaisir. Une fois achevée la séance de hammam qui s'ajoute à la saine fatigue de la journée de marche, j'éprouve une vive joie à l'idée d'aller dormir.

Le lendemain matin, Mehbub me propose de rester chez lui pour la journée. J'accepte avec joie ce jour de repos au pied du mont Sabalan. Autour de la place du paisible village, outre les cafés et le salon de coiffure, se dresse la mosquée Suleyman. Ce dernier est présenté comme le demi-frère de l'Imam Reza, huitième Saint Imam chiite. Reza a été empoisonné à Machhad. Suleyman, lui, a été tué à Fakhrabat. C'est là, dans la mosquée plusieurs fois reconstruite depuis lors, que je vais admirer son sépulcre. Il faut d'abord traverser la mosquée pour accéder à la pièce exiguë, d'environ deux mètres sur trois, où se trouve le tombeau orné d'un drap vert. L'ensemble est protégé par une vitre et une cage en fer forgé haute de deux mètres. De temps à autre, au cours de silencieuses circumambulations, les fidèles y posent le front et l'embrassent en fermant respectueusement les yeux pour être au plus près de l'esprit du saint homme. Dans un recoin de la pièce principale de cette même mosquée sont accrochées les photos de quinze adolescents tués au front pendant la guerre contre l'Irak. Il n'y a que cinq cents maisons à Fakhrabat et, dans ce village, loin de l'ennemi d'hier, quinze vies ont été fauchées. La guerre, ce n'est plus l'impersonnelle comptabilité du million d'Iraniens inconnus que nous imaginons fondamentalistes et dont la télévision a aseptisé la disparition. La guerre, là, c'est pour moi la photographie en noir et blanc d'un visage à jamais âgé de 15 ans qui me regarde droit dans les yeux avec un mélange de fierté et d'innocence, de douceur et de douleur, et qui me dit : « Je suis mort ! »

Au cours de mon voyage iranien, j'ai également fait la connaissance de Mahmud, barbu, la trentaine, qui m'a invité à dîner et à dormir chez lui. J'y ai rencontré des membres de sa famille, mais que des hommes et des enfants. Je n'ai pas même remarqué l'ombre d'une femme. Elles vivent séparément, confinées dans la cuisine ou d'autres pièces de leur maison spacieuse. Quel étrange pays que celui où la femme n'est parfois qu'une voix surprise au cours d'une conversation derrière une porte ! Quand cela m'arrive, j'essaie de me la représenter. Je l'idéalise :

elle doit avoir 25 ans et être douce. Plus rarement, au contraire, je me dis que je n'ai rien perdu : « Bah ! Quelle voix horrible ! Ce devait être une grosse dondon, une marâtre acariâtre et sans charme ! » L'Iran est un pays propice à la rêverie.

Dans son salon, Mahmud me conte les plaies de la guerre : « Pendant les années quatre-vingt, j'étais trop jeune pour être appelé mais je suis parti à la guerre contre l'Irak à 13 ans, comme mobilisé volontaire *bassidji*. J'ai eu la chance de survivre à plusieurs années d'enfer ! » Cette chance, son père et plusieurs membres de sa belle-famille ne l'ont pas eue. Leur souvenir, entretenu par des portraits accrochés au mur, lui arrache des larmes. « Les Irakiens, ça n'est pas leur faute, continue Mahmud entre deux sanglots, le peuple américain non plus. C'est la faute du gouvernement américain qui a convaincu ce fou de Saddam de nous attaquer. » Le motif était de protéger les intérêts pétroliers américains dans la région et de contrer la volonté affichée de l'imam Khomeyni d'exporter sa révolution à l'ensemble du monde islamique. Il semble que l'un des premiers souhaits de l'imam Khomeyni ait été de réunir l'Iran aux territoires irakiens peuplés de chiites pour en faire une grande république islamique chiite… Je ne peux que m'associer du regard à la douleur de Mahmud. Son drame est celui d'une enfance perdue. Dans tous les cimetières d'Iran, des mères pleurent leur fils dont une photo orne la stèle. La notion occidentale de martyr désigne celui qui est mort pour un idéal pacifique, d'amour, mais la notion islamique est plus guerrière : celle d'un héros tombé au combat au cours du *djihad*. Dix ans après sa fin, la guerre Irak-Iran reste visible par les blessures causées. Dans la mosquée de Fakhrabat, je fais aussi la connaissance de l'oncle de Mehbub, Kulam Hussein Kolami, un homme visiblement très bon, âgé de 80 ans. Sa tâche est de servir le thé après les prières, tous les jours de l'année. Ce travail, qu'il fait depuis qu'il a 11 ans, est évidemment réduit en ce mois de ramadan, et les thés du soir l'occupent plus que les sorties de prière de la journée. Un rapide calcul, déduction faite de son repos diurne d'un mois par an, et le vertige me guette à l'idée du million de thés, au moins, qu'il a dû servir depuis qu'il a versé dans cette passion. Le drapier épicier du village, Ichek Sunzade, 79 ans, me reçoit dans sa boutique en présence de ses fils Saber, Sadek et Dzaber. Il accueille ses visiteurs assis en tailleur, ses chaussures posées sous l'estrade haute d'une quarantaine de centimètres depuis laquelle il règne en maître sur son magasin. Ichek encaisse l'argent des clients et effectue ses calculs à l'ancienne sur son énorme boulier rouge. Être drapier est un commerce prospère dans un pays où les femmes confectionnent elles-mêmes leur tchador plus souvent qu'elles ne l'achètent. La famille insiste pour que je mange : « Nous, on est musulmans. On doit faire le jeûne car on respecte le Coran. C'est la parole de Dieu par la bouche de son prophète Mahomet. En ce moment, on ne doit pas manger de l'aube au coucher du soleil durant le mois du ramadan. Mais toi, tu n'es pas musulman et, en plus, tu es voyageur. Tu peux ! »

En cette journée où je ne marche pas, je préfère refuser et partager un peu leur effort. J'espère qu'en agissant ainsi je ne les déçois pas. Leur invitation donnait plus d'éclat encore à leur privation en offrant à autrui une joie qu'ils se refusaient. De retour chez Mehbub, nous voyons arriver des villes et villages voisins ses autres frères et sœurs avec leurs enfants pour la traditionnelle réunion de famille du vendredi après-midi. Elle donne à tous le plaisir de se retrouver pour le simple plaisir de papoter ou de rester ensemble en silence. Les enfants ont l'air heureux. En Iran comme dans les pays que j'ai récemment traversés, j'ai vu très peu de ces pleurs et caprices dus à l'apprentissage prématuré de la propriété. À croire qu'en voyant les anciens se contenter des plaisirs simples de la vie, un thé et une discussion autour d'un feu, la contemplation des montagnes ou de la mer, les enfants devinent où se cache le bonheur. J'ai basculé de la société occidentale, gouvernée par le souci de posséder et de paraître, dans un pays dont les habitants ont, en dépit de leurs difficultés, la notion du bien-être.

Lors de ma seconde nuit à Fakhrabat, je suis à nouveau réveillé vers 4 heures du matin, pour le repas qui précède le lever du soleil. Jusqu'à présent, le jeûne des pratiquants ne m'a donné qu'un peu de mal, dans la journée, pour trouver de la nourriture ou m'isoler pour manger discrètement. Pour la première fois, mon sommeil en est perturbé, mais c'est aussi une expérience à vivre. Après cette nuit hachée, je prends la direction de l'ancienne piste. Lorsque je franchis le pas de la porte, la mère de famille jette un seau d'eau derrière moi pour qu'Allah me protège.

Quatre loups

Le lendemain matin, au bord de la route, je vois quatre loups ! Depuis l'autre côté de la chaussée, ils observent deux chiens de garde qui défendent l'accès à une bergerie. L'un des chiens, nerveux, aboie sans cesse. L'autre, un gros monstre blanc assis sur son postérieur, attend placidement l'attaque sans broncher. Si les loups sont encore en chasse une heure après l'aube, c'est que leur nuit a dû être mauvaise ! Ils sont à la fois beaux et inquiétants. J'éprouve un sentiment mêlé : la joie d'admirer leur sauvage majesté et, dans le même temps, la peur de les revoir en de funestes circonstances. Je ne sais quelle est leur cible de la bergerie ou des chiens, à condition d'avoir raison du plus gros. Quoi qu'il en soit, ils sont mis en fuite par l'arrivée de plusieurs hommes. En marchant dans cette zone faiblement peuplée, au relief assez plat, devant le mont Sabalan, je redoute que ces carnassiers reparaissent avec l'intention de me croquer. Je regarde souvent derrière moi. Je suis pour une fois content que le trafic automobile augmente lorsque je rejoins la route principale, à une dizaine de kilomètres d'Ardabil.

En fin d'après-midi, j'entre dans Ardabil comme dans la plupart des autres villes iraniennes : en passant près d'une interminable succession de garages où mécaniciens, carrossiers et ferrailleurs prolongent la vie de tout ce qui peut rouler. Dans un pays à faibles revenus, le coût d'une voiture est tel qu'on a tendance à la garder jusqu'à ce qu'elle ne soit plus qu'un tacot rafistolé aux pneus rechapés. Le lendemain, au centre-ville, j'admire une belle mosquée chatoyante avant de sortir de l'agglomération à travers une nouvelle ribambelle de garagistes, mécaniciens, carrossiers, ferrailleurs… Passé de l'autre côté de la montagne par un tunnel, je note la différence de végétation entre ses deux extrémités. Elle me rappelle la mutation du paysage que j'avais observée en Turquie quand je marchais des arides plateaux de l'Anatolie aux rivages nuageux de la mer Noire. Là, j'ai quitté un climat sec pour aborder une région de fortes précipitations, qui rendent possible la culture du thé autour de la mer Caspienne. Ayant forcé la cadence pour traverser l'Arménie et le nord-ouest de l'Iran jusqu'à la frontière avec l'Azerbaïdjan, près d'Astara, je décide de me faire un beau cadeau de Noël. Je m'octroie une pause pour me rendre en bus à Ispahan et à Chiraz, détour qui m'aurait demandé des mois de marche.

Noël et Ramadan dans la « moitié du monde »

Alors que l'Occident se prépare pour les festivités du réveillon de l'an 2000, ma seule préoccupation d'égaré en l'an 1378 est de trouver l'endroit où assister à la messe de Noël dans un environnement spirituel qui me convienne. À Ispahan, l'importante communauté arménienne n'est pas trop bridée dans sa vie quotidienne. Le droit de fabriquer du vin pour une consommation privée lui serait même accordé. Un musée arménien célèbre également la religion et les traditions chrétiennes. Là, j'ai examiné l'un des plus curieux objets de mon voyage : un fil d'or sur lequel, au microscope, le visiteur attentif peut lire une citation de la Bible en caractères arméniens.

La messe, célébrée par un Vauclusien, le père Lazare, me permet de côtoyer des voyageurs insolites : Marianne et Jérôme ont conduit ici leur Land Rover depuis les Deux-Sèvres, Michel et son épouse hongroise, Orsolya, ont, eux, descendu à vélo le boulevard de la Liberté de Bures-sur-Yvette jusqu'à Ispahan. Nous réveillonnons joyeusement dans une chambre de l'hôtel Amir-Kabir : Marianne et Jérôme ont opportunément retrouvé dans leur voiture une bouteille de champagne et du foie gras, qui pour être de contrebande n'en sont que meilleurs.

Les jours suivants, je poursuis ma visite d'Ispahan, ville aérée que les Persans surnomment la « moitié du monde ». Je suis fasciné par la majesté de ses ponts et de la grandiose place de l'Imam qui remonte au XVIIe siècle, l'âge d'or d'Ispahan. D'environ cinq cents mètres sur cent soixante, elle est encore parcourue par des coches et chevaux qui ravissent autant les enfants iraniens que les badauds étrangers. En fait, c'est surtout la pureté de la mosquée de l'Imam, anciennement mosquée du Chah, et son envoûtant mélange de faïences bleues et jaunes qui exercent sur mon regard de photographe une attraction magique. J'y retourne quatre fois, à des heures et sous des éclairages différents, le matin et l'après-midi. J'y reste longtemps pour en étudier la lumière, en m'exclamant de plaisir et en m'émerveillant toujours plus de sa splendeur.

Soixante mille pour détruire Israël et les États-Unis

J'envisageais de ne rester ici que trois ou quatre jours mais mes visites et mon travail d'écriture me rapprochent du fameux 31 décembre 1999. La date coïncide avec le dernier vendredi

Devant le pont aux trente-trois arches d'Ispahan.

du ramadan, et c'est sur la vaste place de l'Imam qu'a lieu la prière. Il y a un bassin au centre de la place et, sur le devant, un espace dégagé pour l'ayatollah en charge de la cérémonie. À cette exception près, la place tout entière est bondée, les hommes sur la droite, les femmes sur la gauche. Tout ce monde s'agenouille et se redresse comme une vague irrésistible pour rendre grâce à Dieu. Je ne sais combien de personnes sont réunies sur cette place ; soixante mille, peut-être plus. La scène est d'autant plus saisissante que le dernier vendredi du ramadan est, depuis que l'imam Khomeyni l'a décrété quelques années après la révolution, dédié à une prière pour la libération de la Palestine et la destruction de son occupant, l'État d'Israël, et du soutien de ce dernier, les États-Unis. Des banderoles hautes de quinze mètres pendent au balcon du palais d'Ali Qapu. Les immenses portraits de l'ayatollah Khomeyni et de son successeur Khamenei surveillent la foule. En contrebas, sous leur regard approbateur, des fanatiques brûlent le drapeau américain. C'est ensuite un pantin aux couleurs de l'État hébreu qui est aspergé d'essence et carbonisé. De manière moins violente, un individu balade une pelle, qui se dit *bil* en persan, à laquelle est accroché un panneau « Clinton », pour tourner en dérision le président américain. La ferveur religieuse, focalisée sur la haine des États-Unis et d'Israël, est impressionnante. Une autre banderole tendue sur le palais proclame en persan : « Deux mille fois à bas les USA ». En fin de prière surtout, une exhortation à la destruction d'Israël, dans laquelle l'ayatollah hurle ses slogans : « À bas Israël » et « À bas les États-Unis », est reprise par ses partisans excités, le poing levé. La manipulation des foules par la rancœur aide le régime à tenir sous sa coupe la partie de la nation qu'il a de plus en plus de difficulté à contenter.

Je n'ai pas vu sur la place, ce jour-là, d'autre Occidental que moi. Bien avant la prière, un zélateur en civil, l'œil torve et le ton rogue, m'a reproché, alors à tort, de photographier des femmes. Un autre inquisiteur en civil m'a demandé en anglais : « Que faites-vous dans l'armée ? » Puis, faisant mine de s'être trompé : « Quel est votre travail ? » Un peu plus tard, un colosse d'un mètre quatre-vingt-quinze, crâne rasé, s'approche. Des lunettes noires masquent son visage. Il veut savoir si je suis journaliste, puis si je suis américain. Mes réponses négatives lui suffisent. Pour le reste, point d'animosité et une grande tolérance, une personne vient même me confier discrètement: « Cette attitude est lamentable mais, en tant que fonctionnaires, nous avons été convoqués depuis deux mois pour cette prière. Notre absence entraînerait des sanctions. » Un autre Iranien m'explique que, dans l'enthousiasme du changement de pouvoir, l'ayatollah Khomeyni a organisé un référendum. La question était: « Voulez-vous une République islamique ? » Le terme de république avait un tintement argentin pour les Iraniens jusqu'alors habitués à la monarchie. Dans ce pays de culture musulmane depuis le déclin forcé du zoroastrisme après l'invasion des Arabes au VIIe siècle, l'adjectif « islamique » semblait une promesse de partage, de tolérance et d'aide aux plus démunis. Le résultat fut au contraire cette théocratie qui a éloigné une partie des Iraniens, les jeunes notamment, de leur religion.

Avec les meilleurs vœux de la police religieuse

Bien que prêt à reprendre la marche à Astara, je quitte Ispahan pour Téhéran dans l'intention d'aller à l'ambassade de France. Dans une rue de la capitale, je cadre un mur que j'envisage de prendre en photo mais je change d'avis et remets l'appareil dans mon sac. Je n'ai pas fait vingt mètres que quelqu'un m'agrippe vigoureusement dans le dos. Un barbu en uniforme gris vert me tire en arrière avec force. Ce type est un officiel, un militaire apparemment. Je n'ai pas du tout envie de jouer au plus malin dans le dur climat politico-religieux de l'Iran, et ce d'autant plus que dans les secondes qui suivent, il reçoit le renfort de cinq jeunes en civil. Bien que je ne leur oppose aucune résistance, ils me poussent violemment, pour m'intimider j'espère. Les voilà qui m'encerclent, les loups que je craignais: dangereux, féroces, cruels, sanguinaires peut-être… Je suis forcé de passer par l'étroite porte métallique imbriquée dans le mur que j'avais envisagé de photographier. Derrière, il y a une première pièce modeste, puis une deuxième, contiguë et sans mobilier, où ils me font entrer. Curieusement, je suis plus inquiet pour les vingt-sept films qui sont dans mon sac que pour mon propre sort. Le chef me parle en persan, vite assisté par deux personnes qui parlent un peu anglais. Je demande aussitôt si je peux appeler mon ambassade. Ils refusent. Ils fouillent

Prière du dernier vendredi de ramadan, sur la place de l'Imam.

mon sac et confisquent mes films et, en toute illégalité, mon passeport. Plus de dix ans après la guerre Irak-Iran, à l'époque du renseignement par satellite, la phobie des espions existe toujours. Je suis relâché après ce désagréable intermède, sans que soit vérifiée une poche qui contient deux autres films. J'ai pris sur l'un d'eux l'une des meilleures photos de mon voyage : une fillette de 13 ans, pleine de grâce, en tchador et le visage nimbé de lumière dans la mosquée du Chah à Ispahan. Il a sans doute plu à Dieu que je la conserve. Il est plus de 16 heures. Je vais le plus vite possible à l'ambassade, avenue Neauphle-le-Château, nommée d'après la localité proche de Versailles où a résidé l'imam Khomeyni en exil. En écoutant le récit de ma fouille, les visages sympathiques du consul, Christian Lopez, de sa secrétaire, Fadila, ou de l'enthousiaste Thierry Lagarde s'assombrissent : « Ce n'est pas un petit problème. Il est trop tard pour agir ce soir, nous nous en occuperons demain ! » lance le consul.

Le lendemain, le consul et moi-même rendons visite aux larrons. Nous frappons à la porte. S'ouvre une lucarne : « Le chef n'est pas là. On ne peut pas vous recevoir. » La lucarne se referme. Deuxième tentative : « Revenez plus tard ! » Clac ! Au troisième essai, la porte s'ouvre pour un avertissement : « Il faudra une intervention du ministère des Affaires étrangères pour que vous puissiez récupérer votre passeport et vos photos. » Ce sont des *bassidji*, des membres de la police religieuse qui forment une section de « mobilisés volontaires ». Comble de malchance, leur bâtiment, sur lequel n'est mentionnée aucune interdiction de photographier, serait celui, très secret, de leur service de renseignements. Les *bassidji* sont souvent des gens courageux animés par une foi profonde, mais on trouve aussi parmi eux des désœuvrés sans éducation, qui trouvent dans le contrôle de leurs concitoyens et le plaisir de leur nuire une ardente raison de vivre. Leur mission est d'intervenir dès que l'ordre moral semble menacé. Ayant tous les droits pour faire appliquer la loi coranique selon leur interprétation, ils peuvent se montrer stupides, voire foncièrement méchants, même depuis l'élection du président Khatami qui a un peu assoupli le régime. Ces volontaires ont des homologues féminins qui vérifient notamment que les cheveux des femmes ne dépassent pas trop de leurs foulards.

Madone du 31 décembre 1999, dans la mosquée de l'Imam.

Un mois réfugié à l'ambassade de France

À Téhéran, je ne peux pas loger à l'hôtel sans passeport. Pendant mon séjour d'un mois, je suis donc hébergé dans la villa d'hôte de l'ambassade qui est d'habitude la résidence des ministres et autres visiteurs de marque. Au cours de ce voyage, j'ai parfois eu l'impression de ne pas être le bienvenu dans certaines de nos représentations avant tout soucieuses de s'éviter du travail supplémentaire. Au contraire, comme l'ambassade de France d'Erevan, celle de Téhéran offre au quidam sans recommandation toute l'aide et l'assistance qu'il peut souhaiter. Chacun y fait de son mieux, avec naturel, sous la houlette de l'ambassadeur, Philippe de Suremain, qui est l'incarnation de la maxime : « La simplicité, c'est la grandeur. » Malgré tous les efforts du consul pour me faire rendre mon passeport, une dizaine de jours s'écoulent sans que le ministère des Affaires étrangères iranien réponde aux sollicitations de l'ambassade. Le quinzième jour, l'ambassadeur évoque mon cas avec le vice-ministre des Affaires étrangères. Le problème, en Iran, est que le pouvoir politique, y compris le président et ses ministres, ne peut pas grand-chose contre le pouvoir religieux. Il redoute sa police qui pourrait l'accuser de collaboration avec les puissances étrangères… Trois semaines passent. Toujours rien ! L'ambassade peut bien sûr me délivrer un nouveau passeport mais, sans visa iranien, il ne me permettra pas de sortir du pays ni, par exemple, de reprendre ma marche en Azerbaïdjan.

Dans mon malheur, j'ai la chance d'être français et d'avoir été arrêté à un moment de bonne entente entre la France et l'Iran. Un Israélien ou un Américain aurait sans doute été plus maltraité que moi. Quant à un Iranien, il aurait eu de quoi avoir peur. Pendant que je patiente à Téhéran, en résidence assurément surveillée, se résout le cas de l'Allemand Helmut Hofer. Il vient d'être gracié après avoir été condamné à mort et avoir passé les deux dernières années en prison pour relations charnelles avec une Iranienne censée être vierge. Ni le rôle ni le sort ultérieur de la fille n'ont été éclaircis : complice ou sacrifiée ? Toujours est-il que Hofer, dont le nom rime en allemand avec le mot *Opfer* – « victime » –, a été l'enjeu d'un bras de fer diplomatique consécutif à la condamnation des services secrets iraniens par la justice allemande à la suite d'un attentat contre des opposants au régime islamique dans un restaurant berlinois. Tous les pays européens avaient alors rappelé leurs ambassadeurs. Les relations entre l'Iran et l'Allemagne, qui souhaitait interroger et détenir des suspects iraniens, se sont détériorées. Le gouvernement iranien, pour montrer sa détermination, s'en est pris à Hofer, le condamnant d'abord à mort avant de le libérer une fois la tension retombée. Hofer est reparti en Allemagne en février 2000. Dans ce contexte effarant, je m'occupe tranquillement en étudiant la langue persane, le farsi, en lisant ou en écrivant. Il y a aussi, extra-territorialité oblige, l'heure de l'apéritif du soir. J'y retrouve, lorsqu'ils sont de repos, l'un ou l'autre gendarme et le cuisinier de l'ambassadeur, pour siroter qui un jus de fruits qui un pastis ou le mémorable vin de noix.

Au bout d'un mois et après les interventions répétées de l'ambassade, je suis convoqué à la police des étrangers. Le consul de France et l'interprète Mehrdad Sanaï m'accompagnent. Deux personnes, secrètes mais pas antipathiques, m'interrogent. Leurs questions, assez prévisibles, portent notamment sur mon itinéraire en Iran. Quant à mes sponsors, je crois habile de ne pas trop mentionner Ricard. En pleine République islamique, il faut parfois savoir faire preuve de modération. On m'annonce enfin que mon passeport et mes films vont m'être rendus le lendemain. En réalité, je ne récupère que mon passeport ; confisqué illégalement durant un mois par les autorités iraniennes, qui me dit qu'elles ne l'ont pas utilisé à des fins douteuses ? « Vos photos ont été classées ailleurs. Vous pourrez les retirer dans deux ou trois jours », m'informe-t-on également. Je ne les reverrai pas.

Jacqueries footballistiques au bord de la Caspienne

Peut-être la police religieuse espère-t-elle que je vais quitter l'Iran ? Et bien non, après mon arrêt prolongé, je m'obstine à reprendre la route le 4 février, de Baharestan, près d'Astara, l'endroit exact où je l'avais laissée. J'y retrouve mon ami Faramarz, ingénieur sur le chantier de construction routière où je l'ai connu six semaines plus tôt. Je lui avais griffonné mes coordonnées à Marseille sur un morceau de papier. En me revoyant, il ressort joyeusement la feuille pliée et rangée dans son portefeuille qui m'a l'air dégarni en dehors de ce trésor.

« Reste ce soir ici avec les ouvriers. On te loge ! » Après l'interruption, je préférerais avancer mais on ne trahit pas le souvenir d'une amitié aussi fidèlement conservée et protégée. Je ne débute donc mon contournement de la mer Caspienne que le 5 février.

Fermée, située une trentaine de mètres sous le niveau des océans avec le tiers de leur salinité, la Caspienne est vue par certains comme un gigantesque lac. Profonde en moyenne de 170 mètres, elle serait alors, et de loin, le plus grand. La Volga et l'Oural sont les principaux fleuves qui, sur sa rive nord, l'alimentent en eau. Lac ou mer, le choix du terme n'a rien de futile du fait des immenses gisements d'hydrocarbures détectés dans son sous-sol. Dans un cas, ces ressources sont communes aux pays frontaliers qui se les partagent ; dans l'autre, elles n'appartiennent qu'au pays riverain le plus proche. Quand de telles richesses et des milliards de dollars sont en jeu, les mots revêtent une certaine importance. Les nuages résultant de l'évaporation sont retenus par les montagnes qui bordent la côte iranienne. La pluviométrie élevée y a favorisé l'essor de la riziculture. Il s'ensuit un changement de régime alimentaire qui me donne véritablement l'impression d'être arrivé en Asie du Sud-Est. Le riz supplante le pain comme aliment de base de la plupart de mes hôtes dans les villages de ce littoral couvert. Extraordinairement accueillants, ils n'y vont pas avec le dos de la cuiller lorsqu'ils m'en servent une assiette.

Talech, bourgade autrefois nommée Hachtpar, compte quarante mille habitants et une équipe de football de première division. Les deux frères restaurateurs, qui ont reconnu en moi un fervent adepte, m'emmènent au match Talech contre Esteklal. Esteklal, l'une des deux grandes équipes iraniennes, était le Real de Téhéran, celle du Chah. Les mollahs l'ont rebaptisée « Indépendance ». Lors de ma traversée de l'Iran, j'ai été régulièrement interrogé, aussi sérieusement que par la police, plus souvent encore, quoique plus cordialement, pour savoir si j'étais pour les *Abi* – les « couleur eau » – ou pour les Rouges de Persépolis, l'autre équipe renommée. Le football et son succès populaire ne sont pas récupérés qu'à moitié par le pouvoir en place : la meilleure équipe du moment a aussi dû troquer son ancien nom contre celui de Piruzi – « victoire ». Persépolis, bien que mise à sac par Alexandre le Grand, fait la fierté de l'Iran depuis deux mille cinq cents ans. En raison de la splendeur de Darius Ier, son nom était, pour le régime des mollahs, une intolérable réminiscence de la royauté. Le peuple lui reste attaché.

La partie s'annonce disputée. Toute la ville s'impatiente. Dans cette région agricole du pays de la Révolution islamique, le temps des jacqueries footballistiques est venu : les barrières du stade sont enfoncées. Les gradins sont pleins à craquer, des gens se perchent en haut de pylônes d'où ils suivront le jeu. Ceux qui arrivent trop tard, comme nous, se contentent du versant de la colline voisine. Nous voyons quand même les deux tiers du terrain et les deux cages. Quelques centaines de supporters d'Esteklal tout de bleu vêtus ont fait le déplacement depuis la capitale. Sûrs de la victoire des *abi*, ils chantent des refrains à leur gloire. Je prends le parti des Aigles de Talech avec mes camarades d'un jour. Avant le match, la lecture d'un passage du Coran ramène tout le monde au calme mais, sitôt les versets déclamés, les applaudissements redoublent pour encourager les vingt-deux joueurs. Le score final de 0 à 0 est un peu décevant sur le terrain quoiqu'il ne reflète guère l'enthousiasme des spectateurs. Les Aigles ont eu la satisfaction de préserver leur nid imprenable.

Les femmes, épouses de joueurs comprises, sont interdites de stade, comme si entrevoir des cuisses athlétiques devait corrompre leurs âmes, mais elles peuvent se consoler avec la télévision qui diffuse tous les jours des matchs nationaux ou européens. Des villes françaises moyennes comme Lens, Metz et Auxerre, qui ont des équipes de valeur, bénéficient en Iran d'une notoriété stupéfiante. Nos élites ont longtemps mal mesuré à quel point le football contribue à notre éclat international au même titre que des manifestations culturelles comme la célébration du bicentenaire de 1789. En Iran, le ballon rond est la deuxième religion. L'avantage de ce sujet de discussion est que son vocabulaire n'a pas de frontière. Il facilite les premiers contacts, et ce d'autant plus que la France a gagné ces derniers temps une respectabilité dans la discipline. Il suffit de plusieurs « Zidane ! Barthez ! Blanc ! » pour que les Iraniens me montrent qu'ils partagent ma passion. En visiteur averti et courtois, j'ai peaufiné ma connaissance du football local et suivi quelques rencontres télévisées pour satisfaire la fierté de mes interlocuteurs :

Rencontre Talech–Esteklal.

« Ali Parvin ! Mahmud Khord Bin ! Et cet Ali Karimi, quel dribbleur ! Ali Daiei, merveilleux buteur ! » Quelques gestes de la main, une simulation de coups de tête dans une balle fictive, achèvent de nous convaincre réciproquement que nous sommes des amateurs. Je me souviens de ma première conversation en Iran :

– D'où viens-tu ?

– De France, de la ville de Marseille

– Marseille ! Ô ! Papin ! Ravanelli !

À la mi-temps du match, comme partout ailleurs, les badauds m'assaillent de questions :

– D'où es-tu ?

– Je suis français.

– Tu connais Zinaïdine Zeydane ? (ils disent Zeydane comme *hey* en anglais)

– Zinedine Zidane ?

– Oui. C'est un musulman !

– C'est possible. Il est né en France.

Il est étonnant de voir à quelle vitesse les conversations embrayées sur le thème du football basculent, *via* Zidane, vers la religion, ici plus souvent encore qu'en Turquie. L'Islam est une civilisation qui transcende les frontières. Lors de mes conversations sur la route, les Iraniens me submergent de noms de « sommités » occidentales converties :

– Anelka.

– Il doit bien avoir besoin d'Allah, celui-là !

– Et Roger Garaudy, le célèbre philosophe français, persécuté parce qu'il est musulman.

– Il n'est pas très connu en France et il n'est pas persécuté.

– Et Cat Stevens ?

– Oui, je sais, lui, c'est un bon chanteur.

– Et Anthony Quinn ?

– Ah bon ! Il est musulman ?

– Oui, oui, comme Muhammad Ali et Mike Tyson.

Les Iraniens m'irritent à considérer que c'est cette supranationalité religieuse qui confère au toucher de balle de Zidane la marque du génie. Ils devraient pourtant comprendre que si Zidane est un footballeur exceptionnel, ce n'est pas parce qu'il est musulman, mais tout simplement parce qu'il est né à Marseille. Comment peut-on à ce point manquer d'objectivité ?

Trafiquant d'hommes

Je foule sur l'estran un tapis de fins coquillages blanc de nacre. Je m'arrête pour manger, seul en bord de mer, entre l'azur du ciel et le blanc des cimes. Dans le port d'Anzali, devant un thé, un homme m'explique spontanément, pour se rendre intéressant, une technique qu'il maîtrise visiblement : l'envoi de nombreux Iraniens vers les États-Unis, le Canada, le Japon, le Royaume-Uni, la Suède, le Danemark ou l'Allemagne. La France, où l'on trouve moins de travail, est à présent un peu moins cotée à la bourse de l'émigration clandestine. « Pour l'Angleterre, ça coûte six mille dollars. D'Iran, on passe en Turquie légalement avec un passeport. On y prend l'avion pour la Bosnie d'où l'on est exfiltré vers l'Italie par des passeurs. En Italie, on reçoit un faux passeport grec avec lequel on prend l'avion pour la Grande-Bretagne. Dans l'avion, on déchire le passeport et, à l'arrivée, on demande le statut de réfugié. »

Rien n'arrête les malheureux, insatisfaits de leur vie en Iran, ni les profiteurs qui organisent leur passage. Bien des jeunes, à défaut de pouvoir immigrer au grand jour ou d'obtenir un visa de touriste, tenteront leur chance ainsi. Les Iraniens sont souvent consciencieux et diligents mais beaucoup se laissent abuser par cette incroyable promesse : « En Europe, si on ne travaille pas, on est quand même payé par l'État. Et quand on a des enfants, on reçoit de l'argent. » Les sommes dont ils ont connaissance leur paraissent mirifiques quand, ici, un thé consommé dans un bar vaut quatre centimes d'euro. La cherté du pain étant, dans l'Iran d'aujourd'hui comme dans la France des siècles passés, un des principaux ferments de la grogne populaire, le gouvernement subventionne le prix du blé. Un kilo acheté 80 tomans (environ 10 centimes d'euro) est revendu aux meuniers au quart de son coût pour que le boulanger puisse vendre son pain entre 10 et 12 tomans (un centime et demi). L'essence, autre produit de base subventionné par l'État, est vendue quatre centimes, soit la moitié de son prix de revient ; le mazout coûte environ un centime le litre. Chaque fois que je m'engage dans une conversation sur la comparaison des salaires, je dois expliquer le coût des loyers à Paris ou en province, le prix de la baguette et de la viande. Alors, soudain, le soleil d'Europe paraît plus terne à mes interlocuteurs. De manière générale, informé de la situation à l'étranger et persuadé qu'à l'époque du Chah son pays était en avance sur la Turquie, l'Iranien est à bien des égards un Turc complexé : « Ah ! Si vous saviez, mon bon Monsieur, comme c'était mieux à l'époque du Chah ! », me lancent fréquemment sous le manteau des hommes que je connais depuis trente secondes à peine, la mine plaintive et les yeux pleins de la tristesse d'avoir commis une irréparable bêtise en portant le régime actuel au pouvoir.

Comme le Turc, l'Iranien a l'islam pour culture ; il est sentimental, généreux et accueillant. Il vous laisse en souvenir sa photo d'identité, et demande à garder de vous un *yah degari*, objet sans valeur intrinsèque, photo ou autre, qui, lorsqu'il le reprendra en main, réveillera à coup sûr en lui le souvenir de votre passage. Comme le Turc, l'Iranien est d'une curiosité maladive. De l'enfant au vieillard, il ne peut s'empêcher de vous observer quand vous écrivez, compulsez vos cartes et documents. Il vient parfois même ouvrir votre courrier. Comme le Turc enfin, il aime son pays et pose souvent au visiteur la question : « Où est-ce mieux, chez vous ou ici ? » Mais le Turc, éduqué dans le credo qui veut que : « Heureux celui qui peut se dire turc », ne doute pas un instant que son pays vienne en tête de vos préférences. L'Iranien, quant à lui, est intimement convaincu que vous allez répondre que les conditions de vie sont partout meilleures que sous son ciel. Bien que des efforts méritoires aient été déployés pour doter garçons et filles d'un enseignement de qualité du primaire au supérieur et pour rénover le système routier après une décennie de guerre, celle-ci n'excuse que partiellement les difficultés économiques et plus du tout le manque de libertés.

J'ai senti une forte détresse sourdre parmi la jeunesse. Certains de ses représentants, dans les villes, m'abordent pour me confier : « Dites bien chez vous qu'en Iran le peuple est gentil mais que le pouvoir religieux, ce ne sont pas de bons musulmans » ; ou encore : « Est-ce que vous trouvez qu'en Iran, on a assez de libertés ? » Il y a dans chaque ville un jeune qui m'exprime sa rancœur dès qu'il ne se sent pas surveillé : « Je ne peux pas sortir avec mon amie en la tenant par la main ou monter dans la même voiture qu'elle sans risquer que nous soyons arrêtés par les *bassidji*, et même de recevoir des coups de bâton. Certains d'entre nous osent aller au bordel. C'est illégal, mais cela existe. Si l'endroit est découvert, les prostituées et leurs clients risquent la lapidation ou la pendaison en public. En réalité, ce système est hypocrite. Les mollahs et d'autres hommes fortunés usent d'un subterfuge : un contrat de mariage à durée déterminée, de quarante-huit heures par exemple, pour profiter, en toute légalité, de quelque femme libertine. » Vingt et un ans après la Révolution, l'Iran garde ses parias, tel cet adolescent intelligent et poli qui me fait part de son accablement : « Moi, j'aimerais quitter l'Iran. Ici, comme mon père était un proche du Chah, je n'ai pas le droit d'aller à l'université. » Par dépit et par défi, certains jouent avec le feu en se réfugiant dans d'autres plaisirs interdits : l'alcool, passible de quatre-vingts coups de bâton, ou les drogues. À défaut de sexe, l'Iranien fume, faisant de son pays l'un des rares, avec l'Afghanistan, où l'opium est le sexe du peuple.

Au mariage

Le développement florissant de l'immobilier interdit pour ainsi dire l'accès à la plage. Les murs des villas occultent la vue reposante des flots. Je subis donc le supplice de la progression sur l'asphalte dans les nuages noirs des camions et des motos à la carburation mal réglée. Ce désagrément passager qui me mécontente est racheté par la gentillesse des riverains de la Caspienne, un baume pour le cœur. Au village de Sorkh Rud, Peyman veut absolument m'inviter chez ses parents. Assez grand et large d'épaules, ceinture noire troisième dan de taekwondo à 28 ans, il s'inscrit dans la lignée des fameux lutteurs iraniens. Il puise sa force dans la prière : il interrompt notre discussion de début de soirée pour s'agenouiller et s'incliner en direction de La Mecque sans faire plus de cas de ma présence. À l'heure de Dieu, le reste du monde ne lui importe plus. Son devoir accompli, il se relève, regarde sa mère en souriant et me confie avec une simplicité surprenante : « J'aime beaucoup ma mère. » Elle me propose un thé, avec, ce qui est fréquent chez les Iraniens, un plateau de fruits : pommes, citrons doux et des oranges, soit sucrées soit amères. Toutes sortes d'agrumes inconnus chez nous poussent sur la côte de la mer Caspienne et mûrissent déjà en ce début mars. Si en France nous offrons du salé à nos invités avant un repas, les Iraniens servent des fruits et du sucré. Ils aiment agrémenter leurs brochettes de viande du jus d'oranges amères, mais la situation économique de l'Iran rend hélas les vrais plaisirs culinaires rares.

Alors que je m'apprête à partir, le lendemain matin, Peyman et sa mère insistent pour que je les accompagne au mariage de leur cousine. Encore du retard en perspective sur mon plan de route mais tant pis, une telle occasion ne se rate pas. La famille de la mariée se réunit dans son village. Celle du marié se retrouve chez ses parents dans un autre village. Hommes et femmes préparent la noce séparément dans deux maisons voisines appartenant à la famille. Je rejoins les hommes dans une pièce en couloir d'environ neuf mètres de long. Les fils sont avec les pères. Une quarantaine de convives se tasse autour d'une nappe en toile cirée disposée sur le sol. Le thé apéritif, servi avec abondance de sucreries et de fruits, nous distrait à plusieurs reprises de notre attente du repas. Le sucre se consomme placé sur la langue entre deux gorgées de liquide brûlant. À son contact, il ne tarde pas à fondre. J'ai tellement vu de bouches édentées en Iran, et chez des personnes relativement jeunes, que je n'abuse guère de ce rituel.

Chacun s'enquiert de savoir qui je suis. Mes échanges en persan sont de plus en plus faciles : on me pose toujours les mêmes questions. Je comprends de mieux en mieux cette langue indo-européenne, aidé par le fait que nos langues occidentales lui ont emprunté certains mots restés étonnamment proches de leurs racines sud-asiatiques et persanes. La syntaxe persane est proche de celle des langues européennes et beaucoup de mots courants sont encore aujourd'hui similaires malgré leurs déformations successives. *Pedar* et *madar* rappellent les *pater* et *mater* latins. *Bradar* est apparenté aux termes allemand *Bruder*, anglais *brother* et russe *brat.* « Bon », « meilleur », et « mauvais », *khub*, *bettar* et *bad*, ressemblent aux *good*, *better* et *bad* anglais. *Garm* correspond à l'anglais *warm.* La question « Qui est-ce ? » se dit *Ki é* et se prononce *Ki és* avec l'accent d'Ispahan. Des parties du corps comme « pied », « genou » ou « dents » donnent *pa*, *zanu* ou *dandan.* « Deux » se dit *doh*, « six », *chich*, « neuf », *noh* et « dix », *deh.*

Le sujet qui passionne est celui des mariages en France. Je satisfais la curiosité de mes hôtes sur le mariage civil, la messe, les apéritifs et repas servis avec du vin, le mélange des hommes et des femmes, le lieu unique de réunion des deux familles… La question essentielle est celle du paiement de la dot en France. Ici, c'est le point crucial dont la conclusion retarde nombre de mariages. En Iran, et bien qu'il y ait quelques variantes régionales, il revient au père de la mariée de financer tout ce qui est nécessaire à l'installation du couple, du canapé au réfrigérateur sans oublier la vaisselle et le téléviseur. Le père du marié assume, lui, les frais de la réception et de la cérémonie. Le marchandage autour de ces grosses dépenses prend du temps, c'est pourquoi l'*arussi* donne lieu à des réjouissances dans les deux familles.

Me voilà donc au milieu des hommes, dans cette fête sans alcool, admis à partager des plats de poulet et de canard agrémentés de riz blanc dont des grains safranés, jaunes, créent avec les airelles rouges une palette de teintes chaudes et appétissantes. L'exiguïté de la pièce fait que les gens circulent en partie sur la toile cirée, un peu comme si, dans un mariage français, on sautait de table en table le plus naturellement du monde. Malgré l'animation qui la gagne, la réunion dans ce village de campagne garde un côté très formel. Les convives remercient avec profusion le père après le repas. Beaucoup s'en vont avant même l'arrivée des mariés depuis la maison des parents du jeune époux. Les mariés sont habillés à l'occidentale, lui en costume et elle en blanc, sans décolleté ni échancrure de la robe. Un voile immaculé lui couvre soigneusement les cheveux. Nous les saluons et nous en allons.

Pauvres pêcheurs

Sur les bords de la Caspienne, je prends plaisir à observer des groupes de pêcheurs et eux, à interrompre leur travail pour venir discuter avec moi. Abbas, un sourire éclairant par intermittence son visage sec, tout en saillies et en arêtes (un comble pour un pêcheur !), m'adresse la parole : « Ce soir, restez dormir ! On vous fera un poisson pour dîner. Nous, les Iraniens, nous aimons avoir des invités. Les invités, c'est un cadeau de Dieu ! » Comment pourrais-je décevoir de tels hôtes ?

Plus tard, ces amis de fraîche date m'offrent de sortir en bateau avec eux pour poser les filets et assister ensuite à leur levée depuis la plage. Cet exercice marin me change de ma routine de marcheur. De la poupe, j'admire les gestes rapides et précis. Je suis le spectateur d'une quête séculaire de l'homme pour sa nourriture. Le vent souffle ; les vagues battent l'étrave. Quelques gouttes de pluie tombent. Tenir en équilibre dans ces longues barques effilées est ardu. Les immenses rets de mille deux cents mètres sont mis à l'eau en vingt minutes. Ils s'écoulent du bord tel le filet d'eau versé du col d'une carafe. Sur la plage, deux armées de pêcheurs espacées d'une cinquantaine de mètres tirent la nasse géante par ses extrémités. Des tracteurs équipés d'un treuil à l'arrière les aident à sortir les filets qu'une partie des hommes remonte au fur et à mesure sur des remorques. Le ventre des filets n'est plus loin ; la sentence va tomber : la pêche est mauvaise. Le mauvais temps a éloigné le poisson du rivage. Un esturgeon est relâché : le gouvernement a le monopole de la commercialisation de ses œufs noirs, le *ghaviar*, une importante source de revenus pour le pays. Les autres poissons sont mis en caisses. L'humeur des pêcheurs, payés proportionnellement à la valeur de leur prise, est morose. Il leur faudra encore se serrer la ceinture. Pendant que les poissons sont mis en vente, l'un ou l'autre pêcheur tire quelques réconfortantes bouffées sur la cigarette qu'il vient d'acheter à Chapur, le grand-père qui les vend à l'unité.

Abbas rachète à la collectivité un excellent *mahi e sefid*, « poisson blanc », le plus délicat produit de leur pêche. Malgré mon insistance, il refuse que je participe à l'achat : « Tu es un *mehman*. Les hôtes ne paient pas. » Je le suis jusqu'à son habitation exiguë. Les pêcheurs logent par deux dans des baraques de dix mètres carrés, accolées les unes aux autres. L'aménagement de l'intérieur est minimaliste : pas de meuble, quelques tapis ou morceaux de moquettes sur le plancher, deux minces matelas dépliés le soir venu avec leurs couvertures, un poêle, un réchaud, quelques assiettes, couverts et ustensiles de cuisine et un balai sans manche pour nettoyer la pièce.

En cuisinant, Abbas appelle à travers les planches mitoyennes : « Reza, le sel ! » Une main surgit d'une ouverture et tend le condiment. Des pêcheurs voisins nous rendent visite ; ils sont quatre-vingts à travailler dans cette société de pêche, pour la plupart turcophones et originaires des hauteurs de la région d'Ardabil. Le doyen, aux jambes torses, s'exprime autour du poêle : « On travaille six mois ici en automne et en hiver. Tous les vingt-cinq jours, on rentre cinq jours pour voir notre famille. Les six autres mois, au printemps et en été, on emblave nos campagnes pour pouvoir produire du pain douze mois durant. » Les prélèvements d'espèces aquatiques sont donc suspendus pendant la période de reproduction. À la même saison, l'activité des touristes est très surveillée : les femmes ont leurs plages séparées de celles des hommes par des murs ou des tentures.

Lors du dîner, Abbas évoque sa condition, qui me rappelle certaines pages noires de Zola ou Hugo :

– J'ai 25 ans mais je ne peux pas me marier. Je n'ai pas encore assez d'argent pour payer la cérémonie. Et je pourrais difficilement faire vivre une épouse et des enfants. Toi, combien d'argent te donne ton pays si tu termines ton voyage ?

– Je ne suis pas payé par mon pays.

– Ça n'est pas possible ! Ce que tu fais, c'est dur et c'est bien pour ton pays. Ça fait parler de la France jusqu'ici. On doit forcément te payer.

Ici, on a trop de soucis matériels pour seulement envisager de partir deux ans à pied par plaisir ou se perdre dans des questions métaphysiques. La dureté de l'existence sur ces sombres rivages nous renvoie à la futilité de nos interrogations d'Occidentaux gâtés. Il fait décidément bon être français.

Malgré tous mes arrêts, j'approche peu à peu du bout de la mer Caspienne. Je suis des canaux d'irrigation pour la riziculture, parallèles à la route. Des grenouilles en sortent volontiers pour tenir compagnie aux tortues d'eau qui paressent au soleil. Par beau temps se dessine en arrière-plan, sur ma droite, la majestueuse silhouette du mont Damavand. Ses 5 600 mètres surplombent ici des rizières, là, d'immenses champs de fleurs jaunes et odorantes de colza.

Pour ne pas avoir de regret ultérieur, je quitte la grand-route pour les soixante kilomètres de plages d'une péninsule classée parc national. Elle est bordée de nombreux villages de pêcheurs. Une pluie d'une violence inouïe s'abat sur la côte. Des pêcheurs en train de remonter leurs filets en sont aussi surpris que moi. Ils me disent tout de suite de rejoindre leur campement de maisons sur pilotis. Mes hôtes ne sont pas persans. Je devine leurs lointaines racines centre-asiatiques à leurs visages ronds aux pommettes saillantes et aux yeux en amande. Issus de familles qui ont fui l'Union soviétique à l'avènement du communisme, ils sont turkmènes et descendent peut-être des tribus d'Attila ou de Gengis Khan. Le poêle surchauffe la pièce mais chacun garde son bonnet sur la tête

Pêcheurs turkmènes sous l’ondée printanière, au bord de la mer Caspienne.

en mangeant. Ibrahim, la trentaine, costaud, simple et jovial, porte un pull bleu sur lequel est brodé *Let's dancing Rock & Roll.* J'attends quatre heures une accalmie en partageant un « poisson blanc » qui n'a pas connu d'intermédiaire entre le producteur et le consommateur. Fruit de la générosité régionale, il est devenu mon aliment de base sur les rivages de la Caspienne. Ma présence ne gêne ni ne perturbe le devoir de prière de ces sunnites égarés en pays chiite. Le repas terminé, ils remercient Dieu de la nourriture qu'il leur donne quotidiennement, un peu comme dans le contentement du bénédicité quand, au début du repas, les catholiques rendent grâce au Seigneur pour « le pain de ce jour ». L'action de grâces se termine par le passage des mains sur le visage. La vie profane reprend ensuite ses droits, les journées s'écoulant sans autre distraction que de discuter au coin du réchaud. Ici, les pêcheurs alternent six jours de travail d'affilée et six jours chez eux. Leurs relais et transferts sont organisés par leur société de pêche. La visite d'un curieux fait une fois de plus dévier la conversation sur Zidane :

– C'est un musulman !

– Je crois.

– Oui, oui, c'est un sunnite !

Mes amis veulent me garder pour la soirée mais il vaut mieux que je progresse le long de la péninsule. Je dépasse plusieurs villages de pêcheurs persans avant de retrouver, sous l'éclaircie du lendemain, leurs frères turkmènes. Majoritaires dans la région, ils me font à nouveau l'amitié de me recevoir et me permettent ainsi de poursuivre ma cure de poisson.

Bien d'autres habitants de ces côtes me dévisagent, des hérons altiers et d'autres échassiers blancs, des cormorans qui déploient leurs ailes au soleil pour les faire sécher, des pélicans lourdauds en apparence mais habiles plongeurs, et les patauds pataugeurs que sont les canards sauvages. Quelques aigles cherchent dans l'intérieur des terres un rongeur à becqueter. Ma plus surprenante rencontre est celle de ce que les pêcheurs désignent sous le nom de chien-poisson – *sagmahi.* Venu paresser sur la plage, ce gros phoque ne s'enfuit que lorsque je suis sur le point de lui buter dessus mais, confiant ou curieux, il me suit en nageant sur cinq cents mètres encore. Mon regard émerveillé finit par le perdre dans les flots, me laissant face à la rêverie du promeneur, jamais longtemps solitaire.

Le 11 mars, après avoir passé une sorte de bras de mer en maillot – il n'y avait personne pour me le reprocher –, j'atteins au crépuscule le village d'Achur Adeh, à l'extrémité de la péninsule. Il est presque abandonné depuis qu'une montée soudaine et passagère de la Caspienne l'a inondé, il y a une huitaine d'années, sans doute à la suite d'une secousse tellurique. Demain, je prendrai le bateau pour une fugace traversée afin de rejoindre Bandar e Turkmen, le « port des Turkmènes ».

Jours de fêtes

Je quitte donc la mer Caspienne qui m'a tenu compagnie pendant plus de six cents kilomètres. Pour une fois, je suis pressé d'avancer. J'ai prévu de faire un aller-retour – en bus! – vers Téhéran. Intermède qui sera vain ou presque car le consulat de France à Achkhabad, dont j'avais sollicité l'aide pour obtenir le visa turkmène, n'a pas encore effectué la demande. C'est un visa difficile à décrocher et la police des étrangers me refuse la prolongation de mon visa iranien: le mur devant et le cou de pied derrière. J'essaie une nouvelle fois de récupérer le millier de clichés confisqués que la police a développés. Je suis d'accord pour qu'elle garde ceux qui lui déplaisent mais elle ne tient pas son engagement de me rendre les autres. Cela m'étonne car les Iraniens sont généralement des hommes de parole. Voleurs de souvenirs! À cause de vous, je vais décevoir ceux à qui j'ai promis d'envoyer leurs portraits.

Seul intérêt de ce saut dans la capitale embouteillée et polluée, j'assiste à la fête du *Tchaharchembe Suri.* Dans la nuit, la veille du dernier mercredi de l'année iranienne qui se termine avec l'hiver, le 20 mars, des rangées de feux sont allumées dans les cours des immeubles, au-dessus desquels les jeunes sautent en courant: une survivance du zoroastrisme. Des détonations se produisent de tous côtés. « C'est la première année depuis le Chah que cette fête se déroule aussi librement. Les feux et les pétards sont normalement interdits en Iran. Cette fois-ci, ils sont tolérés », me confie-t-on. C'est impressionnant, parfois dangereux, mais les pétards sont jetés dans des espaces prévus à cet effet. Ce qui compte est uniquement le plaisir enfantin du bruit. Heureusement qu'on ne boit pas ici! La fête a été mémorable, c'est entendu, mais je reste préoccupé par le refus de l'administration de prolonger mon visa. Je n'ai plus que quelques jours d'autorisation de séjour en Iran. Je décide de repartir loin de Téhéran, à Gombad e Qavus, centre administratif provincial, pour tenter une nouvelle demande. Après deux nouveaux refus en deux jours, je commence à déchanter. La situation se débloque pourtant le troisième jour, même si le visa qui m'est accordé ne me laisse que le temps de marcher jusqu'à Machhad, et non jusqu'à la frontière turkmène.

À Gombad, il est une visite plus agréable que celle de l'administration : la découverte de l'imposante tour de guet construite en l'an 1004. Elle a donné son nom à la ville : la « tour de Qavus ». Tube de pierre rougeâtre de 37 mètres coiffé d'un chapeau pointu de 17 mètres qui la fait ressembler à un crayon, elle a peut-être inspiré les architectes lyonnais contemporains. Ses 54 mètres, hors fondations, en font un des premiers gratte-ciel de l'histoire : l'équivalent d'un immeuble de vingt étages il y a mille ans ! À l'ombre de la tour, j'ai trouvé refuge chez le souriant Ghelitch Anvari. Il est joueur de *dutar* – un « deux fils » –, instrument fin à deux ou trois cordes, muni d'un long manche. Mafflu comme un hamster, dodu comme un moine, Ghelitch n'apprécie pas que la musique dans la vie. Aujourd'hui, jour de la fête du Kurban, on se doit de sacrifier une tête de bétail : mouton, bœuf, dromadaire ou autre. Ghelitch s'est procuré un mouton en rapport avec la taille de sa famille : une femme et quatre enfants. Comme le veut la tradition, c'est un homme habilité à saigner les bêtes qui officie de maison en maison, partout où il est fait appel à ses services. L'animal a la gorge tranchée, il est vidé de son sang, dépecé et découpé. Les morceaux de viande sont séparés en vue de préparer différents plats. Je suis chargé de surveiller la cuisson de côtelettes on ne peut plus fraîches.

Repus, après la sieste, nous rendons visite au religieux sunnite du quartier pour lui souhaiter une joyeuse fête. Le Turkmène Nur Mohamed Nurizade est gentil et ventru. Comme chez Ghelitch, il a fait étendre dans le salon, à même le sol, une nappe sur laquelle sont disposés à profusion fruits, bonbons, gâteaux, graines de tournesol et arachides. Les visiteurs osent à peine y toucher. Sans doute sont-ils déjà rassasiés ou ne veulent-ils pas rompre l'harmonie délicate des plats présentés. Nous enchaînons ensuite par la tournée des amis. Nos amphitryons successifs nous resservent de la viande à laquelle, en appétit ou non, nous

Le mollah Mohamed recevant lors du Kurban à Gombad e Qavus.

devons faire honneur. Les enfants dans leurs plus beaux habits, les filles étant particulièrement élégantes avec leurs sacs à main, tapent à chaque porte de leur quartier en criant: *Heid e Kurban, kabul e Allah*: « Pour la fête du sacrifice, acceptez Allah. » La coutume est alors de leur donner quelques friandises et graines de tournesol.

Les festivités du Kurban terminées, je repars en bus en arrière d'environ soixante-dix kilomètres pour reprendre ma marche où je l'avais abandonnée. Dans cette partie turkmène de l'Iran, la femme a plus de liberté que sa compatriote persane. Ses habits et foulards chamarrés sont l'expression d'une gaieté peu commune en Iran, même si ses colliers typiques restent cachés sous ses vêtements.

Pour la plus grande partie du monde, le lundi 20 mars 2000 est le dernier jour de l'hiver. En Iran, cette date marque l'arrivée du Nouvel An après une rotation complète de la Terre autour du Soleil en 365 jours un quart. À 11 heures 05 locales, avec une précision qui me stupéfie, je quitte donc l'an 1378 pour entrer en 1379. Deux dates en un jour! Contrairement au *Tchaharchembe Suri* de Téhéran, le changement d'année y est morose: pas de musique, pas de pétards, aucune animation. Tout est proscrit! Plus loin, au village d'Eimer, j'aperçois mon premier dromadaire. Il est vieux, solitaire, éclopé. Il rentre tout seul chez lui en claudiquant au coucher du soleil. Visiblement, il connaît l'heure. Lui non plus ne va pas passer la nuit dehors à festoyer. Ma route croise finalement celle de Suleyman et Rahime. Les deux aimables frères m'invitent chez eux et m'emmènent voir leur célébrité locale, Djalil Eimiri. Il a perdu l'usage de sa jambe droite à la suite d'une injection médicale ratée mais il a conservé intacts son enthousiasme et sa joie de vivre. Avec son frère Hamid, il est boulanger au village et vend son pain sur une estrade surélevée pour être à la même hauteur que ses clients. Djalil est aussi une vedette: il est membre de l'équipe nationale de volley-ball assis. Dans sa chambre, il me montre les médailles qui sont exposées sur les meubles et les certificats de participation à des tournois internationaux qui sont affichés aux murs. Il s'est notamment illustré lors des Jeux paralympiques d'Atlanta où son équipe a terminé deuxième. Il sort aussi d'une boîte soigneusement rangée des prospectus touristiques sur les pays qu'il a visités, des photos de ses matchs où le filet doit être à environ un mètre du sol et des plaquettes de présentation des compétitions auxquelles il a participé. Son handicap et une détermination hors du commun lui ont permis de découvrir le monde comme peu d'Iraniens en ont eu l'occasion. Toute mon admiration ajoutée à celle des tiens, à toi que le destin a doté d'une médaille si lourde à porter mais qui as su la retourner inlassablement du bon côté ! Nous sortons de chez Djalil dans un assourdissant concert de grenouilles. Elles sont bien les seules que j'aurais entendues fêter le nouvel an !

« Es-tu persan ou turkmène ? »

J'ai puisé un regain d'énergie et de volonté dans le souvenir galvanisant de Djalil. Après Gombad e Qavus, j'ai fait détaler des enfants apeurés par mon apparition. Leurs aînés m'arrêtent au contraire pour me demander des autographes. Babi a 16 ans. Il m'accompagne un bout de chemin sur son vélo. Les petites boules de couleur décorant les rayons de ses roues s'entrechoquent à chaque tour et produisent une musique agréable.

– D'où es-tu ?

– De France.

– La France, je ne sais pas où c'est, mais je ne crois pas que tu sois étranger, car je sais bien que les *gharedji* ne parlent jamais le persan.

Dans cette zone de l'Iran où passent peu de visiteurs, un autre jeune me demande si je suis arabe. Étant donné que de nombreux Iraniens vont en pèlerinage à La Mecque, il lui semble sans doute logique que des Saoudiens viennent en retour en Iran. Un troisième qui travaille seul dans un champ au bord de la route est intrigué par mon attirail et perturbé. Il me questionne, incapable d'imaginer une autre possibilité que cette alternative : « Es-tu *fars* – “persan” – ou turkmène ? »

Amusé de la bonne histoire que cela lui fera à conter ce soir au village, je lui réponds que je viens à pied de très loin et que mon pays s'appelle la France.

Marche avec la police religieuse

Je retrouve les gaz d'échappement des voitures sur la grand-route qui coupe la *jungle* – la « forêt » – du Golestan, où rôdent des ours et des panthères. Le prétendu camping de Golzar me fournit un lieu où passer la nuit à l'abri. Dans le camp, au crépuscule, une forme sombre émerge du bois à cinquante mètres sur ma droite. Elle est assez imposante pour que je croie, une fraction de seconde, qu'il s'agit d'un hippopotame égaré loin de son Afrique natale. Je m'aperçois vite que ce n'est qu'un monstrueux sanglier qui s'en va fouiller dans les poubelles. On m'assure que son poids peut atteindre trois cents kilos. Celui-ci, habitué à la présence humaine, n'attaque que si on l'importune, alors que d'autres, dans la nature, chargent facilement. En allant me brosser les dents plus tard, je prends garde de ne pas gêner d'éventuels fouineurs clandestins.

Le lendemain, après une balade dans la forêt, je m'apprête à me remettre en chemin quand je vois passer quatre *bassidji*, reconnaissables à leurs foulards noir et blanc. Ils vont en pèlerinage à Machhad et l'un d'entre eux porte un drapeau rouge à la gloire de Mahdi, le douzième Imam, l'Imam du Temps. Ils avancent très vite. Je les laisse passer par méfiance envers les congénères de mes « confiscateurs » de films. Je ne repars donc que quand ils ont vingt minutes d'avance sur moi. Le destin voulait que je les rattrape : ils se sont arrêtés pour attendre l'un des leurs qui s'est évanoui dans la nature. À la traîne, il s'est en fait allongé pour se reposer quelques minutes derrière un rocher et s'est endormi, épuisé par la cadence infernale imposée par son chef. Ils en sont au sept centième kilomètre de leur parcours, soit près de quarante kilomètres par jour. Il y a dix-sept jours, ces forçats de la route étaient six quand ils sont partis de Qom, la ville où est enterrée la sœur de l'Imam Reza. Deux d'entre eux ont déjà dû faire de l'auto-stop pour ménager leurs pieds meurtris par les ampoules. Ils ont entre 17 et 20 ans, à l'exception de leur chef, âgé de 28 ans. Celui-ci, outre sa condition physique exemplaire, a l'obstination d'un prosélyte :

– Tu devrais te convertir à l'islam. C'est la religion *kamel* – « parfaite ». Le Coran, c'est comme le dernier étage d'un édifice, construit au-dessus de la Torah et de la Bible.

– S'il est un paradis, plusieurs chemins y mènent. Je n'ai pas pris le plus direct mais je suis heureux comme ça.

Nous sympathisons mais ils restent préoccupés par le salut de mon âme : « Jésus, nous y croyons comme vous. C'est un prophète. Il y a eu en tout 124 000 prophètes. Chaque peuple a reçu son messager de la Parole divine. Il y a eu cinq prophètes majeurs avant Mahomet : Adam, Noé, Abraham, Moïse et Jésus.

Mais le plus important, le dernier, c'est Mahomet. » Le fait de marcher avec eux simplifie en tout cas mes problèmes de logement pour la soirée. Nous nous reposons dans la mosquée de Tchechme Khan. Après leurs prières, ils font cuire quelques œufs sur un réchaud. J'ai droit à une part de leur omelette. Je mets mes boîtes de conserve de thon dans le pot commun. Le plus jeune d'entre eux, marié à 16 ans et la barbe déjà fournie pour ses 17 ans, sera père dans une semaine, avant même la fin du pèlerinage. Il s'enquiert :

– Philippe, les femmes en France portent-elles le tchador ?

– Non, sauf quelques musulmanes ! En France c'est libre. On porte les habits que l'on veut. Qu'en penses-tu, toi ?

– C'est bien le tchador pour les femmes.

– Pourquoi ?

– Le Prophète l'a dit. Et en France, les femmes portent-elles des jupes courtes comme ça ? (il fait un signe à mi-cuisse).

– Elles sont libres de le faire.

– Si je pouvais, je l'interdirais !

– C'est mieux que les gens puissent choisir.

Le Coran peut apparaître, aux yeux d'un Occidental, comme un traité de règles de vie, de loi et de politique conférant le pouvoir absolu au chef (littéralement, le terme « musulman » signifie « soumis à Dieu »). En récitant que son pouvoir lui est confié par Dieu, Mahomet ne tolère pas la désobéissance. C'est sans doute cette construction qui rend difficile l'application de la démocratie en pays musulman. Que Mahomet ait récité la Parole divine ou simplement été un brillant rhéteur, ce qui gêne aussi la rationalité occidentale, c'est que grâce au Coran, sous l'autorité absolue du chef et en fonction de ses interprétations, il est facile de justifier des choses et leur contraire, notamment l'amour de son prochain et la guerre ou la consommation modérée d'alcool et son interdiction. « Progressiste » en matière de condition féminine à l'époque de Mahomet, le Coran peut surprendre : « Les hommes sont supérieurs aux femmes à cause des qualités par lesquelles Dieu a élevé ceux-là au-dessus de celles-ci » (quatrième sourate, verset 38). Mahomet change parfois de principes : il exhorte les foules à prier en direction de Jérusalem pour que les juifs se rallient à sa cause. Deux ans plus tard, quand il a perdu l'espoir de les convertir, il demande à ses fidèles

Les bassidji en pèlerinage de Qom à Machhad.

de s'orienter vers La Mecque. De même, juifs et chrétiens ont également droit au paradis d'après la deuxième sourate, mais dans la troisième et la cinquième, il est l'apanage des seuls musulmans. S'agit-il là de subtilités de traduction ou de celles de l'islam pour expliquer les interprétations téméraires du Coran ? Pour en revenir à la délicate question de la femme, j'aimerais citer le Coran à mon interlocuteur : « Point de contrainte en religion ! » (verset de la deuxième sourate, aussi traduit par : « Point de violence en matière de religion »), mais je ne parle pas assez bien persan. Je fais donc en sorte de changer de sujet en proposant de dormir. Dans la maison de Dieu, la nuit ne dure que jusqu'à la prière précédant l'aube. En dépliant mon sac de couchage sur les tapis de la mosquée, j'entrevois une nouvelle fois la tentation totalitaire de l'islam.

En Iran, j'ai été confronté au despotisme du pouvoir et à la tolérance du peuple. Une des clés de l'avenir de l'humanité n'est-elle pas de savoir laquelle des deux faces de l'islam s'imposera dans le monde musulman : la volonté de dominer les autres cultures jusqu'à ce que le monde entier embrasse l'islam ou bien la dilection du prochain, même lorsque celui-ci n'est pas un voyageur ? Mes déboires de janvier et mes discussions avec un énergumène du groupe n'altèrent en rien ma vision du peuple iranien : il est fraternel et accueillant. Toute utilisation du Coran à des fins de pouvoir et tout fondamentalisme de masse mis à part, ces Iraniens musulmans sont mes frères. Nos frères. Comme souvent dans les pays où je suis allé, qu'ils soient de culture chrétienne – ex-Yougoslavie, Géorgie, Arménie – ou musulmane – Turquie ou Maroc, lors d'un autre voyage –, je suis bouleversé par l'extraordinaire générosité de tous les hommes qui sont prêts à partager ou à me donner le peu qu'ils ont. Bien sûr, ils sont mus par leur bonté naturelle, mais leur religion recommande également l'aide aux voyageurs. De nombreux Iraniens par exemple considèrent comme de leur devoir impérieux le fait de m'assister au point que, dans l'un ou l'autre village, ils se disputent pour m'accueillir chez eux !

En route vers Robat e Kara Bil, mes compagnons de route me donnent de nouveaux conseils amicaux pour aller jusqu'au bout de mon voyage : « Si tu es attaqué par une meute de loups, tu dois appeler le douzième Imam au secours », puis me sentant peut-être peu convaincu ou jugeant la méthode moins appropriée pour le représentant d'un pays chrétien, ils se reprennent : « Implore l'aide de Jésus ! » Quoi qu'il en soit, ils savent rendre leur avancée harmonieuse par quelques chants religieux en l'honneur des Imams Hussein et Reza et par de belles chansons en langue lor, de leur région d'origine, le Lorestan, à l'ouest de l'Iran. J'apprécie la compagnie de ces braves gens mais, devant un musée consacré à la faune locale, je leur souhaite bon voyage et vais découvrir d'autres animaux à poils. Au milieu d'une appréciable variété d'oiseaux se dressent un ours, la gueule béante, et surtout deux puissantes panthères au pelage jaune moucheté de noir, empaillées après leur collision nocturne avec une voiture. À la vue de ces fauves, longs d'un mètre cinquante sans la queue, je me rends compte du risque que j'encours à m'aventurer seul dans le parc du Golestan, aussi essaierai-je de terminer ma marche avant le coucher du soleil.

Les *bassidji* au rythme de forçats ont disparu quand je reprends la route. Après quelques jours de plateaux arides et venteux où les moutons se blottissent encore les uns contre les autres pour se protéger du froid, le paysage reprend peu à peu des couleurs. Les guirlandes de fleurs de prunier et les vignes échelonnées autour de la rivière Tcheilakh saluent l'arrivée du printemps. Ces cultures témoignent aussi des déplacements de population effectués il y a plusieurs dizaines d'années pour assurer le développement de cette région déserte. C'est ainsi que des villages comme celui de Badranlu, oasis kurde de trois cents maisons, ont été constitués.

Cérémonie de la circoncision

À quelques jours de là, en sortant du village de Qarlog, la cour d'une spacieuse maison en contrebas de la route donne les signes d'une fête de famille. Ses participants qui m'aperçoivent à leur tour ne tardent pas à sortir pour m'y inviter. Aux gestes des convives à qui je demande ce dont il s'agit, je comprends vite qu'il s'agit d'une *khatna suri*, cérémonie de la circoncision. On me fait entrer dans une pièce, où l'on m'offre le thé pour me souhaiter la bienvenue. Au-dehors des bois s'entrechoquent. Ce sont des danseurs qui simulent une lutte en battant la cadence avec des bâtons dans chaque main et, pour finir, tournent tous en rond au son de la flûte et du tambourin. Les spectateurs les récompensent en leur glissant des billets de

Berger des hauts plateaux du Khorasan.

banque entre les dents. Je ressors et m'approche pour observer leurs évolutions lorsque l'un d'eux m'entraîne brusquement dans leur sarabande en me tirant par le bras. Je dois danser sous les applaudissements de l'assemblée en coinçant à mon tour entre mes incisives les billets que les rieurs me tendent. Ils m'encouragent ainsi plus pour ma bonne grâce que pour celle de mes entrechats, alourdis par mes chaussures de marche.

Le repas réunit hommes et garçons sur la terrasse du premier étage, alors que femmes et filles se rassemblent dans une pièce du bas. Une quarantaine d'hommes assis forment un carré à l'intérieur duquel est déroulée la nappe sur laquelle sont ensuite servis le riz et la viande de mouton bouillie. Après avoir fait ripaille, les invités s'en vont peu à peu sans s'inquiéter de voir le nouveau-né, qui sera circoncis au soir par un médecin.

Le lendemain, 1er avril, est d'une certaine manière comme en Occident le théâtre d'une plaisanterie : *Heid e sizdah bedehr, ruz e tabighat*, le treizième jour du premier mois du calendrier solaire iranien, est le Jour de la nature. En fait de tradition séculaire qui veut rapprocher l'homme de la nature, il me semble que tous les Iraniens qui sortent pique-niquer ce jour-là souillent leur campagne en y abandonnant sacs plastiques, bouteilles vides, couches-culottes, boîtes de conserves et détritus de toutes sortes. Déjà, dans l'ex-Yougoslavie et en Turquie, juste avant Ankara notamment, j'avais été choqué par l'amoncellement d'ordures, de bouteilles, de paquets et d'emballages sur les bas-côtés des routes. Qu'a donc fait notre Mère nourricière pour que nous la traitions si mal ?

Le joueur de pipeau

Je rencontre sur la route un joueur de flûte d'une vingtaine d'années, petit et de peau très mate : « Je viens du sud du pays, un peu en stop, un peu en marchant, pour me rendre sur le tombeau de l'Imam Reza. À Gorgan, je me suis fait voler tout mon argent par un homme muni d'un couteau. Je n'ai ni mangé ni bu depuis hier midi. » Je lui offre donc mon eau et partage ma nourriture avec lui. Une nouvelle fois, je suis heureux de pouvoir rendre à un Iranien un peu de la sollicitude dont son peuple a fait preuve à mon égard. Nous reprenons la marche ensemble. Parfois nous posons le pied à côté des pièces jetées sur la route par des pèlerins en voiture, et il ramasse avec joie ces fifrelins qu'il porte à son front comme un cadeau de Dieu. Il ramasse aussi un mégot écrasé qu'il rallume pour en tirer deux ou trois bouffées. Nous décidons de couper la route par les montagnes. En une journée et demie, il me narre l'histoire de sa vie déjà bien triste : « J'ai été arrêté pour trafic de drogue mais j'ai échappé à la peine de mort parce que j'étais mineur. »

Mon nouvel ami raconte tant de choses… Il assure à tel ou tel agriculteur qu'il est bulgare, certifie aux filles que nous croisons que nous voyageons déjà depuis une éternité ensemble et tance des enfants pour une raison qui m'échappe. Dans un village, j'achète de la nourriture pour deux. Il s'en mêle : « Ces boîtes de conserve ne sont pas assez bonnes. Ce chocolat est trop ordinaire. Il faut prendre le plus cher. » Bien que je lui aie demandé de boire autant qu'il le pouvait à la fontaine du village, ne sachant pas où ni quand nous pourrions nous réapprovisionner, à peine sommes-nous repartis qu'il vide quasiment tout le contenu de ma bouteille thermos. Il prétend avoir couvert à pied des intervalles de soixante-dix kilomètres en une seule journée mais il se plaint que je marche trop vite pour lui. Malgré sa fatigue, il veut curieusement porter ma thermos et mes appareils photos, pour m'aider. Je ne lui confie que la bouteille. Alors que j'ai une bonne avance sur lui, je m'arrête sur le sentier pour discuter avec des paysans dans un champ. Je lui donne ainsi l'occasion de me dépasser. J'ai même la bonne surprise de le voir soudain presser le pas au pied d'une butte. Avec de la bonne volonté, je me dis qu'on arrive à tout, finalement. Je franchis à mon tour l'élévation de terrain. Personne, plus de trace de lui dans le moutonnement du relief. J'accélère sur ses talons et parviens bientôt à une route goudronnée qui, d'un côté, descend vers la route principale de Machhad et, de l'autre, monte vers le village où nous devions passer. Je prends donc la direction du village. Personne ne l'y a vu. Je redescends et ne le trouve pas non plus. Le sentiment qu'il a pu me tromper me navre plus que la perte de ma thermos qui, en ce début de printemps, n'avait plus qu'une valeur sentimentale.

Je marque une pause au village turcophone de Niyat. Quelques habitants, froissés par la possible duplicité d'un des leurs, me réconfortent. En compagnie d'Abbas-Ali et de Yazdan, je fais un bon déjeuner d'aubergines et de tomates frites, baignant dans une huile dont nous imbibons du pain. Je préfère croire que mon joueur de pipeau a gardé, avec ma bouteille thermos, un *yah degari*, un souvenir de moi qui lui sera utile. Et si, d'aventure, il m'avait volé, c'est par sympathie qu'il ne m'a pas pris plus ni donné un coup de couteau. La vie lui a peu offert, contrairement à moi qui voyage pour mon plaisir. La singularité maligne d'un jeune fourbe renforce à mes yeux la bienveillance des Iraniens.

Machhad, ville de rencontre

Mon genou droit, fatigué et toujours agacé par des morceaux de métal, vestiges d'une opération passée, s'est réveillé. Une douleur lancinante va et vient, et m'atteint autant moralement que physiquement. Après quatre jours dans les montagnes, je crois plus prudent de rejoindre la route principale. Le 7 avril, un homme en civil sur une moto s'arrête et me présente sa carte de police. Il semble perturbé par le fait d'avoir perdu ma trace et jette un coup d'œil sur un document me concernant :

– Où étiez-vous ces quatre derniers jours ?

– Dans les montagnes. Regardez ma carte. Je suis passé par ces villages ; j'ai même été vu au commissariat. Vérifiez !

– Où avez-vous effectué votre service militaire ?

On craint toujours que je sois un espion ou on veut me faire peur : « Présentez-vous au prochain poste de contrôle routier ! »

Avant Gombad déjà, deux policiers d'une quarantaine d'années sur une moto s'étaient arrêtés à mes côtés. Ils m'avaient demandé de décliner mon identité. Je leur avais donc répondu que je m'appelais Philippe Valéry. L'homme assis à l'arrière de la moto avait alors déplié les doigts de sa main droite qu'il gardait fermée pour dévoiler les annotations en persan inscrites au stylo bille sur sa paume : « Ah oui ! Philippe Lucien Paul Valéry », lâcha-t-il. Des photocopies de mon passeport ou des notes officielles à mon sujet ont dû circuler. En tout cas, quelle extraordinaire notoriété !

Mon entrée dans Machhad manque de saveur à force de nouveaux contrôles de police et surtout d'irritation du genou. À Machhad, j'ai deux tâches principales à accomplir : voir le mausolée de l'Imam Reza et faire renouveler mon visa. Cet exercice administratif est toujours une course de fond.

Au début, tout va bien. Je remplis les formulaires en y joignant les photos d'identité que le photographe Nader a refusé de me faire payer, puis on me demande de revenir le lendemain.

Un endroit aussi exceptionnel que le tombeau de l'Imam Reza se mérite. Je savoure les derniers kilomètres qui m'en séparent comme les pèlerins qui s'y rendent à pied. Leur ambition de croyants, rencontrer Dieu, ressemble un peu à celle de ma pérégrination, rencontrer les hommes. Le tombeau de l'Imam Reza, huitième Saint Imam chiite, est situé au centre d'un gigantesque complexe de cinq cours aux mosaïques colorées. L'Imam Reza est particulièrement aimé des Iraniens: mort empoisonné à Machhad, il est le seul des douze Saints Imams à être enterré en Iran. Plus on approche du tombeau, plus la ferveur augmente. Des groupes de fidèles dorment sur des tapis étalés dans les cours. Des handicapés prient pour leur guérison, attachés par une corde aux grilles du bâtiment où repose l'imam. « Des miracles se produisent de temps à autre. Certains paralytiques recouvrent l'usage de leurs membres après une ou plusieurs veillées de prière », me dit-on.

La passion pour l'Imam Reza atteint son paroxysme autour de sa dernière demeure. Dans une pièce aux murs couverts de miroirs micacés et aux plafonds découpés en petites coupoles imbriquées les unes dans les autres, la tombe est protégée des excès de ferveur par une cage d'argent de plus de quatre mètres sur trois. Une haute et épaisse baie vitrée sépare, là encore, les hommes des femmes, en laissant voir le bouillonnement qui règne en face. Les hommes se pressent contre la cage, essaient de la toucher, de porter leur front contre elle et de l'embrasser. Un père soulève son nouveau-né de quelques mois au-dessus du rang de devant pour que son front touche la cage d'argent puis il embrasse le front béni de son fils. Dans ce magma humain luttant pour entrer en contact avec l'objet de sa dévotion se glisse parfois un pèlerin handicapé sur une chaise roulante. Je ne sais trop par quel étrange fluide le malheureux impose instantanément à tous les autres d'oublier leur quête pour le laisser passer. Dès que sa piété est satisfaite, la cohue reprend de plus belle. De l'autre côté de la vitre, les femmes sont plus frénétiques encore. Elles pleurent abondamment des larmes liées à l'émotion d'avoir atteint le lieu sacré ou au souvenir d'un être cher, peut-être du martyr de la guerre Iran–Irak au nom duquel elles ont accompli leur pèlerinage. Par grappes, elles se pressent et se bousculent pour obtenir leur part d'adoration. Une fillette est, à son tour, portée par plusieurs rangées de femmes pour pouvoir toucher la cage. La gamine, qui sait déjà ce qu'elle doit faire, porte alors la main à son front avant d'être ramenée hors de la mêlée. Je reste hypnotisé par ce spectacle.

Le jour suivant, lundi 10 avril au matin, je me consacre à des préoccupations moins mystiques avec la suite de mon programme visa. Je suis à nouveau interrogé en persan par la police des étrangers. La télévision est restée allumée, où j'aperçois des images au sigle de Canal+. C'est du football. Une équipe en blanc marque un but. Pas possible, c'est l'O.M. contre Monaco. Je me lève et demande à la police de cesser son interrogatoire séance tenante pour que je puisse admirer la victoire des miens : 4 à 2 contre le futur champion. Merveilleux : l'O.M. est presque tiré d'affaire, mais pas moi ! Les inspecteurs, vraisemblablement amateurs de football, doivent pouvoir comprendre ce cas de force majeure et faire preuve d'indulgence pour mon écart de conduite. Néanmoins, ils continuent à me cuisiner. À la fin de nos échanges, ils me demandent de patienter. Un homme en civil dissèque mon cas et me repose des colles pour confronter mes réponses à mes déclarations antérieures. J'attends de nouveau seul. J'espère que l'on m'accordera ma prolongation sur-le-champ mais on me signifie de revenir encore le 12 avril.

Un dirigeant de la police m'indique comment joindre un Français résidant à Machhad depuis huit ans, qui s'est converti à l'islam et travaille à une traduction du Coran. Plutôt étonnant de sa part ! J'appelle toutefois Christian Bonaud dont le nouveau nom musulman est Yahya Alawi. Docteur en langue et civilisation arabes, il a rédigé une thèse sur l'imam Khomeyni, qu'il considère comme un saint homme. Le ventre rebondi sous sa robe irakienne noire à capuche blanche, Christian est d'un naturel affable. En érudit de l'islam, il se caresse la barbe à l'heure de la réflexion, m'offrant la vision d'un aubain et d'un esprit brillant. Dans la panoplie de citations qui habille son discours, je retiens notamment cette phrase du père Gardet : « L'islam est une société de moines mariés », qui résume bien l'harmonie que procure cette civilisation à ceux qui veulent suivre ses règles et la difficulté qui en résulte pour ceux qui refusent cette forme de monachisme. En dépit de quelques divergences de vues, Christian reste pour moi un hôte et un guide remarquables. Il me fait découvrir dans Machhad le somptueux plat de cou de mouton aux pruneaux et oignons du restaurant Sarab, puis le lait aux dattes de quelque glacier talentueux. Là, il me livre son analyse sur les religions : « L'important pour atteindre le bonheur est de se battre contre son *ego.* C'est à la rencontre avec Dieu par l'effacement du moi et la transe que veut parvenir le soufisme. L'*ego* et la soif de pouvoir sont les ennemis de la paix et de la joie intérieure. Certains soufis arrivent aussi par la méditation et la transe à développer des pouvoirs leur permettant de se téléporter par la pensée à d'autres endroits de la planète grâce à une technique de "pliage de la Terre", ou bien à communiquer avec les animaux ou les plantes. C'est également à l'effacement du moi qu'appelaient notamment le Bouddha et le Christ. » On peut en rire, mais que serait finalement le monde sans religion ? Un monde d'égoïsme et d'individualisme ? Un monde sans réflexion, méditation ni sagesse ? Comment préserver des valeurs d'amour du prochain et de partage pour continuer de former des « hommes de bonne volonté » ? Les religions n'ont-elles pas au moins cette fonction sociale ? Sans gouvernants à la fois intelligents et honnêtes, sans parents responsables au sein de familles unies, sans spiritualité, où va le monde ? Qu'est-ce qui est de nos jours capable de donner des repères : l'argent, le cinéma, la télévision et la violence ? La culture dominante toute seule ? Pire encore : une idéologie totalitaire, stalinienne ou maoïste, ou bien la mégalomanie de quelque illuminé ? Le monde, le monde occidental matérialiste tout au moins, est-il près de connaître le même sort que l'Empire romain derrière son *limes* ?

Lors de mon séjour à Machhad, je suis aussi invité à assister aux cérémonies de l'Achoura, notamment dans des lieux de prière dédiés à Hussein, les Hosseiniye Najafiye et Kerbalayi. C'est la commémoration pour les musulmans chiites du dixième jour du mois de moharram. Ce jour-là, en l'an 680 de notre ère, est mort Hussein, fils d'Ali et de Fatima, petit-fils du Prophète, troisième Imam, lors de la bataille de Kerbala en Irak. Neuf jours avant cette date se tiennent des soirées de célébration. Elles débutent par le sermon d'un mollah. Le prêcheur se lance dans le récit de cette bataille, qui tient à la fois du message divin et de l'épopée chevaleresque. Certains pans de l'histoire de Hussein

Sermon lors de l'Achoura, à Machhad.

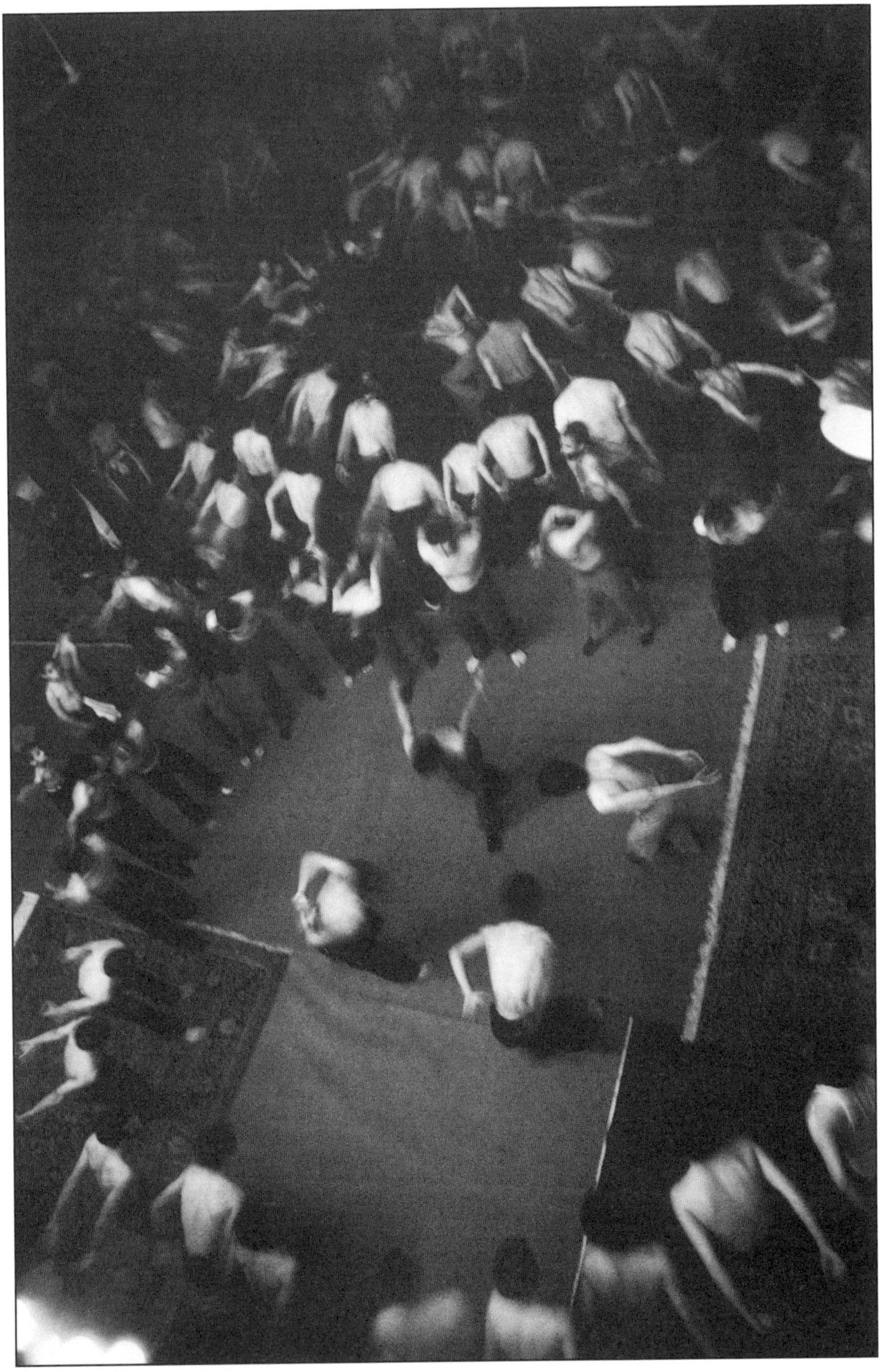

Cérémonie en mémoire de Hussein.

me rappellent l'acte de bravoure de la Légion étrangère à Camerone (au Mexique, le 30 avril 1863). Hussein fut tué après avoir résisté trois jours avec ses soixante-douze compagnons privés d'eau et de nourriture aux milliers de soldats du calife omeyyade, les premiers sunnites. Dans les passages les plus poignants, comme l'annonce du martyre de Hussein et de son fils âgé de quelques mois à peine, on voit certains colosses barbus assis sur les tapis fondre en larmes comme si on leur annonçait le décès d'un proche. Il faut imaginer une église où tous les fidèles se mettraient à pleurer à l'évocation du Christ mort sur la Croix. C'est une manifestation de foi troublante, à laquelle les musulmans me laissent assister dans un esprit de fraternité.

Plus tard dans la soirée, ces mêmes pleureurs se mettent torse nu. Disposés en cercles concentriques ou bien tournés vers une reconstitution grandeur nature du tombeau de Hussein dont l'original est à Kerbala, leurs bras musculeux frappent régulièrement leurs cages thoraciques et les font résonner en scandant de concert le nom de Hussein avec une cadence toujours plus rapide. Arrive ensuite à la Hosseiniye un imposant groupe de plusieurs centaines de turcophones de Machhad, tout habillés de noir, couleur du deuil. Ils portent des bâtons, noirs également, longs de plus d'un mètre. Ces bâtons symbolisent les épées dont le gouvernement iranien a proscrit l'usage il y a sept ou huit ans. Chaque année, les cérémonies étaient provisoirement interrompues par les effusions de sang des personnes qui se fendaient le crâne. Je les regarde, médusé. Ils frappent un adversaire invisible. Puis les fidèles portent le bâton à leur propre front de plus en plus rapidement, en scandant également le nom de Hussein. Ils signifient leur volonté de s'associer à la douleur du martyr et montrent que s'ils avaient été là, ils se seraient battus à ses côtés. Certains, exaltés par la cérémonie, entrent en transe ; six personnes énergiques les calment.

Chaque soir, assez tard dans la nuit, est organisé dans le sous-sol de la Hosseiniye un repas gratuit auquel les plus nécessiteux sont assidus. Je suis invité à me joindre au groupe. Tous les convives arrivent en même temps et s'assoient par terre derrière des nappes déroulées dans toute la pièce. Le service est effectué à partir de gigantesques marmites de riz agrémenté de viande, de flageolets et de raisins secs. Tous se retrouvent ainsi dans la joie, réunis par la foi, l'amitié et l'appétit.

Commémoration de la bataille de Kerbala.

Parfois s'élancent des processions d'hommes de tous âges qui scandent toujours le nom de Hussein en direction du mausolée de l'Imam Reza. Plusieurs d'entre eux soulèvent des brasiers au bout de longues structures métalliques. D'autres portent des assemblages rehaussés de plumes et ornés d'animaux sculptés, tels des lions ou des ibis... Ils sont très lourds pour un seul homme mais c'est un privilège de porter en public cette charge en l'honneur du petit-fils du Prophète. Les volontaires avancent jusqu'à épuisement, sanglés à la barre posée sur leurs épaules, avant de confier, chancelants, leur pesante responsabilité à un autre dévot. Sitôt qu'ils arrivent au mausolée, leur ferveur d'adeptes presque en transe et se martelant le poitrail confine à l'hystérie.

Vers 5 ou 6 heures du matin, encore bien réveillé, fasciné par l'intensité du spectacle auquel je viens d'assister, je retourne à la chambre d'hôtel que je partage avec Jorg Moniez, un voyageur qui revient d'Inde. À 8 heures, le téléphone sonne. Je titube jusqu'au combiné dans lequel j'entends une voix grave et sûre d'elle me dire en persan :

– Bonjour *Agha* – « monsieur » – Philippe. Quel est votre programme ce matin ?

– Je me suis couché tard, donc je vais dormir, et ce soir j'irai voir les cérémonies de l'Achoura.

– Quand quittez-vous Machhad ? Vous avez votre visa maintenant.

– Je ne sais pas. Dans deux ou trois jours sans doute. Je veux encore voir les fêtes de l'Achoura.

Mon interlocuteur ne s'est pas présenté mais il me paraît évident qu'il appartient aux renseignements généraux. Leurs sbires n'ont de cesse de me témoigner leur estime : ils prennent de mes nouvelles tous les jours. Le matin suivant, après m'être encore couché à 6 heures, je vacille à nouveau deux heures plus tard pour faire taire la sonnerie du téléphone :

– Allô !

– Allô, *Agha* Philippe.

– Qui êtes-vous ?

– Je suis un ami de Yahya. Quel est votre programme aujourd'hui ?

Le lendemain, je débranche le combiné, mais le gardien de l'hôtel se présente avec un téléphone sans fil : « C'est pour vous. »

Suivi (de près) par les services de renseignements

Les cérémonies s'achèvent le samedi 15 avril par une procession de flagellants. Le 18, je n'ai toujours pas mon visa pour le Turkménistan et mon visa iranien, lui, n'a plus que dix jours de validité. Je dois donc me livrer à une nouvelle acrobatie administrative : marcher jusqu'à la frontière turkmène et revenir en bus à Machhad dans l'espoir d'y récupérer enfin le visa nécessaire à la suite de mon voyage. Je pars en fin d'après-midi pour éviter les heures les plus chaudes, parce qu'en descendant de Machhad au Turkménistan l'atmosphère devient suffocante, surtout en milieu de journée. À la sortie de la ville, un policier chargé de la circulation, muni d'un talkie-walkie, m'interpelle :

– C'est vous qui faites la route de la soie à pied ?

– Oui. C'est moi.

– Je vous attendais plus tôt, dit-il non sans que j'éprouve de l'admiration pour l'efficacité de cette inquiétante police.

Une dizaine de kilomètres plus loin, devant le commissariat de Khiyaban, un policier me demande d'attendre un instant. Son supérieur arrive et me dévisage, intrigué :

– Vous n'êtes pas trois ?

– Ben, non. Je suis seul.

Il me fait asseoir dans le commissariat, prend mon passeport, et c'est reparti pour une demi-heure de rapports téléphoniques après laquelle je ressors sous la pluie. Je suis à nouveau contrôlé plus tard et on m'autorise à continuer… jusqu'au commissariat suivant, à Charak Razaviye. L'accueil y est plus sympathique. Je peux dormir dans un parking couvert de 2 à 6 heures du matin sans être réveillé par quiconque d'autre qu'un rongeur au poil clair et luisant, mignon comme un chaton domestique. Il se blottit à un mètre de moi dans un coin du box. Nous nous regardons dans les yeux. J'ai confiance : il n'a pas la tête du fouineur impudent qui va fourrer son museau dans mon sac. C'est un bon et honnête rat des champs qui n'a rien à voir avec les sales fouilleurs gris des poubelles urbaines.

Reparti dès l'aube, je me sens très fatigué autour de midi. Il fait excessivement chaud et je me réjouis de trouver un endroit ombreux entre deux villages. Je m'accorde une heure pour manger. Deux hommes se sont arrêtés aussi à quelques centaines de mètres. Ce ne sont pas des agriculteurs. Ils ont l'air d'attendre que je reparte. Qui sont-ils ? Ma halte terminée, je me dirige vers eux. L'un a moins de 25 ans, l'autre à peu près mon âge. Il est vraisemblablement le supérieur hiérarchique. C'est lui qui prend la parole : « Nous assurons votre protection. Dans cette zone passent des trafiquants de drogue. » Si ce dernier point est exact, je crois peu à leur histoire de protection. Je suis en tout cas contraint de marcher avec eux. Voilà pourquoi la police attendait trois personnes hier soir à la sortie de Machhad.

Au village suivant, Abravan, je sue à grosses gouttes avec mon sac sur le dos, mais ce n'est rien à côté de mon surveillant. Du commissariat, il appelle un remplaçant et jette l'éponge. Le soir, ma garde est rapprochée par la force des choses : le maire du village de Tchahak nous loge dans la même pièce de sa maison ! Je suis assez content de moi et fier pour la France. En plus de quarante kilomètres et malgré la chaleur, les Iraniens ont pu voir de quel pas je taquine la chaussée. J'ai usé un de leurs chefs, mes deux autres victimes sont épuisées. J'ai dû trouver mon rythme de croisière car mes précédents compagnons de marche étaient plus rapides que moi. D'ordinaire, une moyenne de cinq kilomètres à l'heure sur terrain plat me satisfait ; là, je reconnais avoir un peu forcé. Quitte à passer pour un espion, autant être considéré comme un sujet d'élite !

Le lendemain, à midi, nous sommes invités à déjeuner dans un poste de police. Tout le monde est courtois jusqu'à l'arrivée d'un homme chétif flottant dans un costume de croque-mort, assorti à son imposante barbe noire. Hurlant et tremblant aux ordres d'un supérieur joint par téléphone, il met fin à toute tentative de fraternisation : « L'étranger doit partir ! Dorénavant, une voiture se chargera de le surveiller. »

Je déjeune le lendemain dans un restaurant du bord de la route. Ma montre-thermomètre indique plus de 40 °C. Des hommes s'attablent avec moi et me posent des questions sur mon voyage. Cousu de fil blanc : je flaire les RG. De fait, le soir, au village de Churlukh, je revois les mêmes compères. Ils me questionnent, ne faisant plus grand mystère de leur métier : « Pourquoi n'es-tu pas passé par Quchan ? », « Qu'as-tu fait pendant cinq jours après Bojnurd ? »

Dans un paysage désertique, un peu à l'écart de la route, le caravansérail de Charaf, vieux de neuf cents ans, tombe en décrépitude. De par ses dimensions et ornementations murales, il conserve néanmoins du prestige. Je termine de marcher assez tôt à Gombadli, dernier village avant le poste frontière de Sarakhs, à encore trente-cinq kilomètres. L'altimètre incorporé à ma montre n'indique plus que 430 mètres. Les journées à venir promettent d'être chaudes. Le vent se lève en tempête. L'épicier du coin me conseille de m'abriter dans la mosquée mais la police locale, qui a reçu des consignes, préfère me loger chez le maire. Je me demande bien ce qu'ils ont pu lui raconter sur mon compte, parce qu'il se méfie au point de m'enfermer d'un tour de clé dans une pièce à l'air confiné, isolée du reste de sa maison, jusqu'à l'aube du lendemain. Je ne vois donc pas sa famille et n'ai pas d'autre échange avec lui que ce qu'il me lance en guise d'au revoir : *Inch Allah ke emruz garm nist !*

Dans la fournaise, une phrase m'obsède : « Plaise à Dieu qu'il ne fasse pas chaud ! » Je crois mourir sous le soleil brûlant de mon dernier jour de marche en Iran. Exténué, j'arrive à Sarakhs pour en repartir aussitôt dans la direction opposée, en bus. Juste avant le terminal de Machhad, le bus s'arrête. Personne ne sort : la police le bloque. Je comprends bientôt que c'est à cause de moi. L'homme qui monte dans le bus est trapu et, avec sa mine patibulaire, a l'air de s'être déjà souvent battu ! Il consulte une feuille et me demande mon nom avant de m'emmener en ajoutant : « Nous avons à discuter. » Son patron me lance en guise de bienvenue :

– Alors, *Agha* Philippe, je vous ai attendu tous les jours ici à la sortie du bus.

– J'avais pourtant bien précisé à vos hommes que je devais rentrer en bus à Machhad pour récupérer mon visa turkmène.

Il poursuit l'interrogatoire dans la voiture qui me raccompagne à l'hôtel. Je m'endors aussitôt après avoir pris ma première douche depuis six jours de marche. Ayant déjà mon visa ouzbek, je me résous à demander un visa de transit de cinq jours au Turkménistan. C'est peu pour traverser ce pays à pied, même en courant vite, mais suffisant pour aller dans la capitale et l'y faire prolonger. Quelles pertes de temps et d'énergie doit-on prévoir en marge d'un tel voyage !

L'Asie centrale

70° E.
Syr-Daria
tan
TACHKENT
Zaravchan
Pendjikent
DOUCHANBE
Samarcande
Tadjikistan
Kachgar
Opal
40° N.
Mont Kongur
7 719 m
lac Karakuli
Mont Muztagata
7 546 m
Pandj
Fayzabad
Pic Maïakovski
6 095 m
Akbilis
col d'Irchad
4 925 m
Sarhad
Taloqan
Tachkorgan
Echkachem
Sost
Nauchak
7 485 m
Kaleh e Pandjah
col de
Khundjerab
4 733 m
Yarkand
istan
KABOUL
70° E.

Vétéran sous l'œil du président Niyazov, à Achkhabad.

TURKMÉNISTAN
Route de la soif
28 avril - 24 mai 2000

J'entre en bus au Turkménistan par le poste frontalier le plus proche de sa capitale. À Achkhabad, j'obtiens une extension de visa d'une semaine. Elle ne me permet, hélas, toujours pas de franchir les quatre cent soixante kilomètres de Sarakhs à la frontière ouzbèke, dans ce pays composé aux quatre cinquièmes de déserts où la chaleur est intenable le jour. Les autorités turkmènes m'expliquent qu'il est absolument impossible d'obtenir une seconde prolongation. Je décide de rester dans la capitale pour essayer quand même de négocier. Après m'avoir d'abord accordé un semblant de soutien, l'intérêt de l'ambassade de France pour moi s'évanouit sans explication ni avertissement. Je m'en rends compte au bout de quelques jours de total abandon à mon incertitude. Je sollicite par téléphone l'aide du consul général de Russie à Marseille, Alexandre Choulguine, et de l'ambassade du Turkménistan en France. Ils m'assistent dans mes démarches, eux ! Grâce à leur intervention, la décision tombe : quinze jours de visa.

Saparmurat Niyazov, le culte du Turkmenbachi

Au moins cette semaine d'arrêt m'aura-t-elle permis de découvrir la capitale turkmène. Conséquence du fort tremblement de terre de 1948, Achkhabad n'a plus de monuments historiques. Après avoir arpenté les trottoirs défoncés des ruelles du centre-ville en évitant les tas de poubelles trop rarement ramassées, je découvre dans le quartier des bâtiments officiels une oasis de constructions modernes. Le palais présidentiel, qui en fait partie, s'en dégage par sa masse et sa coupole dorée à l'or fin. Sur la vaste place devant le palais se promènent des nymphes turkmènes en tenue traditionnelle venues se faire photographier devant les nouveaux monuments de la capitale. Pour financer ses travaux, ce pays, petit par sa population d'environ quatre millions d'habitants mais presque aussi grand que la France, a heureusement des réserves de gaz, sa principale source de devises, du pétrole et, surtout, le Turkmenbachi.

Nommé président à vie par le Parlement après avoir été désigné « premier héros du Turkménistan » en octobre 1992, Saparmurat Niyazov se fait appeler Turkmenbachi ou « chef des Turkmènes » (*bach* désigne en turc et en turkmène la « tête », le « chef »). Il s'emploie à être l'Atatürk de son pays. Il a déjà changé la graphie de la langue turkmène, passée de l'alphabet cyrillique à l'alphabet latin. Le culte de la personnalité, cher à l'ancienne Union soviétique, a trouvé en lui une nouvelle jeunesse. Après un séjour au Turkménistan, on ne remarquerait presque plus, en Iran, les portraits de Khomeyni et, en Turquie, ceux d'Atatürk. Le Turkmenbachi est en effigie sur tous les billets de banque et sur toutes les pièces de monnaie. Il est en incrustation dans le coin supérieur droit des deux chaînes de la télévision nationale et, si l'une est vouée à des programmes folkloriques, l'autre est essentiellement consacrée à ses discours quotidiens : il arrive ainsi qu'un ministre apprenne sa révocation sur le petit écran. Son portrait, en peinture ou en photo, est placardé sur tous les bâtiments publics, ministères, hôpitaux… et sur bien d'autres. En 1999, quand le Turkmenbachi grisonnant s'est fait teindre les cheveux en noir, il a fallu retoucher toutes ses représentations. Bonne affaire pour les imprimeurs et les peintres chargés de ce monumental lifting.

Les écoles, sources du savoir et du bien-penser, n'ont pas non plus été oubliées, avec le buste du Turkmenbachi et, sur la couverture de livres de lecture du primaire, la photo du président entouré d'enfants. Sur les murs des villes et villages fleurissent aussi des slogans qui montrent que le leader pense à son peuple. Sa maxime préférée prédit aux Turkmènes que le XXIe siècle sera leur siècle d'or. Le sentiment nationaliste est exacerbé à travers l'omniprésente devise : *Halk, watan, Turkmenbachi* –

« Le peuple, la patrie, le Turkmenbachi » – qui rappelle par trop le sinistre *Ein Reich, ein Volk, ein Führer* de l'Allemagne nazie. Le Turkménistan, autoproclamé neutre, est heureusement un pays assez inoffensif. Devant le palais présidentiel, la futuriste tour de la Neutralité, nouveau symbole de la nation, est là pour l'attester. Élancée comme une fusée et haute de soixante-quinze mètres, elle repose sur trois pieds. Depuis son sommet, un Turkmenbachi de douze mètres, plaqué or, règne sur le pays et se dresse bras ouverts aux siens et vers le soleil : un moteur sous la statue permet au leader charismatique d'être en permanence éclairé par l'astre souverain. À moins que ce ne soit le contraire ! Je n'en suis plus trop sûr depuis que je suis au Turkménistan.

Non content d'illuminer le centre de sa capitale, le président a laissé son empreinte jusque dans le désert. Une grosse météorite s'y est écrasée en 1998. Le président a vu dans la chute de ce rocher céleste un présage, un geste des cieux envers leur héraut terrestre. La météorite a donc fort opportunément été baptisée Turkmenbachi. Le président Niyazov a aussi fait rebaptiser Turkmenbachi le principal port du pays. Le plus grand stade d'Achkhabad s'appelle bien sûr « Complexe sportif Turkmenbachi ». Complexe de supériorité, sans doute ! Malgré ce, ou peut-être grâce à cela, nombre de Turkmènes de condition modeste apprécient leur Turkmenbachi et la fierté nouvelle qu'il leur a donnée. Tous ne sont pas dupes pour autant. Alors que je demande à certains de ses compatriotes si le Turkmenbachi passe tous les jours à la télévision, ils me répondent en riant : « Non, il y passe toutes les heures ! »

Cent kilomètres de désert à 40 °C

Il n'y a que dans le vaste désert turkmène que j'échappe au décor à la gloire de l'omnipotent président Niyazov. Mon précieux visa en poche, je retourne en bus à Sarakhs pour y reprendre ma marche, côté turkmène de la frontière. Dans le bus, je sympathise avec Orazgul, qui est médecin et s'est déjà rendue en France. Elle m'invite chez son frère cadet, Tchahari. Je m'amuse du manque d'originalité de certains prénoms au Turkménistan, comme Tchahari – « quatrième » en persan – ou Bechim – « cinquième » en turkmène, je pense –, néanmoins plus faciles à porter que Yeter – « cela suffit » – en Turquie, que ses parents voulaient sans doute voir rester le benjamin de leur ribambelle d'enfants. Le prénom de la fille d'Orazgul est plus poétique. Altin signifie « or ». Âgée de 4 mois à peine, elle est emmaillotée jusqu'au cou dans un drap blanc autour duquel est noué un ruban rouge, et ressemble ainsi à un superbe paquet cadeau. J'avais déjà vu en photo de tels carcans sur des enfants chinois ou mongols. Il est vrai que, comme les Turcs, les Turkmènes se glorifient d'avoir Gengis Khan et quelques terreurs de l'Occident parmi leurs ancêtres. L'homme turkmène, en général solidement charpenté, est bien le digne héritier des robustes cavaliers des steppes du nord de l'Asie, à l'opposé de l'image que l'on a du petit et frêle Asiatique.

Dans l'après-midi, Tchahari et son neveu Aziz me conduisent au bureau de police pour me faire connaître et enregistrer avant que je ne reprenne ma marche. Dans bien des pays anciennement communistes, la circulation des personnes est loin d'être libre. Comme au temps de l'Union soviétique, le citoyen turkmène dispose d'une carte de résident de sa région et n'a pas le droit d'aller chercher du travail ailleurs. Les contrôles routiers sont multiples et les amendes fréquentes. Tchahari et Aziz ont revêtu de beaux habits pour aller au commissariat. Ils me demandent de donner un coup de brosse à reluire sur mes fidèles chaussures Aigle, usées depuis le mois d'octobre par plus de 2500 kilomètres en Arménie et en Iran. Je crains que la brosse ne puisse pas faire grand-chose pour leur rendre leur lustre. Pour m'attirer la sympathie de la police, je mise plutôt, selon mon habitude, sur le fait de parler quelques mots de turkmène et la simplicité de mon mode de déplacement et, de fait, tout se passe bien. J'effectue ensuite des courses au bazar : une casquette neuve pour me protéger du soleil, deux pains consistants qui se conservent bien, des boîtes de viande et de poisson, du chocolat et d'autres aliments. Avec la nourriture et huit litres d'eau, mon sac dépasse mon maximum supportable de vingt-cinq kilos.

Nous passons une courte nuit sur un *kravat*, sous une treille. L'été venu, de jour comme de nuit, les Turkmènes se réfugient volontiers sur ce genre de lit, vaste estrade placée à l'extérieur. Dormir dehors dans la fraîcheur de la nuit leur permet de récupérer de la chaleur accablante de la journée. La hauteur de la plate-forme tient à l'écart des dormeurs la plupart des insectes rampants, et une moustiquaire les protège des fâcheux diptères qui sévissent la nuit.

Je quitte le domicile de Tchahari le 8 mai à 5 heures du matin. J'emprunte une route peu fréquentée qui débouche sur une piste au milieu des dunes désertiques pour rejoindre un lac artificiel. Je suis fin prêt pour la centaine de kilomètres de désert qui me sépare de la grand-route Achkhabad–Mary–Tchardju–Boukhara. Après, ce sera encore le désert mais sur une route goudronnée avec du trafic automobile et des villages épars.

Vingt kilomètres plus loin, un *traktorist* m'appelle. Je lui tends ma main qu'il aborde par un ample mouvement circulaire de son bras droit. Sa paume claque dans la mienne et, pour me témoigner encore plus chaleureusement que je suis le bienvenu, Chikhi agrippe avec son énorme main gauche ma main droite prise dans cet étau de l'amitié. Je salue ensuite ses cousins à qui il est venu rendre visite. Djuma Yusupov, 31 ans, et son frère Begentch, au visage poupon et souriant, sont tous deux nés au kolkhoze voisin. Ils élèvent des bovins. Je ne donne guère plus de 15 ans à Begentch mais il en a 18 et est déjà marié à une très jeune femme au teint clair, Yarigul. Sa mère, Ogulbibi, reste rayonnante à 60 ans, plus encore par sa joie intérieure éclatante que par ses pendentifs turkmènes de cuivre lustré, rehaussés de pierres rouges et vertes. Les femmes en tenue de couleur, ici comme à Achkhabad, m'adressent la parole en riant, sans crainte ni retenue, et me posent des questions ou m'offrent des graines de tournesol. Quel changement et quel bonheur après l'Iran !

Voyant que le soleil progresse vers le zénith et que j'ai l'air fatigué, Ogulbibi et ses enfants m'invitent à me reposer dans leur maison. Sans m'en rendre compte, épuisé par la chaleur, je m'endors pour trois heures. Lorsqu'ils me réveillent, un gros plat de mie de pain humidifiée, de macaronis et d'une espèce de pois mélangés est déjà servi. Rien de très typique sans doute mais c'est tout à fait la nourriture qu'il faut pour travailler dans les champs ou pour marcher jusqu'en Chine.

– Quelle chaleur, dis-je. Il fait plus de 40 °C.

– C'est rien. Entre fin juin et début août, la température dépasse 50 °C, parfois 55 °C !

Malgré ces propos que je résume à : « Tu as de la chance, ça pourrait être pire ! », je repars vers 15 heures 30 dans ce qui est pour moi la géhenne turkmène du mois de mai. Je maudis à nouveau la police religieuse iranienne qui m'a retardé d'un mois. En comptant les deux semaines nécessaires à l'obtention du

Ogulbibi et ses filles, à l'orée du désert du Karakoum.

visa turkmène, je traverse le Turkménistan bien plus tard que prévu dans mon plan de route initial. Djuma m'avait signalé la présence d'une maison : « Entre douze et vingt kilomètres d'ici, à droite de la route quand tu verras un léger virage. Tu pourras y trouver de l'eau. Attention, elle n'est pas visible depuis la route. » Je bois donc en comptant sur cette maison. Je bois, je bois, je bois. Ma réserve d'eau diminue mais, au moins, dans le même temps, mon sac s'allège. Je progresse sous un soleil de plomb et, bien après 18 heures, aperçois des traces d'animaux récentes à côté d'une citerne abreuvoir : d'habitation point, ni personne. Je quadrille les alentours en hurlant mais pas le moindre aboiement de chien en réponse à mes cris. Rien ! Pas de chien, pas d'homme, pas de maison et surtout pas d'eau ! Mes ravitaillements en eau étant planifiés, en rater un m'inquiète. Pour économiser le précieux liquide, j'avance donc le plus possible dans la nuit car, quand je marche ainsi sous 20 °C et non en plein jour au-dessus de 40 °C, j'en consomme cinq fois moins. Le hurlement des chacals résonne dans le profond silence nocturne. Ils ont la réputation d'être inoffensifs. Lorsque vers minuit je me glisse dans mon sac de couchage, je passe quand même la lanière du couteau autour de mon poignet. Si un danger animal me guette, il vient en réalité des scorpions, des araignées et surtout des serpents, animaux à sang froid pour lesquels mon corps étendu est d'abord une source de chaleur. L'attaque vient finalement du ciel. En cette nuit à la belle étoile turkmène, je suis dévoré par les moustiques. Ils pullulent au bout du canal d'irrigation aménagé pour la culture du coton près duquel je bivouaque sans le savoir.

Le lendemain et une dizaine de kilomètres plus loin, je trouve une maison dont je connaissais l'existence. Elle est occupée, l'été, par quelques cotonniers. Au bout d'un canal, je puise de l'eau, croupie, je le crains. Personne ne boit jamais d'eau fraîche ici, on la fait bouillir pour le thé. Je me contente d'y verser des gouttes de désinfectant. La précaution est insuffisante pour m'éviter des troubles digestifs, qui augmentent d'autant mes besoins hydriques.

Tempête de sable

Après une sieste et un brin de toilette dans le canal, je quitte la route principale pour m'engager sur la piste du village de Mala Hauz Han. À 18 heures 30, une heure avant le coucher du soleil, il fait toujours plus de 40 °C. Je profite de la fuite d'une énorme canalisation pour prendre une douche tout habillé. J'approche peu à peu du réservoir car apparaissent çà et là des épineux et, bientôt, des buissons isolés. Souvent ici, après des journées trop chaudes, à la tombée de la nuit, la brusque baisse de la température déstabilise la pression atmosphérique et provoque des tempêtes de sable. C'est le cas ce soir. Le fort vent qui souffle, tantôt du nord, tantôt de l'ouest, me cingle le visage : je reste aveuglé par tout le sable qu'il charrie. Dans la nuit noire à présent, une masse sombre se précipite sur moi. Je repense au loup. Trop petit, ce doit être un de ces chacals prétendument inoffensifs. Quelle rapidité ! Il va se jeter dans mes pieds. J'ai une brusque décharge d'adrénaline, avant de lui asséner un magistral coup de bâton. Surprise… mon agresseur s'envole avec la légèreté d'une balle de golf. Ce n'était qu'une boule d'épineux déracinés. D'autres chimères nocturnes tâtent encore de mon bâton, puis je m'habitue à ces facéties du vent.

Des éleveurs de dromadaires kazakhs vivent, m'a-t-on dit, un peu à l'écart de la piste. Je suis fasciné à l'idée de les rencontrer. J'avance donc toujours dans la nuit en guettant aussi loin que je peux leur lumière éventuelle, mais le vent redouble d'intensité et aucun fanal n'est là pour me guider. Une rafale plus cruelle que les autres arrache même mes lunettes, seule protection de mes yeux. À tâtons dans le sable, je ne réussis pas à les retrouver. Au moment où je décide de bivouaquer sur place pour les rechercher à l'aube, je marche dessus, heureusement sans les casser. Je reprends donc ma quête des « dromadairiers » dans cette ondulation sablonneuse qui n'excède guère vingt mètres de haut. C'est toutefois juste assez pour m'empêcher de voir à quelque distance. Après une heure supplémentaire d'un tel supplice, il est bien tard pour déranger le Kazakh qui aurait planté sa maison au milieu des dunes. Qu'à cela ne tienne, la végétation est devenue assez dense pour qu'un buisson volumineux m'offre un abri convenable contre le vent et le sable. Je m'empresse de me calfeutrer dans mon sursac de bivouac. J'espère que la tempête force aussi la faune, et notamment les moustiques sanguinaires, à se blottir dans ses repaires. Je dors profondément jusqu'à 4 heures 30. La condensation qui s'est formée dans mon sursac me réveille. J'ai froid. Je ne connais pas de meilleur moyen de me réchauffer que d'attaquer ma journée de marche.

Le jour levé, quelques étonnantes guirlandes dessinées sur le sable me font penser à des sautillements d'oiseaux. Elles s'avèrent être les traces de gros scarabées noirs, décorateurs de désert dotés d'un sens inné de l'esthétique. Lorsque, plus loin, je tombe sur des preuves du passage de dromadaires, ces mêmes scarabées, marchant à reculons, arc-boutés sur leurs pattes avant, sont affairés à pousser des boules de crottin deux à trois fois plus massives qu'eux avec leurs pattes arrière. Qu'en font-ils donc ? S'agit-il d'un nid où ils pondent leur progéniture ou d'un garde-manger pour les temps difficiles ?

J'en suis là de mes considérations très terre à terre sur la nature quand je remarque à environ deux cents mètres de moi une espèce d'antilope occupée à déguster un buisson. J'arrive contre le vent. Elle n'a pas senti ma présence. Je m'immobilise pour l'admirer mais la belle me repère et s'enfuit. Un tableau si simple et harmonieux m'emplit de tant de joie et de sérénité que je suis prêt à beaucoup d'efforts pour retrouver cette beauté gracile dans son environnement naturel. J'en oublie ma route pour suivre ses empreintes et scruter l'horizon à sa recherche, mais ma quête reste vaine et mon regard se perd dans les dunes parsemées d'épineux.

Vers midi, je n'ai toujours pas vu le lac artificiel. À l'ombre d'un arbuste, fatigué, je fais un point à la boussole et avec ma carte à grande échelle. La piste que j'ai empruntée s'éloigne du lac. Elle mène certainement à un autre village, mais pas avant cinquante kilomètres sans le moindre habitant ni eau. Cela tombe mal : il fait très chaud et ma provision de liquide est épuisée. J'aurais dû bifurquer plus tôt sur ma gauche pour rejoindre le village de Mala Hauz Han. Je me suis trop obstiné à gravir encore et encore le sommet de la prochaine dune en espérant découvrir une habitation derrière. J'appuie ma course vers l'ouest. Heureusement, le toit d'une maison ne tarde pas à se dessiner. Il est 13 heures quand, enfin, je lance en russe un *Zdrasvoite*, salut et cri d'espoir de voir quelqu'un dix-neuf heures après ma dernière rencontre et mon dernier point d'eau.

Dégingandé, Mohamed Nurgeldiyev sort nonchalamment d'une baraque, heureux de recevoir une visite. Comme les planteurs de coton, il habite en temps normal loin d'ici, dans la préfecture de Mary, avec sa femme et ses enfants. Il veille sur quinze mille moutons en compagnie de collègues qui ont accompagné les bêtes aux champs. Peu causant mais toujours souriant, il m'offre bien sûr du thé avec un morceau de son énorme pain granuleux, sans doute fait de blé mal moulu. Ce pain est extrêmement nourrissant. Il est le parfait complément du tribut à la prospérité de l'industrie agroalimentaire internationale dont je peux enfin me délester : une boîte de conserve produite en Italie, achetée au Turkménistan et sur laquelle figure un cow-boy américain au milieu de caractères cyrilliques. Une inscription en anglais précise : *« Pressed beef – 400 grams »*. Mohamed ne veut pas y toucher et me laisse tout dévorer.

Au pays des dromadaires

Après la sieste, devenue par nécessité une habitude lorsque le soleil est au zénith, je repars pour Mala Hauz Han. Je franchis trois ponts. Sur le troisième, je croise deux Kazakhs. Des éleveurs de dromadaires. Enfin ! Pour mon plus grand ravissement, ils m'amènent chez eux. Il n'y a pas plus d'une vingtaine de maisons dans leur village mais des enfants y courent en tous sens. Mon arrivée crée une nouvelle fois l'effervescence. Suivi par une nuée de bambins, je découvre les troupeaux d'animaux à l'air préhistorique. Dos gibbeux, cou interminable et tête ahurie avec de gros yeux globuleux qui me fixent curieusement et une bouche qui mastique sans relâche des herbes et des épineux selon un ample déplacement latéral de la mâchoire inférieure… Tout me paraît irréel. Je caresse doucement une femelle, avec méfiance car elle pourrait me mordre ou me cracher à la figure comme le lama, son lointain parent d'Amérique du Sud. J'en ai vu régler leurs comptes avec leurs voisines, à grands coups de soles. Toutefois, elles restent généralement douces avec les hommes pour peu qu'ils n'importunent pas leurs petits. Il vaut quand même mieux éviter de rester derrière. J'essaie aussi de caresser un bébé d'une dizaine de jours. Il est rétif et joue en faisant des sauts de… cabri.

– La femelle est prisée pour son lait, m'explique Jolaman Ablayev, mon guide dans cet univers. Nous, en Asie centrale, on aime beaucoup les produits laitiers : lait fermenté, beurre, mousses, yaourts. On les fait avec du lait de dromadaire, de brebis, de chèvre, de vache ou parfois de jument et on les mange accompagnés de pain cuit dans nos *tandor*. Par tradition, chaque maison turkmène confectionne son pain. Certaines HLM de la capitale ont un four collectif.

Gardien de dromadaires sur une piste à Merv.

– Combien de temps vit un dromadaire ?

– La femelle vit entre 20 et 30 ans, parfois davantage. Dès l'âge de 3 ans, elle met bas tous les deux ans après une gestation de douze mois, puis elle allaite pendant dix-huit mois. Après, elle a encore du lait jusqu'à la naissance suivante mais le petit n'en boit plus. C'est tout pour nous. L'espérance de vie du mâle est nettement moins grande. Il suffit d'en avoir un pour un élevage de trente à cinquante femelles. On sélectionne les plus robustes pour la reproduction. Les autres partent à la boucherie.

– Combien vaut un dromadaire ?

– Dix à quinze moutons. Le prix d'une femelle, c'est environ trois cents dollars au Turkménistan et sept cents au Kazakhstan. Le mâle est souvent plus massif. Il coûte plus cher.

Le propriétaire d'un élevage d'une centaine de dromadaires est assurément un bon parti dans un pays où les salaires varient le plus souvent de trente à cinquante euros mensuels.

Nous nous déchaussons pour rentrer chez Jolaman. « Environ sept chamelles pour une jolie femme », me dit-il, l'œil malicieux en me présentant Asyam – « belle » –, son épouse. La plaisanterie la fait rire. Elle a huit ans de moins que son mari. Jolaman a la peau jaune d'un Asiate. Il est trapu et, l'air serein, sourit d'être mon hôte pour la soirée. Nous nous installons, comme on aime le faire dans cette partie du monde, couchés sur les tapis avec un ou deux moelleux coussins sous le coude pour plus de confort. Les deux enfants du couple, Kemal, 6 ans, et Gulmari, 2 ans, m'observent. Les Turkmènes aiment donner à leurs filles des prénoms incluant le mot *gul* – « fleur » – pour évoquer une fragilité presque surannée dans notre monde occidental. Le plat de viande est posé sur une nappe à même le sol et notre dîner est agrémenté de gousses d'ail dans lesquelles nous mordons à pleines dents.

– Au départ, je suis ingénieur en techniques d'irrigation mais je me suis reconverti comme chamelier. Avec Asyam, on a également la responsabilité de l'enseignement dans l'école primaire du village.

– Mais tu es kazakh. Que fais-tu au Turkménistan ?

– C'est mon père qui, enfant, est venu du Kazakhstan avec sa famille. Il a 70 ans mais il aime toujours s'occuper de son jardin potager et des dromadaires. Il habite à côté. On le verra demain matin. Il se couche tôt.

Je sais que dans la première moitié du siècle de nombreux Kazakhs et d'autres peuples d'Asie centrale ont été déplacés de force pour développer certaines régions de l'ex-Union soviétique et aussi, bien sûr, au nom du célèbre : « Divise, afin de régner », qui a été pratiqué avec succès. Le repas terminé, la nappe est repliée autour du pain pour le mettre hors d'atteinte des mouches, et les convives se réfugient dehors, au frais sur leurs estrades, sous les moustiquaires.

Le lendemain, je retrouve la route principale Achkhabad–Mary–Turkmenabad, où se dressent d'exotiques panneaux triangulaires à bord rouge : « Danger ! Traversée de dromadaires ! » Il arrive qu'un chauffeur de bus habitué à happer quelque piéton au passage ralentisse à ma hauteur et, par la porte ouverte, me lance : « Monte ! » Je refuse comme d'habitude quoique, dans cette zone désertique, ce soit encore plus surprenant qu'ailleurs. Aussi reste-t-il interloqué, persuadé qu'il est que je n'ai pas assez d'argent pour m'offrir l'autobus.

– Ça ne fait rien ! Tu ne paies pas !

– Merci, mais je préfère continuer à pied.

Il est décidément difficile de faire comprendre les raisons de mon vœu d'aller à pied de France en Chine. Ici, les chemineaux sont trop pauvres pour voyager en voiture, en bus ou à bicyclette. Quant à moi, je n'ai même pas d'âne, ce fameux compagnon de route, têtu mais fidèle, de bien des agriculteurs et des voyageurs. Les automobilistes qui s'arrêtent pour discuter ou m'offrir des fruits et de l'eau, leur surprise passée, me gratifient d'encourageants *Molodets !* – « félicitations ! » en russe – ou d'autres louanges en turkmène.

« Je devais épouser cette fille inconnue. »

Lors d'un jour de repos à Mary, j'ai la chance de rencontrer de sympathiques touristes américains pilotés par un guide turkmène prénommé Ilias. Je me joins à eux pour visiter le musée d'histoire et d'ethnologie. Il est situé dans ce qui était autrefois la maison d'un riche commerçant. Des poteries témoignent de la naissance d'une société structurée très ancienne, la « culture du Murghab ». Née dans le voisinage du fleuve éponyme, elle est ici considérée comme l'égale des grandes civilisations de l'Antiquité connues en Égypte, en Mésopotamie, en Inde ou en Chine. Le développement de l'artisanat est illustré par des tapis aux couleurs chatoyantes, comme ceux des Tekke, la principale tribu du Turkménistan. Ils sont ornés de formes elliptiques, et leur couleur dominante est le rouge. En Occident, on leur attribue souvent de manière quelque peu erronée la désignation générique de « tapis de Boukhara ». L'œil du visiteur est également attiré par l'exposition d'anciens habits d'enfants sur lesquels deux cordelettes sinueuses symbolisent des serpents pour éloigner le mauvais œil, de peaux de dromadaire qui servaient à confectionner des vêtements que seuls les hommes avaient le droit de porter, et de la panse d'un mouton dans laquelle la viande est conservée deux à trois mois sous le sable, dans un endroit ombragé.

Mais le plus intéressant et surtout le plus vivant de ce que nous raconte Ilias est l'histoire de son propre mariage : « Mes parents se sont d'abord réunis avec des proches pour décider qui ferait la meilleure épouse pour moi. Ils ont ensuite informé de leur souhait les parents de l'élue. Les deux familles se sont accordées sur la nature de la dot à payer par mes parents : étoffes, moutons, vaches, dromadaires… Le montant est généralement compris entre mille et trois mille dollars, auxquels s'ajoutent les bijoux et la garde-robe de la promise. Quand ils ont trouvé leur accord, j'ai été informé que je devais épouser une fille que je n'avais jamais vue. J'ai donc pris mon courage à deux mains pour aller la voir, me présenter et lui demander si elle en aimait un autre. Le fils turkmène ne peut rien refuser à son père, surtout pas son mariage mais, s'il l'avait fallu, j'aurais été prêt à lui expliquer que l'union était impossible. Heureusement son cœur était libre et j'ai été comblé par ce choix. » Ils se marièrent donc et eurent beaucoup d'enfants.

L'histoire d'Ilias, racontée avec beaucoup de spontanéité, est à la fois belle et étonnante. C'est celle de la plupart des mariages dans cette partie du monde, à laquelle je repenserai sur la route de Merv, plutôt content de notre liberté amoureuse en Occident. Elle est, après tout, assez récente. Il y a moins d'un siècle, nous connaissions encore en France, nous aussi, les mariages de raison, les dots et les trousseaux !

Après la visite, les touristes américains m'offrent un verre et nous parlons de la politique des États-Unis dans la région. À l'idée que leur gouvernement ait pu jouer le rôle d'instigateur de la guerre Iran–Irak ou soutenir le Pakistan dans la mise en place du régime taliban, ils opposent, eux qui pourtant voyagent à l'étranger, avec une candeur déconcertante ou une ingénuité affligeante, que jamais leur pays ne serait capable d'une telle rouerie. Seul Jim, retraité de l'industrie pétrolière, ne dit mot, sans que je sache s'il est approbateur ou critique. Je serais ingrat de prétendre que les États-Unis interviennent toujours à mauvais escient hors de leurs frontières. Je n'oublie pas, en tant que Français, que nous leur devons d'être sortis victorieux et libres de la Seconde Guerre mondiale. Je voudrais seulement qu'ils comprennent depuis leur citadelle établie sur un éperon de richesse combien de ressentiment l'égoïsme et la volonté de s'arroger toujours plus de pouvoir peuvent provoquer dans l'océan de pauvreté qu'ils surplombent.

Bien sûr, je préfère que le monde soit dirigé par les Américains qui partagent dans une large mesure notre culture que par des « barbares », mais n'existe-t-il pas de juste voie intermédiaire pour que tous les peuples attachés à leur terre aient assez à manger, disposent du droit à l'éducation et goûtent la paix ? La mondialisation doit permettre le progrès de l'alimentation, de la démocratie, de l'enseignement, de la santé et de l'hygiène ainsi que la création d'un système économique équitable, qui feront pencher la balance du bon côté car, à une époque où des États instables ou dictatoriaux ont accès à l'arme nucléaire, le dialogue des cultures apparaît plus que jamais indispensable.

Bien des hommes et des sages ont prôné ce dialogue. Déjà, des Grecs comme Alexandre le Grand, mécène et conquérant, croyaient à l'enrichissement réciproque des cultures. La civilisation du Gandhara au Pakistan, avec ses bouddhas hellénistiques en est le fruit. Plus près de nous, le président Senghor, fier de sa sensibilité africaine et de sa négritude autant que de son éducation française, n'a-t-il pas inlassablement répété son espoir d'une « civilisation de l'universel », où les hommes s'enrichiraient mutuellement au travers des arts ? Des personnalités aussi diverses que le secrétaire général de l'ONU, le directeur général de l'UNESCO, le président iranien Khatami, le pape ou le dalaï-lama semblent défendre à l'unisson ce principe d'échange et de sauvegarde du patrimoine vivant. Là où il y a de la vie…

Labour de printemps dans les champs du sovkhoze Teze-Yol.

À Merv, aux toilettes avec un serpent

Le surlendemain, au lever du soleil, j'arrive sur le site antique de Merv, une ancienne ville-étape sur la route de la soie. La coupole de son principal monument, le mausolée du sultan Sandjad, vestige de l'architecture seldjoukide, est haute de trente-huit mètres. Au début du XIIe siècle, elle était surplombée d'une seconde coupole vernissée culminant à quarante-six mètres et visible à une journée de marche. La capricieuse rivière Murghab ayant changé son cours avec les siècles, Merv s'est vidée de sa population. Ici, à des époques différentes, cinq fortifications ont été juxtaposées (et non superposées en tell, phénomène courant au Proche-Orient comme à Damas et à Jérusalem). La construction de la première ville fortifiée remonte au VIe siècle avant Jésus-Christ. Elle a certainement fait partie des conquêtes d'Alexandre le Grand. Après une période d'influences zoroastrienne, bouddhiste et chrétienne, Merv passe sous celle de l'islam et connaît sa plus grande splendeur aux XIe et XIIe siècles en tant que capitale seldjoukide.

Son malheur et sa chute surviennent avec Tolui, fils de Gengis Khan, qui l'assiège trois ans après que son sultan a tué des émissaires mongols venus lui demander ses plus jolies femmes en plus d'un important tribut en blé. Croyant avoir négocié avec succès la vie sauve pour ses citoyens, le sultan, victime d'une fourberie, assiste à leur massacre par les envahisseurs. Les Mongols font mine de se retirer puis reviennent trucider les survivants qui avaient fui la première fois. Plus tard, sous tutelle perse, Merv regagne son indépendance, avant d'être conquise par les Russes en 1890.

À 6 heures du matin, Merv est bien déserte. Je suis le seul touriste sur place. Je me rends auprès du gardien du mausolée, Tchahari Yar, un vétérinaire détourné de sa profession par les difficultés économiques. Entre le mausolée et le conteneur dans lequel il a dormi, il nous prépare du thé. Saisi par un besoin pressant, je file vers l'abri en bois de quatre-vingts centimètres de côté, au plancher troué, qui sert de toilettes. Je m'y installe dans la position idoine, la main en appui sur la cloison arrière. Ma besogne accomplie, je saisis le broc d'eau et vois une forme ronde à cinq centimètres de mon pied droit. Je regarde mieux : c'est un serpent, lové contre le mur, indifférent à ma présence. Sachant que la morsure de nombreux reptiles de la région est mortelle et convaincu qu'il vaut mieux trépasser dans son lit que dans des toilettes, je me précipite dehors, pantalon baissé, en ouvrant la porte d'un coup et en criant en turkmène : Tchahari ! Tchahari ! *Gel! gel!* – « Viens ! viens ! ».

Afin d'éviter tout malentendu, j'ai la présence d'esprit de relever mon pantalon avant que Tchahari n'arrive. D'un air très détaché, il chasse le reptile avec un fil de fer. Il doit insister car l'importun n'a pas du tout envie de quitter un lieu aussi pittoresque. Enfin déplié – il mesure une quarantaine de centimètres –, il se glisse entre les planches. Je peux donc terminer ma toilette, à demi rassuré, avant de retrouver Tchahari pour le thé. Quelques-uns de ses amis nous ont rejoints et profitent de l'anecdote. Ils ont droit à une version du genre : « Il y avait un serpent quand il était aux toilettes. Tu aurais dû voir sa tête ! », aussi rions-nous tous de ma mésaventure autour d'une nouvelle tasse de thé. Dorénavant, lorsque j'entre dans des toilettes au Turkménistan, je vérifie toujours que je suis seul et je gage que cette sage précaution va me poursuivre un bout de temps.

Après ces émotions, je vais me promener à l'intérieur de la citadelle, dont seules subsistent les murailles, en faisant attention où je pose les pieds, mais je ne croise plus que quelques sympathiques dromadaires. Je repars du mausolée vers 18 heures pour rejoindre, plus à l'est, la vieille forteresse de terre de Guyaur, dont je gravis les remparts d'une vingtaine de mètres de haut. J'y suis transporté dans un azur aux franges incandescentes et contemple jusqu'à son dernier acte un merveilleux coucher de soleil sur le mausolée. Chacun de mes matins turkmènes me fait pareillement renaître devant l'immense orbe rougeoyant qui sort de terre. Ce soleil levant, symbole de l'Est, vers lequel je marche d'un bon pas sans jamais l'atteindre, est mon illusion enchanteresse. Je le dépasse à midi, lorsqu'il est plus proche que jamais au-dessus de ma tête mais toujours hors de portée. Le soir venu, son disque se pose derrière moi sur la ligne d'horizon et se fond en elle. Malgré l'absence de nuage l'instant d'avant, il compose dans le ciel la toile écarlate d'un soir comme pour mieux se faire regretter. Au même moment, tout là-bas, en France, il fait grand jour !

Juste après l'escamotage du soleil, il y a heureusement encore un peu de jour : mes pieds se posent souvent près de serpents écrasés sur la chaussée mais au bord de la route

Torpeur méridienne sur le marché de Turkmenabad.

j'en vois un autre, fin, long de plus d'un mètre, imperturbable malgré le passage de deux camions juste à côté de lui. Il a dû être tué par une voiture. Je veux m'en assurer en lui jetant quelques pierres à distance. Mes projectiles l'effleurent et rebondissent entre les méandres de son corps sinueux. Il ne bouge pas. Je m'avance donc pour le prendre en photo mais, apparemment, même les serpents morts n'aiment pas les coups de flash. Le mien a le don de le ressusciter. Je file à toutes jambes, sans scrupule d'avoir ce gros avantage sur lui. À la nuit tombée, je foule avec circonspection la route nervurée par les gerçures de l'hiver et les brûlures de l'été. Je tâte de mon bâton les trompeuses irrégularités du revêtement. Les formes sombres et ondoyantes que j'aperçois aussi sur l'asphalte ne sont que des courroies de transmission usagées venues finir leur carrière au bord de cette route turkmène.

À chacun son tour de terroriser l'autre : au point du jour, en me voyant, un lièvre détale à grands bonds saccadés. Jaloux du repos immobile des lézards au soleil, je marque, moi aussi, quelques pauses à l'occasion desquelles j'observe le rat du désert. Il se réfugie d'habitude dans son réseau de galeries souterraines lorsque point l'ombre d'un prédateur ailé ou la silhouette d'un bipède, mais les individus les plus courageux me laissent les approcher à trois ou quatre mètres. Comme un écureuil, cet animal se campe parfois sur son arrière-train. Ses pattes sont courtaudes, contrairement à celles de la gerboise saharienne. Il fixe alors ses visiteurs avec curiosité, battant l'air de ses pattes avant. J'ai mis un certain temps à me rendre compte que c'est lui que j'entendais régulièrement siffler, et non un oiseau invisible, et son chant agréable est sans doute un outil de séduction au printemps.

Au café de la Blanche Colline

Chaque jour, vers midi, je cherche un endroit pour faire la sieste. Il y a des villages tous les quinze ou vingt kilomètres, ce qui me permet de diviser ma journée de marche en deux étapes sensiblement égales. À l'entrée du village d'Utchadji, une pancarte indique un café à cent mètres. Rien d'autre ne le signale parmi les maisons espacées. J'entre donc dans ce qui me semble être l'établissement : une pièce avec une seule table basse. Une femme âgée dort par terre. J'ai dû me tromper. Je ressors.

La beauté et son double, au kolkhoze Farap.

Les fils de la maison, Tchahari et Gadam, accourent : « Si ! Si ! C'est bien le café ! » On m'y sert du thé et une bonne soupe avec du pain. Le père de mes deux guides, Annali Mehmedkuliyev, nous rejoint : un Asiate avec prénom local et nom musulman russifié, c'est courant ici. Souriant, âgé de 71 ans, Annali a une superbe barbe poivre et sel qui semble prolonger à partir de son menton l'énorme toque de poil de mouton qui lui couvre la tête.

Il a appelé son café Agh Tepe – la « blanche colline » –, cocasse exagération lorsqu'on regarde la timide excroissance du relief juste avant le village. Elle se hisse péniblement à une dizaine de mètres au-dessus du paysage alentour. Fatigué de mon effort en pleine chaleur, je m'affale avec la permission du propriétaire et m'accorde quatre heures de sommeil, indifférent au passage du rallye automobile Paris–Pékin et à son inhabituel vacarme de moteurs, que l'on commentera à mon réveil. Je trouve amusant d'avoir dormi alors que fonçaient ces voitures vrombissantes. Il n'y avait au fond aucune raison que se rencontrent ceux dont l'objectif est d'expédier leur voyage le plus vite possible et celui dont le souhait est de prendre son temps pour apprécier les contrées qu'il traverse et leurs habitants. Sommeil et marche à pied sont les deux piliers de mon éloge de la lenteur !

Annali refuse de faire payer le seul client qu'il verra peut-être de la journée dans son café de la Blanche Colline, et ce malgré l'insistance de celui-ci. M'étant remis en route, je salue mes bienfaiteurs aux manières de seigneurs qui, près de leurs dromadaires, me regardent m'éloigner.

Fidèle à mes habitudes quand le soleil devient trop agressif, je m'attable au café Kik, près de Repetek. Nous sommes le 20 mai, vers 11 heures. Après avoir mangé, j'envisage de me reposer sur une estrade installée dans l'arrière-salle du café. Je m'allonge. Horreur : toutes les mouches de la Création se sont donné rendez-vous en ce lieu. Elles tapissent les vitres et recouvrent le plafond. Une escadrille m'a repéré. Elle fond sur moi. Ses voltigeuses me courent maintenant sur les bras. Elles parcourent mon front et, sans gêne aucune, me chatouillent les paupières en passant de l'une à l'autre sans être arrêtées par l'obstacle de mon nez… Impossible de dormir. Et il fait si chaud ! C'est la guerre d'usure des mouches contre le marcheur : non contentes de me perturber lorsque je veux avancer, d'envahir ma nourriture lorsque j'ai faim, elles veulent aussi m'empêcher de récupérer. Je me lève sans avoir dormi. Je déteste les mouches, je les hais et vais le dire à Rozmehmet, le patron du café. Pour me consoler après cette lutte perdue d'avance contre un adversaire en surnombre, il m'offre une soupe avant que je ne reprenne la route en fin d'après-midi.

« Pour mille dollars, tu peux avoir cette femme ! »

Le 22 au matin, j'arrive à Turkmenabad, encore appelée Tchardju sur de nombreuses cartes. C'est une ville assez insipide, s'il n'était son marché coloré. La plupart des articles – vêtements, lunettes de soleil, etc. – sont assez ordinaires hormis les toques en peau de mouton, les tapis et les robes turkmènes. Des vendeuses plus fortunées que la moyenne fuient la chaleur en se réfugiant sous des tentures blanches. Les rares clientes, elles, passent sous des ombrelles.

Après un jour de repos, je franchis au nord de la ville l'impressionnant Amou-Daria, qui s'appelait aussi Oxus dans mes cours d'histoire et de géographie. Au point du jour, la lumière rasante donne de belles ombres effilées aux vélos et aux cyclistes qui empruntent son pont. Il ne fait pas encore trop chaud et c'est un merveilleux moment pour marcher. La frontière ouzbèke n'est plus qu'à une trentaine de kilomètres. Un peu plus tard, je croise quelques agriculteurs, hommes et femmes de tous âges. Une vieille femme essaie de me marier à une jeunette de 20 ans, prénommée Gulan, je crois. Son visage est charmant et elle est apparemment consentante.

– Pour mille dollars, tu peux l'avoir !

– J'ai déjà 36 ans. Je suis un peu âgé pour elle. Et vous, vous êtes mariée ?

– Mais moi, j'ai 73 ans, me répond-elle en riant.

Une autre fille, plutôt rondelette et aux membres épais, me convoite du regard. C'est mon jour de chance : son sourire plein d'espérance expose sa bouche bardée de dents en or comme les peuples d'Asie centrale les affectionnent. Âgée de 25 ans, elle n'a pas encore trouvé de conjoint, et c'est déjà bien tard pour se marier. Lâchement, je m'enfuis avant d'avoir à repousser une nouvelle demande et à faire de nouveau preuve de goujaterie. Eh bien, je l'ai échappé belle ! Je suis toujours célibataire et j'ai de nombreux kilomètres et pays devant moi pour réfléchir à la nationalité de la femme idéale.

Nécessiteux sur le châlit d'une tchaïkhane à Boukhara.

OUZBÉKISTAN
Émerveillement à Boukhara et Samarcande
25 mai – 27 juin 2000

Je viens de passer une frontière de plus. Je prévoyais de couvrir la centaine de kilomètres qui me sépare encore de Boukhara en trois jours. Très éprouvé par la chaleur d'un été en avance sur le calendrier, j'ai maintenant hâte d'arriver dans cette ville importante. Je pense au repos que je vais m'y accorder et aux visites qui m'y attendent. Il va me falloir non pas trois mais quatre jours et demi pour l'atteindre. Au hasard de ma route, je reçois heureusement de cordiales invitations comme celle des pompiers de Karaköl – le « lac noir ». La soupe qu'ils servent à leur tablée de sept ou huit personnes me rend autant de force que ce que chacun des membres de l'équipe s'évertue à me dire sur ce qu'il sait de la France et tout le bien qu'il en pense :

– Alexandre Dumas, *Le Comte de Monte-Cristo* ! lance l'un.

– Joe Dassin ! continue un autre.

– Pierre Richard ! surenchérit un troisième.

Le renom de la France et la sympathie qu'elle suscite en Ouzbékistan et dans la majeure partie de l'ex-Union soviétique reposent sur des figures marquantes à divers titres, comme celles de ces trois personnages. Une image plutôt démodée !

À peine suis-je reparti vers Boukhara après cette agréable pause que je suis à nouveau arrêté, cette fois par un sympathique Américain, Mitch, et son logeur ouzbek, Alaverdin. Ce dernier fait préparer des *kada tchutchuvara* par sa femme, Olsiya, qui est bibliothécaire à l'école du village. Ce sont des raviolis fourrés de salade plus petits que les *manti* que j'ai mangés au Turkménistan et qui, eux, le sont généralement de viande. Chinois et peuples de l'Asie centrale s'en disputent, comme pour les nouilles, la paternité, que revendiquent aussi les Italiens. Qu'importent ces querelles pourvu que je me régale avec la préparation culinaire de mes hôtes !

Le *Peace Corps* Mitch est un brave homme. Généreux, originaire de Minneapolis, il a rejoint l'équipe des agents de coopération des États-Unis. Après sept ans d'armée et des études en sociologie et criminologie, Mitch s'offre une parenthèse avec cette mission d'enseignement de l'anglais aux écoliers ouzbeks. Logés mais moins bien indemnisés que les coopérants français, les *Peace Corps* perçoivent environ 200 dollars par mois pour leurs dépenses personnelles et un « pactole » de 6000 dollars à la fin de leurs deux ans d'engagement. Instrument d'une noble inspiration à l'origine, le « Corps de la paix » vient en éclaireur étendre la sphère d'influence américaine. La région est riche en pétrole et en gaz : acculturer la jeunesse s'inscrit donc dans une logique de placement à terme. De plus, mordre sur la zone russophone jusque dans les villages et les kolkhozes est un moyen discret de réduire le poids politique de l'ancien grand frère. Je rencontrerai plusieurs de ces agents en Ouzbékistan et ailleurs en Asie centrale. Pour la diffusion de leur langue, ils ont l'avantage économique, l'atout d'une industrie cinématographique prédominante et la maîtrise des nouvelles technologies.

Chose promise, chose due, Alik !

Dans la fraîcheur du matin, je rejoins la route Djandan–Boukhara, satisfait de me rapprocher à grands pas de mon objectif. C'était compter sans Alik Sayedov qui attend patiemment au carrefour avec son fils Bakhtiar l'arrivée du camion qui doit charger le veau qu'il vient d'acheter au bazar de Djandan. Moustache et cheveux gris, il est coiffé d'un chapeau noir sans bords et vêtu d'un *tchapan* bleu, la robe-peignoir molletonnée, fermée par une ceinture, typique de l'Ouzbékistan et du Tadjikistan. Incapable de résister à la tentation de héler l'étranger qui passe à pied, il m'appelle :

– Eh toi ! D'où viens-tu ?

– De France.

– À pied ?

– Oui, tout à pied !

– Çà alors ! Assieds-toi un peu qu'on discute !

– Mais je dois profiter qu'il ne fait pas encore trop chaud pour avancer vers Boukhara !

– Assieds-toi ! insiste-t-il en tapotant sur la pierre où il me propose de prendre place.

Je m'exécute pour ne pas créer de brèche dans les relations franco-ouzbèkes. Je ne suis pas mécontent non plus de me détendre un peu les jambes. Alik, voyant que je regarde les quatre chiffres tatoués sur le dos de sa main gauche – 1940 –, m'explique en russe :

– Ils m'ont tatoué cette année par erreur lors de mon service militaire. Je suis né en 1939. Cadet d'une famille de dix enfants et orphelin à 6 ans, j'ai été recueilli par mon frère aîné…

À ce moment, je me dis que je suis tombé à point nommé pour distraire Alik de son attente et satisfaire sa curiosité mais pas seulement, il tient à m'inviter chez lui… à quatre kilomètres, sur la route de Boukhara :

– Comme ça on pourra lier amitié et tu pourras connaître ma femme, que j'ai épousée après mon service militaire. Prends le bus avec moi !

– Non, dis-moi plutôt où se trouve ta maison et je t'y rejoindrai dans moins d'une heure.

– Je t'attendrai au coin de ma rue, à l'angle de la route principale, au kolkhoze Tchor-Bakr.

Je marche, je marche, et toujours pas de kolkhoze. Le soleil tape de plus en plus fort. Je suis épuisé. En fait, le kolkhoze n'est pas à quatre mais à dix kilomètres. J'ai été victime de la classique imprécision sur les distances. Alik, lassé de patienter au soleil, est rentré chez lui non sans avoir chargé sa fille de 15 ans, Firuza, de surveiller le passage d'un sac à dos porté par un touriste. Firuza, en sentinelle consciencieuse, ne me laisse aucune chance de m'échapper, et tant mieux parce que cette pause, ô combien méritée, que je m'octroie à six kilomètres de Boukhara est vraiment la bienvenue.

Je suis assis sur un matelas fin posé au sol, le coude gauche replié sur les coussins que l'on a disposés en pile à côté de moi, installé comme un pacha. C'est une posture que j'appréciais déjà en Iran et au Turkménistan, où le visiteur modeste est également accueilli en prince. La nappe est dépliée à même le sol, laissant apparaître le pain qui y était enveloppé. Alik envoie son fils à l'épicerie voisine chercher ce que je crois être une bouteille d'eau sans étiquette, mais cette eau avec laquelle on trinque enflamme mon gosier desséché. L'islam soviétisé a mis un peu de vin dans son eau et beaucoup de vodka dans son thé. Firuza, pour apaiser le brasier, nous apporte les concombres qu'elle a finement ciselés. C'est la preuve que son éducation de future bonne maîtresse de maison est achevée. Alik ne tarit pas d'éloges sur les talents de sa fille : *Molodets!* Firuza ! *Molodets!* Sa femme douce et discrète, le teint laiteux et la chevelure cachée dans un foulard gris, est issue d'un peuple musulman de Russie. Une soupe avec un peu de viande et de la salade de chou, suivies de quatre heures de sieste, parachèvent mon bonheur. Comme la chaleur du soleil au zénith est peu propice aux travaux des champs, la famille m'accompagne dans ma sieste réparatrice. À mon réveil, Alik étend naturellement son hospitalité à la nuit : « Ainsi, demain matin, tu pourras voir au petit jour le monument de Tchor Bakr à côté d'ici. » Je décide donc de rester et prends une douche… dans la cuisine. Alik me verse sur la tête au moyen d'une casserole l'eau qu'il puise dans une cuvette d'eau chaude posée par terre. Assis sur une chaise de bois, les pieds dans une vieille bassine métallique, je me savonne et Alik verse à nouveau de l'eau jusqu'à ce que je sois entièrement propre. Il ne me reste plus qu'à effacer ma barbe de quelques jours. Devant le jardin emblavé, Alik lui règle son compte d'un magistral coup de rasoir sous l'œil approbateur de sa famille.

À 6 heures du matin, nous sommes à Tchor Bakr : une mosquée du XVe siècle en cours de rénovation et une ancienne médersa – école coranique – protègent un cimetière dans lequel se trouve la tombe de quelque saint homme. Alik me montre comment guérir d'éventuelles douleurs lombaires en se frottant le dos dessus. Je n'éprouve pas encore le besoin d'en faire autant. Ses parents sont enterrés ici. Il leur adresse une prière en ma présence puis il me fait visiter le site et ouvrir les portes de la mosquée par son gardien ; mon plus beau souvenir de ce site restera le visage aux traits purs et à la barbe blanche impeccablement taillée d'Ismaïl Yusunov, 80 ans passés, qui a gardé ces bâtiments pendant la moitié de sa vie. Au moment de nous séparer, Alik me fait promettre que si j'écris un livre, je parlerai de lui, des siens et de Tchor Bakr.

Ismaïl devant la mosquée Tchor Bakr.

Balayeur dans la mosquée Kalon, à Boukhara.

Hip ! Hip ! Hip ! Boukhara !

De Tchor Bakr, j'emprunte l'ancienne route qui mène à Boukhara. Boukhara est, avec Venise, Istanbul, Ispahan, Samarcande et Kachgar, l'un des noms qui me faisaient rêver avant que je n'entreprenne le voyage. Boukhara e Charif, j'y suis enfin, Boukhara la noble, la sainte, une appellation à laquelle peu de villes pouvaient prétendre dans l'ancien monde islamique. Ne dit-on pas ici avec fierté que le prestige de Boukhara n'avait d'égal que celui de La Mecque ? La ville est fondée en 503 avant notre ère. Du Xe au XIIIe siècle, elle attire sur la route de Rome à la Chine les marchands d'épices, de soie, de coton et de toutes sortes d'étoffes ainsi que les meilleurs artisans qui travaillent l'or et l'argent. Son prestige lui est contesté au XIVe siècle avec l'avènement de Tamerlan, qui fait de Samarcande sa capitale, à moins de trois cents kilomètres, mais Boukhara retrouve vite son rayonnement. De nombreuses mosquées et écoles coraniques y sont édifiées au début du XVIe siècle. En 1620, autour de la place de Labi Haus, la vieille ville prend le visage qu'on lui connaît aujourd'hui. Sa population et son étendue ne changent guère jusqu'au début du XXe siècle. La construction des quartiers guère pittoresques qui l'entourent est la marque de l'époque soviétique. Toujours est-il que, dépassant le bazar et la citadelle de l'Ark qui a vu déferler tellement d'envahisseurs depuis sa construction au IVe siècle, je parviens au cœur de la vieille ville. Hip ! Hip ! Hip ! Boukhara !

Une délicieuse ambiance de village baigne la vaste place de Labi Haus dont le nom à consonance germanique rend mal la saveur orientale. Une atmosphère d'un autre temps y perdure autour de son large bassin qu'ombragent des arbres plusieurs fois centenaires. Des joueurs de cartes et de dominos en *tchapan* s'y retrouvent sur des estrades. Ils disputent d'éternelles parties sous le regard tolérant de la statue du vénérable philosophe soufi Nasreddin Hodja, très apprécié dans le monde turcophone pour ses leçons pleines d'humour. Sur Labi Haus, piétons et cyclistes sont rois : point d'autre circulation. Des cigognes y avaient colonisé les toits et les poteaux électriques, mais une décision municipale de fermer une centaine de bassins insalubres leur a fait quitter la ville. Je reste là une semaine pour dissiper les excès de chaleur turkmène que j'ai accumulés sur la route, me reposer, visiter la cité et observer la vie locale, parfois en compagnie d'autres francophones de rencontre.

Les produits artisanaux, notamment les étoffes et les tapis de la région, enflamment de mille couleurs les marchés, bazars et échoppes où ils sont exposés. Commerçants et clients y défilent en habits traditionnels. De vieux Ouzbeks achètent à des filles en robes éclatantes des cordes déroulées par terre pour qu'ils puissent mieux en apprécier les dimensions. Que de merveilles pour l'œil ! Détendu après une journée de flânerie dans cette belle ville, j'ai repris assez de force pour grimper en haut de l'ancien château d'eau afin d'admirer le coucher du soleil. Il retrouve de la douceur en posant ses derniers rayons sur la citadelle de l'Ark. C'est un décor féerique que les siècles postérieurs à sa construction, le XVIe particulièrement, ont dessiné derrière elle : sur l'océan des toits se découpent mosquées ou médersas, dont certaines sont reconverties en bazars, et le minaret de Kalon. Haut de presque cinquante mètres, il est, comme la tour de Qavus en Iran, l'un des premiers gratte-ciel de l'histoire. Gengis Khan, impressionné par ses dimensions, décida de l'épargner lors du sac de la ville au XIIIe siècle.

Parmi les quatre cents monuments historiques de cette fascinante Boukhara, deux, plus discrets, ont retenu mon attention. Le premier, Tchar Minar, est un petit joyau orné, comme son nom l'indique, de quatre minarets : il devait servir de porte à un monument plus important, lequel n'a pas vu le jour. Le second, Mohamed Nabi, aussi appelé Isteza, est la plus petite médersa d'Asie centrale, si j'en crois l'architecte en chef de la ville, Zoïrcho Klitchev. En ce lieu, au XVIIIe siècle, un riche commerçant voulait se faire construire une maison. À la vue de ses plans et dès le début des travaux, ses fils s'en disputèrent l'héritage. Le propriétaire, pour couper court aux dissensions dans sa famille et inviter ses enfants à méditer sur les vraies valeurs de la vie, décida de transformer la maison en école coranique. De forme carrée avec en son centre une cour octogonale, l'école sur deux niveaux disposait d'une salle de prière en bas et, à l'étage, de chambres pour les étudiants. Aujourd'hui, Zoïrcho s'est engagé avec deux collègues français dans le projet de rénover ce bâtiment délicat aux proportions harmonieuses pour y installer un centre culturel français.

Dans la grande ville de pierre

Pour obtenir mes indispensables visas, je dois aller dans la capitale. Je décide de faire l'aller-retour en car, une parenthèse dans mon voyage à pied, mais une Belge et des amis français rencontrés à Boukhara m'ont proposé de les rejoindre à leur hôtel à Samarcande puis de me conduire à Tachkent en voiture. Dans le bus, je tire le rideau pour ne rien déflorer de mon futur trajet et surtout ne pas entrevoir Samarcande. J'ai déjà tracé une ligne ininterrompue de huit mille kilomètres depuis Marseille – pour être précis, je dépasserai le kilomètre 8000 avant Samarcande –, en allant d'étonnement en émerveillement, aussi ne vais-je pas gâcher tous ces efforts ni mon plaisir du rêve et de la découverte en regardant passivement défiler le paysage à travers une vitre à cent à l'heure. Oh que non !

Sur la foi des renseignements glanés ces dernières semaines auprès d'Afghans, de Tadjiks et de résidents et diplomates de différentes nationalités, l'idée a germé en moi d'atteindre mon but, Kachgar en Chine, par le Tadjikistan, l'Afghanistan et le Pakistan. Un Suédois, qui a été guide de haute montagne dans ce dernier pays, m'a dit qu'en y entrant depuis le corridor du Wakhan, en Afghanistan, je risquais de me faire tirer dessus par l'armée. Les diplomates pakistanais à qui j'en ai parlé se sont montrés plus rassurants. Ils ne vont pas dire du mal de leur pays. Il y aurait bien une route plus sûre par le Kirghizistan, mais je ne résiste pas à l'appel de l'inconnu. Pour estimer le risque réel et décider en connaissance de cause, je me dis que si en France il y avait par exemple des combats sur la côte atlantique, on pourrait voyager tranquillement sur un axe Lille–Paris–Lyon–Marseille–Nice. Il faut donc que je détermine mon itinéraire avec soin, mais le problème demeure presque entier parce qu'au Tadjikistan comme en Afghanistan les zones dangereuses sont nombreuses, mal délimitées, et qu'en cas d'erreur, je n'aurai peut-être pas de seconde chance.

À l'ambassade de France, je dois aussi récupérer du courrier, des films, des vêtements et surtout de nouvelles chaussures. Celles que je porte sont fatiguées par trois mille kilomètres de route. Mon contact avec notre ambassadeur, Jean-Claude Richard, se déroule aussi simplement et civilement qu'avec ses homologues en Arménie et en Iran : « Nous avons gardé la lettre que vous nous aviez envoyée au moment de votre départ pour nous signaler que vous pensiez passer en Ouzbékistan un an et demi plus tard. Vous êtes à peu près dans les temps. Bravo ! Quelqu'un d'autre s'est adressé à nous : Bernard Ollivier, qui fait presque le même trajet que vous mais par morceau. Il est parti d'Istanbul et marche vers Xian en Chine. Il a traversé l'Anatolie l'été dernier et devrait reprendre sa marche pour passer ici à la fin de l'été. » Mon confrère Bernard Ollivier rentre en France après chacune de ses étapes de forçat – neuf cents kilomètres par mois, ce dont je suis incapable – et a déjà écrit deux livres sur son voyage.

Il n'y a plus de place pour le moindre visa sur mon premier passeport. Le consul de France m'en émet un nouveau qui porte le numéro 0013, clin d'œil du destin en référence à mon département d'origine. La secrétaire ouzbèke du consul, la belle Lola, s'exprime dans un français sans faille et la pureté de ses traits, son sourire enchanteur et sa voix melliflue m'envoûtent. Lola et son frère Alicher me recommandent de m'arrêter chez leurs parents quand je marcherai entre Boukhara et Samarcande. Elle les préviendra. Les responsables de l'Alliance française et l'équipe de la police nationale chargée de la sécurité à l'ambassade me réservent également un accueil chaleureux. J'ai plaisir à retrouver des compatriotes et à parler ma langue dans cette oasis de francophonie, et ce d'autant plus que je cumule les causes de contrariété : je suis épuisé par la chaleur et des problèmes intestinaux et j'ai peine à obtenir certains visas. Un soutien moral dans un tel moment me fait du bien.

Tachkent veut dire la « ville de pierre ». Conquise par les Russes en 1865, elle était devenue la quatrième ville de l'Union soviétique. Après la dislocation de cette dernière en mars 1992, l'Ouzbékistan se rapproche de la Turquie : leurs deux langues sont apparentées. Depuis l'indépendance du pays, la moitié des slaves de Tachkent sont partis, les restants ne représentent plus qu'un habitant sur quatre, mais la ville reste la plus importante d'Asie centrale. Redoutant une poussée nationaliste et gênés par le remplacement du russe par l'ouzbek comme langue nationale, beaucoup de russophones sont remontés vers le nord. L'alphabet turc, composé des lettres latines avec quelques variantes, doit officiellement remplacer le cyrillique en 2005. L'Ouzbékistan s'éloigne donc de la Russie, sans pour autant couper les ponts. Américains et Russes observent ce changement de décor et l'émergence de la Turquie comme « nouveau grand frère » de la région, les premiers avec un œil gourmand pour les richesses locales (hydrocarbures, or, coton), les seconds avec l'air soucieux de voir s'échapper leurs filons d'antan. L'Ouzbékistan, qui compte vingt-quatre millions d'habitants, est un pays très jeune où les familles de sept à dix enfants sont fréquentes, surtout en milieu rural. Il est bien placé pour devenir la grande puissance de l'Asie centrale. Seul l'immense Kazakhstan, par sa superficie, pourrait lui disputer ce rôle parmi les cinq républiques ex-soviétiques de la région. Le Tadjikistan, le Turkménistan et le Kirghizistan, avec quatre à six millions d'habitants chacun, ne sauraient y prétendre.

Tachkent a bien, en tout cas, la stature d'une capitale régionale. C'est une ville où le mélange des genres voulu par l'histoire soviétique offre une plaisante diversité à mes yeux. Les femmes ouzbèkes, quel que soit leur âge, portent une tenue traditionnelle très colorée, ravissante à regarder. Leurs robes reprennent souvent des motifs floraux, quand elles ne sont pas striées de lignes chamarrées aux couleurs chatoyantes qui se lisent un peu à la manière d'un livre. Je les parcours de haut en bas et de bas en haut, entraîné dans des zébrures multicolores où le jaune vif resplendit à la lumière, pour m'arrêter sur l'expression d'un visage angélique. Cette lecture verticale sied au corps svelte de ces femmes au sein timide mais à la croupe soulignée par les grossesses répétées. Afin de marquer leur inaccessibilité hors mariage, l'histoire et l'islam les ont dotées sous leur robe d'un pantalon ample, également très coloré, resserré en bas par des ourlets brodés d'or ou d'argent.

La femme slave, blonde ou brune, consciente de sa beauté, s'habille dès le printemps avec plus de légèreté, offrant ainsi aux hommes un sujet de méditation sur l'équilibre et les proportions de son corps. Ce n'est pas pour diminuer les qualités des autres habitantes de Tachkent mais j'ai un faible pour la femme tatare avec ses traits fins, sa silhouette superbe, son visage mutin et ses yeux captivants. Je n'en ai rencontré que quelques-unes au Turkménistan et en Ouzbékistan, mais la beauté de ces descendantes de déportés de Kazan et de Crimée m'a toujours ravi. J'ai peut-être trouvé en elle la parfaite invitation au voyage et l'arme de séduction fatale. Les grandes villes aussi ont leur bon côté : après la marche, le plein de charme. Ayant recouvré

Ouvrier dans son abri de chantier, sur la route de Samarcande.

depuis plusieurs mois ma liberté sentimentale, il a pu arriver que j'emporte sur ma route le souvenir tout chaud d'un corps serré contre le mien, celui d'une femme dont les yeux m'avaient demandé plus qu'un sourire. Je n'ai pas trouvé à Tachkent d'âme aussi conciliante, ni surtout au réveil ce visage posé sur mon épaule que je cherchais sans doute aussi et dont j'aurais peut-être espéré qu'il m'accompagnât toutes les nuits jusqu'à celle de mon dernier sommeil.

Ouvriers au nas, au pain et à l'eau

De retour à Boukhara la noble, et toujours solitaire en ce dimanche 11 juin, je dois bien me résoudre à repartir sur la route de Samarcande. Et si au fond j'étais aussi dans ce voyage à la recherche de celle qui serait ma félicité, mon ciel, ma terre, mon univers tout entier ? Tel est le cours de mes pensées après que j'ai été émoustillé dans les rues de la capitale, et c'est ainsi que je poursuis du même pas ma progression et ma quête de tranquillité et de folie, de quiétude et de frénésie, de contentement et d'absolu, de l'alpha et de l'oméga. Où est-elle, celle dont l'océan du regard m'emportera dans des vagues de rêverie et dont les lignes du corps m'emmèneront plus loin que l'horizon, plus loin que l'infini ?

Un soir, lassé par ma journée de marche, je rencontre trois bons ouvriers qui viennent, je le devine à l'allure de l'un d'entre eux, de s'offrir quelques lampées de vodka. L'antienne mélodieuse du sens de l'accueil musulman, véritable baume pour le cœur, résiste à l'alcool : « Tu vas où ? Il n'y a pas d'hôtel par là. Viens donc loger dans l'abri-conteneur de notre entreprise. On y a installé quelques lits. » Je les suis.

Le boute-en-train du groupe sort une poire en bois, se prend une bonne pincée de *nas* et me propose une dose de cette feuille pilée qui provient d'une plante d'Asie centrale plus petite que le tabac. Aromatisé pour lui donner du goût ou additionné de narcotiques légers, le *nas* n'est consommé que par les hommes. Ils le gardent sous la langue le temps nécessaire à l'absorption de son principe actif avant de le recracher dans un jus de salive brunâtre. Cette voie d'administration est la même que celle préconisée pour les granules homéopathiques. La densité de la circulation sanguine à cet endroit draine aussitôt ses composants actifs vers leur cible. L'effet est immédiat et, si le *nas* est fort et que l'on n'a pas l'habitude d'en prendre, il peut en résulter une certaine fatigue. Cent mètres après avoir placé la dose dans ma bouche, déjà un peu déshydraté, je suis comme foudroyé, les jambes coupées et avec un début de vertige. Je ne me suis pas méfié parce que j'avais déjà pris du *nas* au Turkménistan : j'étais alors assis et il était sans doute moins puissant. Là, pour éviter de tomber, je crache la substance capiteuse et succombe à un pressant besoin de m'asseoir. Mon K.-O. debout fait rire mes nouveaux amis mais leurs plaisanteries m'échappent, incapable que je suis de comprendre leurs propos marmonnés en ouzbek ou en russe, leurs lèvres étant comme cousues par le *nas* dans leurs bouches. Finalement, nous arrivons à leur rustique logement de fonction, proche du lieu où ils manient le bulldozer. En entrant dans le conteneur, je mesure la tristesse et la pauvreté du système dont l'Union soviétique vantait les mérites et dont certains se faisaient aveuglément les laudateurs zélés en Europe occidentale. Je n'ai que trop souvent eu l'occasion de constater sur quels mensonges le communisme était bâti dans la pratique. Pourtant, son recul mal géré n'a guère desserré le frein du progrès. Dans leur conteneur, il n'y a toujours pas d'électricité mais j'avoue que j'en suis fort aise, même si je n'ai pas dîné, parce que c'est pour moi l'assurance de me coucher tôt.

Le lendemain matin, nous partageons un petit-déjeuner de pain trempé dans un bol d'eau pour le ramollir. Même pas de thé. Nos chemins se séparent vers 6 heures : pour eux, le travail, et pour moi, la route… Bientôt sur ma gauche se dresse la porte imposante d'un ancien caravansérail. C'est tout ce qu'il en reste : ses murs se sont effondrés. Un jeune passant, pieds nus sur l'asphalte, m'apprend qu'il est de l'époque de Tamerlan. En retour, il me demande l'heure. Il me pose aussi cette question que je trouve curieuse et que j'ai déjà entendue dans d'autres pays, de personnes peu habituées à voyager : « Ta montre, elle est à l'heure française ou ouzbèke ? » Posséder une montre est encore un luxe dans les campagnes par ici. Il est bientôt midi quand des agriculteurs, jusqu'alors occupés en famille à la récolte du blé, m'appellent pour que je m'assoie avec eux à l'ombre d'un gros arbre. Ils envoient un enfant cueillir les fruits d'un abricotier voisin. Il s'en revient avec une pleine bassine d'abricots, mûrs et gorgés de soleil à souhait. Nous buvons du thé. La fraîcheur de l'endroit est reposante.

« Aux Champs-Élysées »

Jaloyir, le village des parents de Lola et Alicher, rencontrés à l'ambassade, est assez étendu, composé de maisons individuelles, blanches et entourées de vergers d'abricotiers, l'une des richesses de la région. Parvenu à la maison de mes hôtes, je suis accueilli par leurs deux frères, Chadman, 20 ans, et Bakhredin, 18 ans, et par leur père, Ravchan Tatchpulatov, au visage serein coiffé d'un *toghi*. Ce chapeau noir et carré sans rebord, rehaussé d'une frange de demi-cercles vers la base et, au-dessus, de motifs blancs brodés dans lesquels l'imagination occidentale peut voir des pétales de fleurs, des larmes ou des amandes incurvées, est typique de l'Ouzbékistan et du Tadjikistan voisin. Confectionné par les femmes, il se plie facilement en quatre pour être glissé dans une poche et ressorti en cas de chaleur, quoique rares soient les crânes ouzbeks qui s'en séparent. Plus petit que moi, Ravchan me prend la tête de ses deux mains, l'incline légèrement et m'embrasse le front à deux reprises. Je suis très ému par la spontanéité de cet accueil affectueux qui me donne l'impression de faire partie de la famille. Je prends une douche avant de me régaler d'un copieux *plov*, le plat national composé de riz mélangé à de la viande d'agneau, de carottes et d'oignons finement coupés. Les assiettes sont copieuses et servies après un autre mets que je pensais déjà être l'heureuse conclusion de cet excellent repas. Nous dînons en musique, sur des chansons de Joe Dassin spécialement ressorties en l'honneur du Français : « L'été indien », « Et si tu n'existais pas », « Il était une fois nous deux », « Aux Champs-Élysées »…

Ravchan, sur ces airs de mon pays, me raconte sa vie d'Ouzbek et de Soviétique : « J'ai été orphelin de père à 2 ans à cause de la Seconde Guerre mondiale, mais j'ai quand même pu suivre une formation de biologiste-chimiste, puis j'ai travaillé sur un sovkhoze. Après mon mariage avec Zulpiya, nous avons eu huit enfants. » Si j'en juge d'après ceux que je connais, ils les ont parfaitement élevés : les deux aînés sont docteurs en médecine, les deux filles, interprètes français-ouzbek-russe. Ravchan et Zulpiya peuvent, malgré leur modestie, en tirer satisfaction.

Nous parlons de tout et de rien autour d'un thé partagé avec les mots dont nous disposons. Quand, ici, s'établit le silence, l'on ne ressent guère le besoin de le meubler, alors qu'en Occident il serait insupportable aux convives. Au contraire, l'échange se poursuit par le regard. Celui des Orientaux perpétue un langage de la sensibilité qui permet à leur volubilité de s'exprimer dans le mutisme. Je me rends compte qu'ici la forme compte au moins autant que le fond, comme si l'enveloppe des mots avait plus de saveur que leur contenu. L'amour et le temps ne sont pas sacrifiés sur l'autel de la concision. Je suis loin de mon univers professionnel où il n'est question que d'efficacité et de temps gagné jusqu'à l'excès. L'excès de sécheresse au bout duquel notre société, dite de communication, finit justement par ne plus savoir communiquer. Précipitation et lenteur font chacune sens. J'ai goûté à l'une pour mieux apprécier l'autre. Je n'idéalise donc pas les conditions de vie souvent difficiles des contrées que j'ai traversées. Il faut avoir croqué la pomme pour enfin apprécier son propre Éden, réel ou imaginaire.

Au matin, des abricots fraîchement ramassés ont été mis à sécher dans le jardin sur deux estrades devant la maison. Les rayons du soleil traversent les interstices de l'immense treille et dorent tour à tour les grappes du raisin encore vert. Le bonheur est finalement quelque chose de simple : le corps content de la sensation d'exister, le cœur bercé par une douce musique, un endroit sur lequel le temps n'a plus prise et, immobile et assis, pénétré par la poésie de la vie, l'on se surprend à sourire sans trop savoir pourquoi. La chaleur des derniers jours est un prétexte idéal pour baigner un peu plus longtemps dans cette ambiance familiale douce et bucolique que je n'ai pas envie de quitter, mais la durée de validité limitée de mes visas m'y oblige. Je ne repars que vers 19 heures, éclairé par la lune presque pleine qui guide mon enchantement deux nuits consécutives. D'autres que moi s'agitent aussi dans la fraîcheur. Je suis étonné par l'animation qui règne au bord de la chaussée à 23 heures. Des agriculteurs conversent en attendant le passage du camion qui collecte leurs sacs de grain. Des pêcheurs s'activent au bord d'un canal. Les tracteurs qui roulent phares allumés troublent de leurs moteurs la quiétude de l'obscurité.

Le deuxième soir, bien après minuit, j'atteins la localité de Mir Bazar. J'y déniche un hôtel sordide : pas d'eau, deux morceaux de journal pour tout papier hygiénique, odeurs envahissantes dans les chambres et porte qui ne ferme pas. Mais je ne me plains pas trop : j'ai un toit et un lit.

Le lendemain, à peine suis-je parti qu'un policier en voiture, costaud et un peu rond, m'interpelle : « Que fais-tu là ? » Je lui souris. Il se présente et me dit de le suivre à son commissariat. Je ne suis pas trop inquiet car la tête joviale de Yayaev n'est pas celle d'un braqueur de touriste. Dans son bureau, c'est lui qui me tend quelques billets :

– Prends ça. Pour t'acheter à manger. Tu es un *gost* – “invité” – dans notre pays.

– Non ! Non ! Merci, j'ai assez d'argent.

– Mais c'est mon argent, il est propre ! m'assure-t-il, vexé.

Je veux bien le croire mais dans une de ces ex-républiques soviétiques où tout le monde se plaint des prélèvements arbitraires de policiers corrompus, je suis certainement le seul étranger dont les forces de l'ordre financent les déplacements : « Tu es mon *gost*, tu es le *gost* de notre pays. C'est comme cela en Ouzbékistan ! »

Pour ne pas l'offenser, j'accepte une partie de la somme qu'il me donne en me promettant de la redistribuer à plus nécessiteux que moi. D'autres automobilistes s'arrêteront encore sur cette route de Samarcande, désireux de m'aider avec des fruits, de l'eau, ou une donation que j'ai bien du mal à refuser, convaincu que les mécènes en auraient plus besoin pour eux-mêmes ou leur famille.

Samarcande

Samarcande, qui était avant tout pour moi promesse de beauté, me semble au bout du monde. Elle n'est plus qu'un espoir de repos après neuf jours de marche consécutifs. J'ai beau penser que toute forme de beauté doit se mériter et qu'aller à Samarcande à pied depuis Marseille est la manière de l'apprécier plus encore, je ne désire plus qu'une chose dans cette fournaise : arriver. Je suis fourbu, assommé par la chaleur de juin. Vers midi, à une quinzaine de kilomètres du but, Salomat et sa famille m'offrent de me préparer un thé. J'accepte l'invitation avec allégresse mais, à peine suis-je entré dans leur maison qu'avant même que le thé soit servi mes paupières lasses, lestées d'une tonne chacune, se referment. Je ne me réveille qu'une heure et demie plus tard. Mes hôtes, compréhensifs et patients, ont attendu que ma conscience revienne pour reprendre le cérémonial d'accueil de l'étranger. En fin de journée,

Marché hebdomadaire d’Urgut.

je m'arrête sur un banc à l'entrée de Samarcande, puis sur une chaise devant une épicerie où j'achète une bouteille d'eau. Je l'engloutis aussitôt entre deux réponses aux enfants du quartier venus discuter avec moi. Il est 19 heures. La fraîcheur pénètre la ville. Je termine la journée plus en forme que je ne l'étais dans l'après-midi.

Je trouve à me loger dans le centre. Mes forces reconstituées par un repas, ragaillardi par une bonne douche, je décide sans plus attendre de partir découvrir le Registan de nuit. Un portail barre l'accès de la place monumentale, ouverte d'un côté et ceinte sur les trois autres par des mosquées et des écoles coraniques impressionnantes de hauteur et construites aux XIVe et XVIe siècles. Sa grandeur doit beaucoup à Tamerlan, le conquérant dont le petit-fils, Ulugh Beg, mathématicien et astronome, a, d'une manière plus pacifique, poursuivi l'œuvre du bâtisseur. Un garde se précipite :

– L'endroit est fermé aux visiteurs jusqu'à demain matin !

– Excusez-moi. Je suis venu à pied de France. J'ai mis presque deux ans. Je viens d'arriver à Samarcande et je tenais à voir le Registan de nuit.

Ma réponse est sans doute le sésame pour le Registan car le gardien se transforme en guide, ravi au fond d'endosser ce costume gratifiant le temps d'une visite imprévue et de me livrer moult explications sur l'histoire du site et les quinze kilos d'or qui ont été utilisés pour les plafonds dans la médersa Ulugh-Beg. Hélas, cette visite est un effort de trop pour mon organisme. La fatigue des neuf jours de marche précédents me rattrape et je rends la dernière nourriture que j'ai prise. Heureusement, ma chambre n'est pas loin, où je peux bientôt m'écrouler sur mon lit, affaibli mais content d'être arrivé et de mettre un peu du Registan de côté pour plus tard.

Il me faut retourner à Tachkent pour le visa tadjik que je n'ai toujours pas réussi à obtenir. Deux détours par Tachkent, cinq tentatives au consulat tadjik et un coût total exorbitant pour mon budget, c'est cher payé mais j'ai maintenant un visa de treize jours. Je savais que je subirai des aléas de ce genre dans un tel voyage !

Quatre jours plus tard, je suis de retour à Samarcande, où je visite un autre témoignage de sa splendeur, la médersa Bibi-Khanum. Un immense reposoir de pierre y a servi de lutrin pour l'un des plus grands Corans connus au monde. Passer trois fois agenouillé entre ses pieds exauce, dit-on, le vœu prononcé en même temps. À l'approche du Tadjikistan et de l'Afghanistan, je me contenterai que Dieu me prête vie au-delà de la traversée de ces deux dangereux pays. Là, j'aurai vraiment besoin de son aide. Après, je devrais pouvoir m'en sortir facilement tout seul…

Lors de toutes ces visites, Samarcande m'apparaît comme une ville certes admirable, mais avec de la circulation et des embouteillages. Son centre n'a pas l'unité architecturale de celui de Paris ou de Venise. Elle est un ensemble de beaux monuments séparés par des constructions plus modernes qui possèdent moins d'âme. Elle n'a pas non plus la magie d'Ispahan et de ses merveilleux ponts. Samarcande et sa sœur Boukhara me rappelleraient plutôt les deux anciennes capitales japonaises, Kyoto et Nara. Kyoto est une grande ville avec des monuments sublimes et des quartiers modernes moins esthétiques alors que Nara, la verte et champêtre, a su préserver, peut-être malgré elle, la délicieuse atmosphère d'un village, la suave torpeur chère à ceux qui, par besoin de repos ou d'évasion, veulent échapper au temps. Je suis resté une semaine à Boukhara avec plus de plaisir que si j'avais dû séjourner une semaine à Samarcande où le XXe siècle destructeur de rêves et d'œuvres d'art se mêle par trop facilement aux magnifiques épopées qui font l'histoire de l'Asie centrale.

Le 25 juin en fin d'après-midi, je quitte Samarcande, et le 27 juin, au moment de me présenter au poste frontière, mon visa est expiré depuis trois jours déjà mais personne ne semble s'en apercevoir ou s'en soucier. Je ne suis plus qu'à quelques mètres du Tadjikistan. La barrière du côté ouzbek se lève à mon passage ! Je ne suis pas sur la voie la plus fréquentée pour entrer dans le pays, pourtant les militaires tadjiks qui me contrôlent m'apparaissent vite rompus aux techniques de taxation de la manne touristique :

– Le coup de tampon coûte cinq dollars.

– C'est dommage. Je ne peux pas. Je n'ai plus que trois dollars par jour.

Du fait que je suis piéton et que j'ai appris quelque peu leur langue, ils exemptent mon passeport du droit de péage. Je suis au Tadjikistan. Il est 11 heures du matin et il fait très beau.

Chevrière sur les rives du lac Kul e Kalon.

TADJIKISTAN
Dans les montagnes du yeti
28 juin – 22 juillet 2000

En 1997 encore, le Tadjikistan était en proie à la guerre civile. Aujourd'hui, malgré certains foyers locaux encore actifs, une tranquillité apparente règne dans la région que je traverse. Elle est seulement perturbée par le passage occasionnel d'un véhicule pétaradant ou par le braiment d'un âne. Dans la plaine, ici et là, des hommes supervisent le travail des planteuses de tabac et de leurs enfants, nu-pieds. Ils produisent une denrée qui est destinée à partir en fumée en Russie. Dans la plupart des régions agricoles musulmanes que j'ai vues, les femmes sont souvent plus présentes que les hommes dans les champs.

En contrebas de la route, à l'ombre des arbres, quelques agriculteurs prennent le thé et se reposent de leur matinée harassante. Le doyen du groupe, Charaf, âgé de 25 ans, me hèle et m'invite à m'asseoir avec eux. « C'est la première fois que je rencontre quelqu'un qui n'est ni de l'ex-URSS ni afghan », me confie-t-il avant de me proposer de partager leur repas frugal : du pain maison trempé dans du thé. Il me paraît insuffisant pour qu'ils puissent récupérer de leur labeur dans les champs ensoleillés. Lorsque, pour l'enrichir, je sors mon bon pain rond brioché au lait, de Samarcande, c'est l'enthousiasme général. Chacun en prend un morceau de telle sorte qu'à mon étonnement, dans les deux minutes qui suivent, il n'en reste plus rien. Curieusement, avant la ville de Pendjikent, la population de cette zone rurale reste essentiellement

Planteuses de tabac après Pendjikent.

ouzbèke alors que dans les villes de Samarcande et de Boukhara, en Ouzbékistan, on parlait beaucoup le tadjik. L'empire perse samanide qui, aux IXe et Xe siècles, englobait notamment le nord-est de l'Iran, le nord de l'Afghanistan, le Tadjikistan et une partie de l'Ouzbékistan actuels, avait alors Boukhara comme capitale et le persan comme langue. Les frontières ont changé mais la langue est restée. De nombreux Tadjiks du Tadjikistan, musulmans sunnites à la différence des Iraniens, mêlent l'histoire de Boukhara et de Samarcande à la leur. Les siècles passés ont brassé les deux populations et il est intéressant d'observer que, hormis les différences linguistiques, les deux groupes sont difficiles à distinguer. Ils portent apparemment les mêmes tenues : robes bigarrées pour les femmes et *tchapan* pour les hommes. C'est surtout en tendant l'oreille que je parviens à reconnaître l'origine des personnes. Il est toutefois une autre caractéristique remarquable de la population de la région de Pendjikent : la pâleur des visages. Elle pourrait remonter aux racines aryennes du peuple persan ou à la présence d'une colonie de soldats de l'armée d'Alexandre le Grand, qui étaient des Grecs d'Orient arrivés en Sogdiane au IVe siècle avant Jésus-Christ. Les visages des paysannes, souvent purs, ont des traits fins. De tout mon voyage, ce sont à coup sûr les plus beaux minois que j'ai vus dans les campagnes.

La ville moderne de Pendjikent est sise à une altitude d'environ 1 000 mètres. Je découvre sur les hauteurs l'ancien siège de la principauté de Divachtitch qui rivalisait, au début du VIIIe siècle, avec le pouvoir central de Sogdiane installé à Samarcande. Du Ve au VIIIe siècle, la ville s'enorgueillissait d'un palais et de deux temples et les commerçants locaux s'enrichissaient des intenses échanges réalisés sur la route de la soie. Lors de l'invasion arabe vers 770, les habitants durent fuir en abandonnant sur place tout ce qu'ils avaient.

Ce qui a de nos jours les dimensions d'un village était au premier millénaire une ville importante. Il ne reste que les soubassements de terre des huit rues principales et de dix rues secondaires. À l'extrémité de la cité ancienne, je m'assieds une vingtaine de minutes pour contempler la nouvelle ville. Dans les cours des maisons se dressent de hauts arbres feuillus contrastant avec les rases collines d'en face.

Des montagnes tadjikes à... Rotterdam

Un itinéraire se construit et se défait au gré des rencontres. Le destin m'envoie un homme qui me conseille de passer par la montagne pour rejoindre le lac Iskender. Je n'ai pas de bonne carte, mais l'idée me tente. Je compléterai mes informations lors des rencontres ultérieures.

Au village de Kuliali, je croise deux hommes, plaisamment prénommés Baba et Babir. Ce dernier m'invite chez son père, Abdullah, âgé de 73 ans, ancien forgeron et maréchal-ferrant, dont il a pris la succession. Abdullah a une bonne tête souriante. Les joues saillantes, le crâne rasé et, malheureusement pour lui, un œil douloureux qu'il garde souvent fermé : il ne lui manque que de fumer la pipe pour être le sosie de Popeye. Aux légendaires épinards, il préfère les exquises cerises de son jardin dont la teinte varie du jaune au rose clair. Nous en engloutissons une belle assiette avant de faire subir le même sort à une roborative soupe aux pâtes et aux pommes de terre.

Après la sieste collective, apparemment nécessaire pour tout le monde, Abdullah me conte ses nombreux voyages dans l'ex-Union soviétique. Quant à la France, pour Abdullah, ce n'est ni Paris ni Marseille ni le football : « Ici, notre unique vache nous donne quotidiennement trois ou quatre litres de lait avec lesquels nous préparons le *kefir* – yaourt qui, en Asie centrale, prend différents noms selon sa densité et la région : *most*, *ayran*... Dans ton pays, les vaches en donnent dix à quinze litres par jour. » La Normandie, vecteur de notoriété de la France au Tadjikistan ! Quelle surprise ! Après tout, elle l'est aussi en Amérique, pas en raison du lait mais plutôt du Débarquement ! Vers 17 heures, je prends congé de mes hôtes. Comme le veut une splendide tradition d'Asie centrale, ils m'ont offert un pain pour la route.

Le lendemain, après avoir une nouvelle fois bénéficié de l'hospitalité locale sur un *kravat* en plein air partagé avec des ouvriers, je me remets en chemin à 5 heures. Le soleil dépose délicatement ses premiers rayons d'or sur les cimes. La route fait place à un sentier dans une gorge où le vent s'enfonce. Dans ma progression vers les hauteurs, je rencontre Djafar, Umredin et Isfandior. Ce dernier, chétif car sans doute sous-alimenté comme beaucoup d'enfants tadjiks, n'en est pas moins un cracheur expérimenté pour ses 11 ans. C'est qu'il n'a pas manqué d'observer la technique très au point de ses aînés, voire de ses aînées… Mes trois compagnons gravissent la pente avec sept ânes et attachent mon sac sur un de leurs baudets. Je peux ainsi souffler un peu dans cette montée abrupte, et admirer la force d'un cours d'eau tumultueux qui s'échappe des sommets pour rejoindre la vallée. De temps en temps, nous croisons des ramasseurs de bois. Les arbres poussent ici vers 2 700 mètres. Les précipitations y sont plus fréquentes grâce aux barrières à nuages que constituent les montagnes. Les aliborons s'en repartent, chargés d'un volume de bois impressionnant qui est stocké pour la cuisson du pain et le chauffage pendant les rudes mois d'hiver.

Pour l'estivage de leurs cent cinquante ovins, la sœur d'Umredin, Muzafara, vient passer quatre mois avec son mari Yormehmet et leurs trois enfants sur les rives du Kul e Kalon – le « grand lac » –, si j'en crois la prétentieuse traduction littérale. Ils m'invitent à partager du yaourt et du pain. J'extrais de mon sac à dos une conserve de poisson et du chocolat. Yormehmet est inquiet : « Nous craignons les loups. Il y a une semaine, ils ont dévoré deux moutons et un agneau. » Les loups : je n'en ai pas fini avec cette rengaine !

Après le déjeuner, j'aide la famille à rassembler ses seize chèvres pour que Muzafara puisse les traire. L'endroit n'étant pas clos, l'exercice est intéressant : Yormehmet saisit deux chèvres qui ne peuvent opposer de résistance à ses bras musculeux. Il les attache par leurs cornes face à face et il poursuit avec une troisième et une quatrième attachées aux deux premières. Il continue jusqu'à ce que les seize captives récalcitrantes soient unies dans un entrelacs de cornes, huit dans un sens, huit dans l'autre. Ainsi immobilisées, elles sont dociles pour la traite. Leur lait sera conservé dans une panse de mouton.

Il est 15 heures. Je dois repartir pour passer avant la tombée de la nuit le col que j'aperçois mille mètres plus haut. Il n'y a plus de sentier. J'ai quelque difficulté à estimer la durée de l'ascension. Avec mon sac lourd et deux mille mètres de dénivelé dans la journée, je vais beaucoup moins vite que ce que les habitués m'avaient indiqué. Après avoir foulé un tapis de jolies pâquerettes sans tige, comme vissées par groupes de trois ou quatre dans le sol, la montée devient raide. Sur ma droite, les superbes à-pics du mont Mary ferait le bonheur de bien des grimpeurs chevronnés. Avec moins de 10 °C, il fait froid pour l'été. La pluie tombe, légère, apportant un peu de fraîcheur aux clochettes, aux bleuets et boutons d'or qui ont élu domicile sur les pentes. J'avance péniblement. Je m'accorde une pause pour contempler deux lacs modestes blottis dans un creux, presque l'un contre l'autre, invisibles pour qui ne prend pas de la hauteur.

Je n'atteins le col, vers 3 700 mètres, qu'au coucher du soleil, au moment où il se reflète dans les nuages et orne de moirures les lacs en contrebas. Sur l'autre versant, je vois au loin le lac Allaudin, nommé d'après un saint homme de l'islam, mais aucune maison. Du col part un sentier que je dévale le plus vite possible. Il est bientôt englouti dans la pénombre et me laisse au milieu d'éboulis et de rochers. Il me devient difficile de me frayer un chemin. Je ne veux pas dormir dehors à cause des animaux sauvages. De toute façon, ce terrain pierreux et déclive ne me tente pas. J'avance encore pour savoir si l'endroit est habité. « Oh ! oh ! oh ! *Lioudi iest ?* – “Y a quelqu'un ?” » lancé-je dans le russe approximatif qui est le mien. Pas de réponse hormis l'écho insolent. Je descends encore dans la nuit. Mes jambes tremblent de fatigue à la fin de cette rude journée. Je glisse, tombe deux fois et finis par trouver à 3 400 mètres un endroit pas trop rocailleux abrité par un roc.

Malheureusement, la pente reste forte. Je pose mon sac à dos sous le rocher pour pouvoir prendre appui dessus. Je déroule le tapis de sol, le sac de couchage et le sursac et dors dedans avec la lanière du couteau autour du poignet droit au cas où un loup, un ours ou une *palang* (panthère ou gros chat sauvage ?), contre lesquels on m'a mis en garde, me rendrait visite. Normalement, en cette saison, ils n'attaquent pas l'homme, mais au cas où l'une de ces grosses bêtes serait mal informée sur la composition dc son régime estival, je prépare mon arsenal de guerre : flash photographique, pétards et briquet. J'ajoute autour du manche de mon bâton de marche un rouleau de papier hygiénique prêt à être enflammé au moindre froissement d'aile de papillon nocturne… J'ai peu de chance, si l'on peut dire, de faire une rencontre nocturne, quoique je guette tous les bruits susceptibles de révéler une présence. J'imagine la nuit peuplée de fauves et je suis dans une position inconfortable sur ce sol ingrat. Je peine à trouver le sommeil.

Abdullah et Djurabaï, à l'alpage sous le lac Allaudin.

Juste après 4 heures, la lumière du jour réapparaît sur les sommets. Je précède sa descente dans la vallée, accompagné par une brise matinale qui fait danser les reflets des montagnes sur le lac. Encore deux cents mètres de dénivelé et je parviens à un alpage. Les quelques maisons de l'endroit, construites en grosses pierres, se fondent merveilleusement dans leur cadre naturel. J'ai évidemment pris soin de ranger mes armes, surtout le papier hygiénique, pour ne pas effrayer les habitants et éviter qu'ils ne voient en moi quelque séditieux.

Un homme, la quarantaine passée, peut-être la cinquantaine, peau mate et visage osseux bardé d'un collier de poils grisonnants, est assis à l'extérieur, concentré sur la réparation de ses hautes bottes en cuir de vache. Il lève les yeux et me fait signe de la main. À ses côtés, un vieillard dort, imperturbable, dans son admirable *tchapan* d'un bleu intense strié de raies verticales noires, elles-mêmes liserées de jaune et de vert. Que ces patriarches d'Asie centrale sont dignes ! Ils ne possèdent pas grand-chose sur terre mais ils sont toujours impeccables jusqu'à la pointe de leur barbe. Les plus âgés des enfants portent des fagots de bois. Les plus jeunes s'amusent et rient d'un rien. Devant les maisons de ce hameau, sur fond d'imposants sommets enneigés, des chèvres et des brebis divaguent. À leurs pieds chante un torrent qui rehausse de son éclat le tapis de verdure piqueté de fleurs jaunes. Une scène intemporelle et inoubliable !

Abdullah m'invite à m'asseoir : « Tu veux du *kefir* ? » Au cœur du paysage féerique de montagnes crénelées et de pics sourcilleux, dans cette ambiance agreste, avec ces hommes et ces femmes simples et généreux, ces purs, je suis heureux.

« Le *kefir*, on en a assez, et le blé manque ! » me dit-il, contrit de ne pouvoir me tendre qu'un morceau de pain. Le vieillard se réveille. C'est son beau-père, Djurabaï Nassuleyev, âgé de 80 ans. Toute la famille vit ici quatre à cinq mois par an.

« Combien coûte un kilo de blé en France ? » me demande d'un seul coup Abdullah.

Je suis pris au dépourvu. C'est une question pour un agriculteur, un céréalier, un meunier ou un boulanger. Elle est logique et naturelle dans un pays où, en dehors des villes, chaque famille possède son four à pain. Ici, on me pose en général comme question : « Combien gagnais-tu en France ? »

ou « Combien gagne un ouvrier dans le bâtiment ? », interrogations qui sont peu pertinentes quand on ne connaît pas le coût de la vie en France. Quoi qu'il en soit, mon hôte ne me reproche pas mes lacunes en économie agricole. Ma réponse l'aurait de toute manière choqué en l'absence de comparaison des échelles de salaire avec la France. Le salaire mensuel d'un médecin dans un hôpital public est ici de l'ordre de quatre ou cinq euros, payés avec retard. Un instituteur, ou même un professeur d'université, gagne moins de deux euros par mois. Bien que le coût de la vie soit très bas, de si faibles rémunérations ne suffisent pas pour faire vivre une famille. Comme je l'ai entrevu auparavant, les habitants des villages s'en sortent moins mal que ceux des villes. Au Tadjikistan, plus pauvre encore que ses voisins, que la Géorgie, l'Arménie et toutes les autres ex-républiques soviétiques, les quatre cinquièmes de la population vivent en dessous du seuil de pauvreté défini par les instances internationales. Dans les campagnes prospère le troc – travail contre céréales, lait contre fruits, œufs contre pain… –, et l'élevage et l'agriculture vivrière jouent pleinement leur rôle de stabilisateurs de l'économie.

Au réveil d'une bonne sieste, ma montre me sort de mon extase : il est déjà 17 heures ! Je dois malheureusement me dépêcher. En ce 2 juillet, c'est surtout l'heure aux Pays-Bas qui me préoccupe. Ce soir s'y déroule la finale du championnat d'Europe de football, France–Italie. Il doit être 14 heures à Rotterdam, j'ai donc six heures pour trouver un poste qui capte une chaîne diffusant le match car il n'y a, où je suis, ni électricité, ni télévision bien sûr.

Je commence à descendre vers Marguzar, le premier hameau à trois heures de marche, mais ma progression est interrompue par un groupe d'enfants qui gardent quelques chèvres, assis au bord de la route. Le pas déterminé d'un barbare allant vers eux fait détaler tous ces bergers débutants, sauf le plus petit dont les cheveux blonds dépassent d'un bonnet bleu. Haut comme trois pommes, il se lève, vient à ma rencontre et, très sûr de son fait, se campe crânement au milieu de la route pour me bloquer le passage. Je m'approche, nullement inquiété par l'autorité de ce trublion qui veut m'empêcher de voir le match. Voici un adversaire des vallées plus à ma portée que les ours et les loups des montagnes. Je ne suis plus qu'à trois mètres de lui.

Dzulfan, berger des environs de Marguzar.

La confrontation s'annonce inévitable, lorsque ce Petit Poucet tadjik tend la main droite à celui en qui ses amis à peine plus âgés avaient vu un ogre étranger. Je le salue avec tous les égards dus à son statut de parlementaire animé d'intentions pacifiques. Il est si content qu'un immense sourire balaie tout son visage poupon. Il se tourne fièrement vers ses camarades, conforté dans son autorité naturelle par l'exploit qu'il vient de réaliser. La philanthropie et l'assurance de Dzulfan m'impressionnent. Après que j'ai présenté mes respects à leur jeune cacique, le cortège de ses compagnons se risque à me dire bonjour. À 5 ans, Dzulfan est déjà un meneur d'enfants !

Je ne marque qu'un autre arrêt dans la descente pour croquer une pomme et, après trois heures, arrive à la hauteur du hameau de Marguzar. Il est situé au bord d'une rivière torrentueuse. Je suis du mauvais côté et, dans l'obscurité, pas moyen de trouver le pont. C'est trop bête, je vais rater le match ! Au beau milieu de cette nature sauvage et calme, je me sens ridicule de nager ainsi en pleine angoisse du temps qui file entre les doigts, comme lorsqu'on est coincé dans un embouteillage. Ah, que vous me faites souffrir, Blanc, Deschamps, Zidane, Thuram, Trezeguet, Henry et les autres qui êtes en ce moment à Rotterdam alors que moi, je suis dans les montagnes du Tadjikistan ! Tant pis, j'oublie Marguzar… et fonce dans la nuit vers Pasrut !

Passion, que de kilomètres tu me fais avaler ! À Pasrut, je croise trois personnes qui m'emmènent chez Olim Gadoyev, le tenancier d'un petit *mehmanhane*. J'entre dans cette « maison d'hôtes ». Ô merveille, j'entends une télévision ! Un poste est allumé quelque part. Jamais images crépitantes en noir et blanc ne m'ont paru aussi belles. Elles me promettent presque déjà ma dose de palpitation et d'ivresse pour ce soir. Olim me demande aussitôt :

– D'où es-tu ?

– De France.

– Ah, justement, il y a bientôt un match de football à la télévision : France–Italie.

– Ah bon ! Ça tombe bien ! Vous regardez le match ?

– Oui !

– Est-ce que je peux le voir avec vous ?

– Bien sûr ! répond Olim, ravi d'avoir un Français avec lui pour encourager ses favoris.

Son ravissement n'est rien comparé au mien. Deux ans après la Coupe du monde et si près du 14 juillet, au terme d'un effroyable suspense, le jour de gloire arrive encore. Olim et moi nous jetons dans les bras l'un de l'autre : « On a gagné ! » Il est étonnant, n'est-ce pas, de voir quelle joie onze individus en short ont le pouvoir d'éveiller chez quelqu'un à neuf mille kilomètres de distance. Je conviens que cela puisse sembler idiot mais c'est en tout cas inoffensif, et je suis heureux de faire partie des personnes capables d'échapper ainsi à toute rationalité et de s'enthousiasmer à l'occasion pour des choses futiles.

Sur les traces d'Alexandre le Grand et… du yeti

Triomphant, je gagne ma chambre la tête pleine de football et, pour me remettre de mes émotions, m'octroie une grasse matinée. Dorénavant, victorieux, j'envisage avec optimisme le choix qui se pose, d'un côté, de rejoindre la route pour Douchanbe ou, de l'autre, de pousser jusqu'au lac Iskender. Après le lac, il n'y a plus de route et je n'ai pas de carte de l'itinéraire. Je décide néanmoins d'aller le visiter en acceptant de devoir sans doute repartir en sens inverse le lendemain. L'ancien nom du lac a été déformé pour le rapprocher de celui d'Alexandre le Grand en souvenir de son passage dans la région. Sa surface d'un bleu pur est le joyau des montagnes rases qui le bordent. L'une d'elles a, de par sa forme, hérité du nom de « casque d'Alexandre » pour célébrer plus encore la mémoire du conquérant. En parlant de conquérant, j'hésite toujours à me lancer dans les montagnes sans carte. J'ai une quarantaine de kilomètres à faire hors piste et dans ces chaînes désertes, labyrinthe de cols et de vallées, le risque est important de se fourvoyer. On peut y errer longtemps. Je me prépare donc à rebrousser chemin pour prendre la route de Douchanbe, content d'avoir vu le lac, quand apparaît Anvar Vakhobov. Replet, il a une sympathique tête d'Eurasien arrondie par des bajoues, et les yeux cernés d'un docteur en physique et en chimie. Passionné de montagne, il m'offre une carte de la région au 1/100 000, qui devrait me permettre de rejoindre la route Regar–Douchanbe de l'autre côté des cimes. Anvar m'invite à manger. Pour commencer, je ne peux refuser la vodka. Il s'abîme dans des explications sur la tradition du Tadjikistan de produire de fameux mathématiciens grâce à une alimentation riche en abricots secs dès l'enfance. Puis il aborde son sujet de prédilection : le yeti. Bien des Tadjiks, comme nombre de Népalais ou de Tibétains, sont persuadés de son existence. Le fait qu'un scientifique de la trempe d'Anvar m'assure avoir lui-même vu dans la neige des traces de pieds longues de soixante centimètres, espacées de plus d'un mètre, suscite ma curiosité. L'homme des neiges, que notre imaginaire croit abominable, mesurerait donc trois mètres. Anvar m'indique sur la carte un endroit où un paysan prénommé Vakhid l'aurait vu tranquillement assis à quelques dizaines de mètres de lui. C'est sur mon trajet. Je me prends à songer que je pourrais, moi aussi, l'apercevoir. Le monde du XXe siècle finissant est si dénué de rêves que c'est déjà une belle réjouissance.

J'avais décidé de partir après la sieste mais ma fatigue accumulée, les efforts, les nuits brèves et maintenant l'alcool se liguent avec le capricieux réveil de ma montre pour me laisser dormir jusqu'à 21 heures. Trop tard pour me remettre en route. Tant pis, le yeti attendra un jour de plus que je le débusque !

Après avoir rejoint le village de Saratag sous la montagne du même nom, je chemine avec un berger d'une quarantaine d'années qui remonte vers les alpages où il a confié la garde de son troupeau à l'un de ses amis. À 2 700 mètres, une famille visiblement peu fortunée a dressé une tente pour quatre à cinq mois. Je veux donner quelques chocolats aux enfants. Ils ne prennent pas tout et m'offrent en retour du pain avec une crème onctueuse, plus consistante que du yaourt. Leur mère craint que je n'arrive pas à Douchanbe : « Les *narcoman* (je suppose qu'il s'agit des narcotrafiquants) te tueront avant et, si tu leur échappes, les militaires t'auront ! » Nous sommes loin de la frontière et je suis persuadé qu'Anvar m'aurait alerté en cas de danger. J'ignore donc les inquiétudes de cette Cassandre des hauteurs, vraisemblablement pas très saine d'esprit, et je continue de me rapprocher autant que possible du col Murat. Il n'y a pas de chemin ni de sentier à suivre, mais la disposition des montagnes et des cours d'eau me permet de progresser un temps sans crainte d'erreur. J'ai pour seule compagnie de grosses marmottes aux chants stridents, campées sur leur postérieur. Après une vaste étendue plane débute une montée plus raide.

Il n'y a vraiment personne et je m'arrête, préoccupé par mon genou fragile, afin d'enfiler la grosse attelle à armatures métalliques qui me permet de réduire le risque d'entorse.

Vers 3200 mètres se dressent deux gros rochers. Je trouve là une aire plate mais il est vraiment trop tôt pour camper. Je veux progresser encore quoique la carte ne soit pas assez précise pour que je sache par où passer. Sur une dizaine de mètres, la pente devient extrêmement forte. Ne trouvant aucun autre chemin, je m'y engage. Alors que j'ai pratiquement franchi cette voie délicate, je suis bloqué. Il ne reste que deux mètres. Je scrute cet obstacle, cette si ridicule distance à parcourir : il n'y a aucune prise stable. Je sens que, sous le poids de mon corps, les pierres et la terre meuble sur lesquelles j'ai posé le pied s'affaissent. Ça va lâcher et je n'ai rien à quoi me raccrocher. D'un coup, tout cède. Je dévale sept à huit mètres. Deux grosses pierres, d'un demi-quintal peut-être, me suivent dans ma chute et me viennent droit dessus. Ça y est, je vais les prendre ! Elles bousculent l'arrière de mon volumineux sac à dos et continuent leur dégringolade. Je suis secoué à leur passage mais sans dommage. Encore tétanisé, je déniche une voie plus facile et descends dans les éboulis qui encombrent le cours d'un ruisseau.

Vers 3400 mètres, un peu au-dessus de moi, il n'y a plus que de la neige dans la pente. Un assez gros rocher, avec quelques pierres autour que je déplace, m'offre un abri. J'entends alors la complainte des loups, annonciatrice de la tombée de la nuit sur les monts tadjiks. Cette cantilène offre à ma communion avec la nature la poésie sauvage qui lui convient, à condition que ses auteurs restent invisibles. Elle me donne néanmoins un peu la chair de poule. C'est pourquoi, le soir venu, je ne mange pas de peur d'attirer des animaux avec l'odeur de la nourriture.

Je me réveille vers 4 heures 30. J'ai trop froid pour rester immobile. Une vingtaine de minutes plus tard, je quitte les lieux avec empressement, sans avoir mangé. Après de nouvelles hésitations sur la direction à prendre, je monte vers le col que je pense être le bon d'après la carte. Je progresse dans une neige assez ferme qui ne devrait pas cacher de crevasse. Arrivé en haut du col Murat, je savoure la vue sur les cimes avoisinantes sans toutefois m'éterniser, à cause du vent froid qui souffle sur les hauteurs.

Le versant sud est plus exposé au soleil mais extrêmement raide. Le descendre avec un sac de vingt kilos est éprouvant pour les genoux. Depuis que l'eau a refait son apparition, je retrouve de magnifiques parterres de fleurs jaunes et blanches qui tranchent sur l'herbe verte. La gorge que je suis se creuse. J'ai dû passer du mauvais côté de la rivière Zambar qui gagne en impétuosité. Je dois remonter deux heures durant pour revenir à des rochers permettant de la traverser, épuisé par le manque de sommeil, une alimentation déséquilibrée, de gros problèmes intestinaux et l'altitude. J'ai l'impression que, en forme, j'aurais couvert la distance en moitié moins de temps. Plus de vingt-quatre heures après ma dernière rencontre, je tombe enfin sur une présence humaine : deux bergers et leurs gros chiens. Ils n'ont pas l'air de *narcoman*. Ces paisibles gardiens de moutons m'offrent du thé et de la viande avant que je ne continue à descendre aussi vite que possible.

L'attente d'un hélicoptère militaire pour l'Afghanistan

Après un nouveau bivouac, je rencontre heureusement quelques personnes qui vont vers le village de Khakimy et nous faisons route ensemble. Nous passons sur d'étroits chemins au flanc de la montagne maintenant boisée. Nous surplombons une rivière impétueuse. Je suis de plus en plus diminué par une crise de dysenterie, au point qu'un des Tadjiks m'aide à porter mon sac. Je suis en outre pressé d'arriver à Douchanbe car mon visa n'a plus qu'un jour de validité. Je retrouve la piste, puis un axe important qui mène à la capitale, d'où j'emprunte les transports en commun pour me rendre au ministère des Affaires étrangères. Je reste décidé à revenir à quelque temps de là pour terminer à pied les kilomètres que j'escamote à présent. L'extension de mon visa est finalement accordée après plusieurs jours de négociation et le paiement en espèces d'une « amende » qui améliorera l'ordinaire d'un fonctionnaire.

Tous mes soucis ne sont pas résolus pour autant. J'apprends que je traîne, depuis plusieurs mois peut-être, une infection intestinale. Antibiotiques et vermifuges m'en débarrasseront. Plus ennuyeux, les Russes qui contrôlent la frontière afghano-tadjike ont décidé d'en bloquer la route loin avant la frontière. Pour me rendre en Afghanistan, je n'ai donc plus qu'une solution : l'ambassade de l'Alliance du Nord. Cette coalition

Soir d'été au col entre les lacs Kul e Kalon et Allaudin.

réunit notamment l'ancien président de la République, Rabbani, chassé de Kaboul en septembre 1996 par les talibans, et son ancien ministre de la Défense, le général Massoud, principal chef de la résistance armée. Je dois convaincre leur représentation diplomatique de me prendre à bord de leur hélicoptère militaire. Une ou deux fois par semaine, avec une imprévisible irrégularité, il assure depuis Douchanbe la liaison avec le nord de l'Afghanistan. Ils acceptent après une entrevue. La règle pour embarquer est de patienter à un endroit où ils peuvent me joindre par téléphone. Le départ peut aussi bien survenir dans les jours suivants que dans un délai de trois semaines.

En attendant le décollage annoncé moins d'une heure à l'avance pour des questions de sécurité – attentat sur place ou bombardement côté afghan –, je suis obligé de passer la plupart du temps enfermé, suspendu, pour ma délivrance, à la sonnerie du téléphone. J'en profite néanmoins pour parcourir de temps à autre la Rudaki, l'avenue principale de la capitale sur laquelle tout ce qui compte ici est concentré. La présidence de la République y expose ses jets d'eau. Le triste Tsoum, principal magasin du pays, y ouvre ses mornes boutiques aux étalages mal éclairés, plus évocateurs d'une fête foraine que d'un temple de la consommation. Le parc central où trône, derrière la statue de Lénine montrant de l'index la voie à suivre, le casino flambant neuf, dont le contrôle serait, dit-on, issu d'une collusion entre des intérêts proches du gouvernement et ceux d'investisseurs liés à la pègre internationale. On prétend aussi qu'un ambassadeur du Tadjikistan a été arrêté à la frontière ouzbéko-tadjike dans une voiture farcie de drogue. On raconte également que des avions chargés de stupéfiants décollent de Douchanbe pour Moscou…

Cette traînée blanche n'empêche pas la Rudaki d'être une trouée verte dans une ville bien dotée en plantations. Cette touche de fraîcheur et les bâtiments repeints en jaune et bleu clair redonnent, sous le soleil, à Douchanbe un peu de la gaieté que l'austère architecture soviétique lui avait enlevée.

Pendant mon séjour, l'atmosphère agréable de la capitale n'est ternie qu'en une seule occasion : au moment de passer le portillon du Sadbak, une grande boutique, je me retrouve face à un monstre en tenue militaire, visage masqué par une cagoule et mitraillette à la main. Je me réfugie immédiatement derrière deux rangées de badauds qui observent l'entrée du magasin. Un étranger est sûrement une prise de choix si le cagoulé et ses amis ont besoin d'un otage. Trois hommes dans la même tenue que le premier jaillissent en éclaireurs pour couvrir la sortie de deux autres qui traînent deux prisonniers, mains attachées dans le dos et poignets tordus pour les forcer à marcher courbés vers le sol. Trois derniers hommes cagoulés, également armés de mitraillettes, protègent leurs arrières. Je n'ai pas pu savoir s'il s'agissait là d'une action de kidnapping de la part d'une opposition encore sauvage au Tadjikistan ou, plus vraisemblablement, de la capture de truands ou de braqueurs par des services de sécurité gouvernementaux. Dans ce cas, les masques assurent l'anonymat des policiers et leur évitent, ainsi qu'à leurs familles, les représailles de la puissante mafia locale ou de l'opposition. Dans un État où les élections ont été entachées de grossières irrégularités, il faut se souvenir qu'il y a peu les fusillades étaient fréquentes dans les rues de la capitale et qu'il y avait un couvre-feu. Présentement, les civils armés ne sont pas rares.

J'ai la chance de pouvoir attendre ma carte d'embarquement chez ACTED. Cette organisation humanitaire française, présente notamment en Afghanistan et au Tadjikistan, œuvre dans l'aide économique et dans différents projets de développement. En l'absence de représentation diplomatique française, c'est ACTED qui, le 14 juillet, réunit les délégués tadjiks et ceux de la communauté internationale autour d'un buffet où des vins rouges accompagnent ces preuves incontestables du génie ésotérique de la gastronomie française qui rebute tant de profanes : des fromages ! Quelle exquise pourriture orne ce roquefort ! Quelle divine puanteur exhale ce camembert ! Quel goût rude dégagent ces chèvres secs ! Cela me manquait tant que j'en pleurerais presque. Pour un plateau complet, il ne manque guère que de l'époisses coulant et un munster fétide. Vive la France !

Lorsque je dévoile mes projets afghans aux diplomates, aux responsables d'ONG, aux connaisseurs de la région et au journaliste reçus par ACTED, ils se liguent pour me mettre en garde et me dissuader : « C'est très dangereux. Dans le nord-est, des potentats locaux ne veulent rien céder de leurs prérogatives. Le pouvoir de l'Alliance du Nord est très dilué. Vous pouvez obtenir le sauf-conduit d'un chef et vous faire abattre ou prendre en otage par son voisin ou par des brigands. »

Un autre ajoute: «Je ne suis pas une poule mouillée, mais je ne le ferais pas. Il serait plus sûr de passer par la zone contrôlée par les talibans. Eux, au moins, ils tiennent leur partie du pays. Le Nord est constamment remodelé en fonction des alliances. On dit qu'il compte trois mille vallées et trois mille commandants. Il y a une multitude de petits chefs qui rêvent de prendre la place du grand. Massoud n'est pas le leader militaire incontesté que l'on imagine en France, où il est très apprécié pour son charisme et parce qu'il est un peu francophone. Les divisions sont nombreuses et les talibans convainquent parfois quelque hobereau de se rallier à leur cause. Eux, au moins, ils ont arrêté la guerre civile qui faisait rage dans le pays, au moment où les moudjahidin étaient au pouvoir, de 1992 à 1996. »

Un troisième renchérit: « C'était la première fois dans l'histoire du pays que les Pachtouns – ethnie majoritaire dont sont issus la plupart des talibans – ne le dirigeaient pas. L'Afghanistan avec Rabbani au pouvoir était ingouvernable. Avant les talibans, cela tirait dans tous les sens à Kaboul. Les différentes factions de moudjahidin qui composaient le gouvernement se détestaient. Rabbani et Massoud ne représentaient que les Tadjiks; les Ouzbeks avaient leur propre leader, Dostom; les Hazaras étaient dirigés par un autre chef encore. L'ancien gouvernement est aujourd'hui confiné au nord-est du pays où les clans se trahissent toujours. Certains seigneurs du Nord ont déjà retourné leur veste. Les talibans ont désarmé presque tout le monde. Ce sont des barbares, mais ils ont ramené un certain calme et, si leurs règles sont respectées, c'est tranquille! »

J'avais déjà conscience de ces dangers. Toutefois, j'attends mon départ avec une bonne dose de patience teintée d'inquiétude. L'appel libérateur survient enfin le 22 juillet. Je suis prévenu une heure après avoir été assuré qu'il n'y aurait pas d'hélicoptère ce jour-là. Le vol est resté secret jusqu'au dernier moment. « Partez tout de suite pour l'aéroport! » me dit-on, lapidaire. Sur la piste, le bruit se répand que le général Massoud en personne, de passage à Douchanbe, va piloter l'hélicoptère. Nous l'attendons une heure mais il ne viendra pas.

Ce transfert en hélicoptère rompt la continuité de mon tracé France–Chine mais mon attrait pour l'Afghanistan et la perspective de voyager dans le temps autant que dans l'espace sont si forts que je l'accepte pour m'immiscer dans son mystère.

L'hélicoptère décolle. Nous sommes treize à bord. Au milieu de la carlingue sont posés des baluchons, des sacs et des caisses dont j'ignore le contenu. La partie tadjike du trajet est tranquille quoique l'atmosphère soit pesante. Deux de ces vieux coucous pris à l'ennemi durant la guerre soviéto-afghane se sont écrasés à cause de leur vétusté et du manque d'entretien. Curieusement, les autres passagers semblent plus inquiets que moi. Nous nous posons juste avant la frontière sur un aéroport militaire pour le chargement de marchandises et nous redécollons presque aussitôt. Nous entrons en Afghanistan la gorge nouée. Les hostilités annuelles reprennent toujours en été. L'aviation pakistanaise qui soutient les talibans est une menace pour la tranquillité des cieux. Des hélicoptères auraient été mitraillés en vol récemment ou bombardés à l'atterrissage, laissant quelques victimes sur le carreau. Le risque que nous courons est donc particulièrement important. Nous longeons le front et survolons les dunes en rase-mottes pour ne pas être repérés. Je regarde par le hublot. Nous sommes vraiment très bas. J'essaie de parler à mon voisin, un vendeur d'émeraudes extraites dans le Pandjchir, qui sue à grosses gouttes et se passe un mouchoir sur le front. Je n'ai plus qu'à être un peu fataliste et à m'en remettre au pilote et à Dieu. *Inch Allah*, nous arriverons sains et saufs.

Scène de rue à Fayzabad, dans le Badakhchan.

AFGHANISTAN
Au Moyen Âge, la faim et la peur au ventre
22 juillet – 1er septembre 2000

L'hélicoptère atterrit à Taloqan. Nous l'évacuons au plus vite afin de parer à un bombardement éventuel. Me voilà enfin en Afghanistan. Plus qu'une entité géographique, l'Afghanistan est une idée qui frappe de plein fouet l'imagination occidentale. Une manière d'incantation empreinte de mystère et d'exotisme. Images de paysages grandioses tristement maculées de sang : le Grand Jeu – *The Great Game* – qui, à la fin du XIXe siècle, opposa la Couronne britannique et la Russie tsariste pour le contrôle de l'Asie centrale et de la richesse des Indes, ainsi que pour l'accès aux mers du Sud, n'a jamais cessé. Seuls ses acteurs ont changé : États-Unis, URSS, Iran…

Quant au Pakistan, il se réjouit d'avoir dans le gouvernement taliban un allié sur le flanc ouest du géant indien avec lequel il est en conflit permanent. Au milieu des années quatre-vingt-dix, le gouvernement pakistanais aurait garanti aux États-Unis la mise en place à Kaboul d'un régime favorable à Islamabad. Les talibans furent donc installés avec l'assentiment des Américains qui ne pouvaient plus évacuer les hydrocarbures d'Asie centrale par le territoire de leur ennemi iranien. Leur alternative la plus simple était de tirer un pipeline par l'Afghanistan vers un port sûr, Karachi, au Pakistan. Malheureusement pour les intérêts américains, les talibans sont moins conciliants et contrôlables que prévu, et l'Oncle Sam est à présent pris à son propre piège car ils protègent son ennemi numéro un, Oussama Ben Laden.

Avec les prisonniers talibans

C'est dans ce contexte géopolitique complexe qu'avec Nicolas Cotto, le seul correspondant de guerre présent de ce côté-ci, je fais la connaissance de Daud Khan, un des jeunes généraux de Massoud, qui a repris la ville de Taloqan et ses environs aux talibans. Ses succès lui ont valu ce grade auquel Massoud l'a élevé alors qu'il n'avait pas 30 ans. Barbe impeccablement taillée, cheveux parfaitement coiffés, vêtements afghans immaculés, le regard sombre et déterminé, il a une prestance et un maintien rares dans ces milieux ruraux du nord de l'Afghanistan. C'est un seigneur et sans doute un saigneur sur les champs de bataille. Il nous accorde l'autorisation de nous rendre sur le front et à la prison de Mejdeh, située à quatre heures de Taloqan par la piste, au mieux cahoteuse, au pire complètement défoncée. Là, vingt-cinq gardiens surveillent cent cinquante détenus. Huit sont des criminels, tous les autres ont été capturés sur le front. Plus de soixante-dix pour cent des prisonniers de guerre talibans à Mejdeh sont pakistanais, et la proportion serait plus importante encore dans d'autres prisons.

Nous entrons dans la cour d'environ trois cents mètres carrés où, dos au mur et discutant au soleil, les prisonniers sont accroupis. L'un d'eux est un général pakistanais, fait prisonnier à Mazar e Charif, où, assure-t-il, il s'était rendu en touriste. Un autre a la même ligne de défense, mais beaucoup avouent avoir été recrutés dans les écoles coraniques du Pakistan. N'est-il pas écrit dans le Coran que ceux qui se battent pour l'islam et meurent au combat auront une place plus près de Dieu ?

Il est facile de recruter ainsi des personnes de peu d'éducation, qui savent par cœur certains versets coraniques et sont endoctrinées par l'enseignement qu'elles ont reçu. Un de ces pauvres hères nous affirme péremptoirement qu'écouter de la musique est tout ce qu'il y a de plus mauvais. Lorsque nous voulons savoir pourquoi, sa seule réponse est : « Parce que les mollahs l'ont dit. » D'autres estiment avoir été trahis par les talibans qui leur avaient dit qu'ils se battaient contre les Soviétiques et pas contre d'autres musulmans. Est-ce un mensonge de plus, une excuse controuvée ? Malheureusement, je crois que, pour beaucoup, cette fois-ci, ils sont sincères. Un Yéménite apporte une touche d'exotisme supplémentaire à cette internationale intégriste. On trouverait également dans d'autres prisons des Ouïghours de l'ouest de la Chine, des Arakanais de Birmanie, des Saoudiens, des Libyens, des Algériens et d'autres représentants du monde arabe. Le Yéménite a été recruté en Érythrée par le réseau de Ben Laden pour faire la guerre sainte. Transféré en Afghanistan en vue d'un stage de terrorisme, il s'est battu sur le front du Chamali, où il a été immédiatement capturé. Loin de sa patrie, les yeux pleins d'attrition et de nostalgie, il n'a que 21 ans. La seule histoire à laquelle on peut trouver une certaine beauté est celle de ce médecin pakistanais, « combattant pour l'islam », blessé par balle au pied droit et fait prisonnier il y a un an. Il marche encore avec une béquille et ne peut s'échapper. Il loge donc hors de l'enceinte et soigne aussi bien les détenus que les gardiens et les habitants des villages alentour. Il est le seul captif à ne pas avoir entièrement failli à sa vocation.

Lorsqu'un détenu pakistanais désire savoir comment je suis venu de France en Afghanistan, j'hésite sur la réponse à lui donner, conscient que je suis du contraste entre mon bonheur et sa situation. Je ne sais trop pourquoi, je me souviens que, encore étudiant, j'avais donné des cours de mathématiques à la prison de Poissy. Certains détenus y assistaient dans l'espoir d'obtenir une remise de peine, d'autres voulaient juste bénéficier d'un peu d'évasion auprès de gens sans problèmes. Je raconte donc mon voyage à quelques prisonniers. Quand j'entends grincer la porte derrière moi, je me demande comment le destin peut être aussi sévère et enfermer des hommes alors qu'il offre à d'autres, dont je fais partie, tant de liberté.

Sur le front

Sur le champ de bataille de Bangui, l'un des accès menant à Taloqan, à une trentaine de kilomètres avant la ville, j'ai rencontré d'autres hommes de quinze ou vingt printemps qui ont déjà connu plus d'affres que bien des vieillards de chez nous. Ils n'ont vécu que la guerre et mourront peut-être de n'avoir jamais été jeunes. Abdul Matin, dont l'orgueil, à 17 ans, est d'avoir servi deux années contre les talibans, est fièrement agrippé à son kalachnikov. Il garde son sourire avenant, content de recevoir la visite d'un étranger. Ses amis conscrits moudjahidin sont postés derrière des fusils-mitrailleurs ou armés de lance-roquettes.

Sur le front de l'Alliance du Nord, à Petawak.

D'une des collines qu'ils tiennent, ils surveillent un goulet barré de trois conteneurs qui donne accès à la plaine du Choghal, convoitée par les talibans. À la sortie du défilé, de notre côté, se trouve un pont sur la rivière Sudjani. Il a été bombardé et détruit sur le tiers de sa longueur par les talibans. On s'y hisse à présent par une échelle de sept mètres. À l'opposé veillent des sentinelles. Ce peuple qui a bouté les Anglais hors de son pays au XIXe siècle et chassé la mythique armée Rouge il y a une dizaine d'années sait aussi recevoir. Le commandant Abdul Razak, qui a combattu les Russes, nous offre un thé dans une cahute creusée dans la terre. Quelques planches font office de toit ; un tapis couvre le sol. Je préfère garder mes chaussures de marche, longues à lacer, en laissant mes pieds dépasser de l'abri au cas où les impératifs du front nous obligeraient à déguerpir. On n'est jamais trop prudent...

Un peu plus au sud, sur le front de Petawak, quatre mille hommes attendent les talibans de pied ferme. Certains arrivent de loin à pied, mitraillettes sur le dos, pour faire face à l'ennemi. Toutes les forces de la région sont mobilisées. Ces jours derniers, des tirs ont été échangés. Désireux de montrer à leurs ennemis qu'ils sont toujours là et de nous faire sentir la menace adverse, les moudjahidin dispersent les projectiles d'un fusil-mitrailleur sur les tranchées ennemies les plus proches, à moins de cinq cents mètres. Nous attendons une réplique en buvant le thé. Parfois, les talibans, mieux équipés, répondent par un obus tiré d'un tank. Cette fois, la riposte au fusil-mitrailleur est plus modeste. Chacun sent que la grande offensive des talibans est pour bientôt. Elle commencera le soir même à Nahrin, une autre voie d'accès à Taloqan, plus au sud. Le lendemain, samedi 29 juillet, les talibans prennent Nahrin, puis Burka, et se rapprochent de Taloqan.

À nouveau, l'arrivée en hélicoptère du général Massoud à Taloqan depuis son nid du Pandjchir est annoncée. Nous devons le rencontrer car il apprécie les contacts avec les étrangers. Hormis quelques déplacements au Tadjikistan, il ne sort guère de son pays et reçoit peu de visites. Ses rares hôtes ne viennent généralement pas en été, période de combats intenses. De fait, à la dernière minute, il est appelé pour réorganiser ses troupes dans une zone où les talibans lancent un assaut d'envergure. Nous ne verrons pas le valeureux combattant. Par crainte d'un bombardement, malgré une crise de malaria, mon hôte allemand, Stefan Recker, représentant d'ACTED, décide de quitter la ville. Stefan en est à sa quatrième évacuation. Un véhicule nous attend sur les rives d'une rivière que n'enjambe qu'une passerelle de fortune. Nous partons vers Fayzabad à la faveur de la nuit.

Entrevue avec le chef de l'État

Fayzabad, capitale tout à fait provinciale, est enchâssée dans un écrin de montagnes nues et traversée par la rivière Kuktchem. L'ambiance de jour y est presque détendue. Des hommes portent néanmoins le kalachnikov par-dessus les chemises de coton échancrées sur le côté qui leur descendent jusqu'aux genoux. Sur leur crâne est vissé un turban ou un *pacol*, cette coiffure brune au rebord roulé et qui s'élargit nettement de la base vers le sommet. Nous trouvons refuge au bureau d'ACTED. Dans la nuit noire de ce bourg sans électricité éclatent des tirs entre les factions rivales qui se disputent le pouvoir. Fayzabad est également la ville où siège le président de l'État islamique d'Afghanistan, Burhanuddin Rabbani. Celui-ci suspend de temps en temps les luttes dans ce pays féodal en achetant le calme des uns et des autres. Bien que les talibans détiennent environ 90 % du territoire national, le président Rabbani est toujours le seul représentant légal de l'Afghanistan aux yeux de la majorité de ses voisins, des nations occidentales et de l'ONU. C'est lui qui a représenté l'Afghanistan en septembre 2000 à l'ONU, au sommet de New York qui a réuni les chefs d'État de pratiquement tous les pays de la planète, parmi lesquels messieurs Blair, Chirac, Clinton… Les talibans, eux, n'ont de relations diplomatiques officielles qu'avec trois ou quatre pays, dont le Pakistan, le Turkménistan et l'Arabie Saoudite. Le président Rabbani n'existe aujourd'hui en tant que contre-pouvoir que parce que le général Massoud se bat à ses côtés. Réciproquement, Massoud ne peut prétendre à une légitimité internationale que parce qu'il soutient le président. Les deux hommes, tous deux tadjiks, sont unis politiquement et aussi, paraît-il, par des liens familiaux.

Le 31 juillet, je me rends à l'imposante bâtisse faisant office de palais présidentiel. Dans ma tenue de marcheur lavée la veille, invoquant mon voyage et mon projet de récit, je demande un rendez-vous avec le président de l'État islamique d'Afghanistan.

Scène de marché à Taloqan.

Dans les heures qui suivent, on me recontacte et l'entrevue est fixée dans les salons de l'hôtel de Fayzabad. Avant l'arrivée du président, des hommes en armes contrôlent les lieux : ils vérifient les pièces avoisinantes et les issues. Ils s'assurent par la fenêtre qu'aucun tireur n'est embusqué à l'extérieur. Ils n'ont pas l'air commode quoique, chose curieuse, personne ne me fouille. J'aurais pu avoir un couteau ou un pistolet mais on n'impose pas un tel traitement à ses hôtes. Je suppose que j'inspire confiance.

Grand, le front enturbanné, le président Rabbani entre. Ses gestes sont hiératiques et posés. Sa tenue allie l'ample habit traditionnel afghan de couleur tilleul à une veste occidentale d'un vert clair de bon aloi. Sa barbe drue et blanche cercle un visage assez fin dont elle renforce le caractère impénétrable et énigmatique. Le président, impassible, entretient le mystère en accueillant avec équanimité chacune de mes questions et en distillant lentement ses réponses d'un ton de voix assez monocorde. Il prend le temps de choisir ses mots en persan, traduit en anglais par un interprète :

– Je me félicite que la France ait compris que des puissances étrangères se sont ingérées dans les affaires intérieures de l'Afghanistan. Le Pakistan, en la personne de son ancien ministre des Affaires étrangères, a déclaré que l'Afghanistan était important pour lui sur le plan stratégique. Le Pakistan soutient les talibans en leur dépêchant des hommes, des munitions et des armes. L'Arabie Saoudite et plusieurs pays arabes les ont également aidés, mais j'ai le sentiment que ces derniers et les États-Unis ont pris conscience des exactions des talibans et sont moins enclins à les soutenir.

– Monsieur le Président, la situation était tendue à Kaboul lorsque vous étiez au pouvoir. Quelles sont les raisons de la violence qui prévalait de 1992 à 1996 ?

– Ces troubles étaient fomentés en sous-main par les Pakistanais. Il s'agissait d'une ingérence extérieure dans les affaires intérieures de l'Afghanistan.

– Vous présidez un État islamique. Le Coran préconise, dans une certaine mesure, la lutte contre l'injustice. Pensez-vous que le Coran soit de votre côté et considérez-vous votre combat contre les talibans comme une lutte contre l'injustice ?

– Les moudjahidin n'ont fait que se défendre après avoir été attaqués, et ils le sont encore aujourd'hui.

– Monsieur le Président, le statut de la femme chez les talibans préoccupe les Occidentaux. Quelles mesures avez-vous mis en place pour les femmes dans le Nord ?

– Je mentionnerais les trois écoles pour filles et la petite “faculté de médecine” de Fayzabad. Les femmes peuvent ici devenir docteurs, enseignantes ou bien exercer d’autres métiers.

À l’issue de cet entretien d’une demi-heure, courtoisement, le président Rabbani m’offrira de goûter l’excellent melon produit dans la région. Malheureusement, de retour dans les rues de Fayzabad, le poids de la tradition est là : les quelques mesures d’insertion éducative et professionnelle des femmes apparaissent plus comme une tentative de séduction du monde occidental, un peu de poudre aux yeux, que comme l’expression d’une réelle volonté de changement du peuple. Chez le président Rabbani et le général Massoud aussi, nous sommes dans un État islamique et non en démocratie. Bien qu’il existe théoriquement, chez ces musulmans sunnites, une possibilité de choisir sa tenue, les femmes sont vêtues d’une *burka* dès leur adolescence. Cet ample vêtement uni couvre l’ensemble du corps des pieds à la tête et dissimule le visage derrière une grille de tissu. Dès lors, seuls le mari et la proche famille peuvent apprécier les traits d’une femme. Cette tenue rassure les hommes sur le chapitre de la fidélité conjugale et de leur paternité. Les hommes musulmans estiment ainsi que leur société patriarcale s’en trouve stabilisée.

Dans les petites villes et en milieu rural, le mariage est encore arrangé par les parents et en particulier par la mère. Ils trouvent un bon conjoint pour leur enfant et se mettent d’accord avec ses parents sur le montant de la dot à payer par le père du marié. Il revient à la bru, au moyen de ce pécule, d’équiper le nouveau foyer et d’acheter ses vêtements et des bijoux que peu de privilégiés admireront. Souvent, les époux ne se connaissent pas avant leur mariage. Traditionnellement assis dans la même direction lors de la cérémonie, ils découvrent mutuellement dans un miroir le reflet du visage de leur futur conjoint. On me raconte l’histoire d’un homme qui aimait d’amour tendre une jeune fille : « Voyant les tractations s’opérer dans leurs deux familles, il était persuadé que l’affaire était en bonne voie. Le jour des noces, dans le miroir, ce n’est pas le visage de sa bien-aimée qui lui est apparu mais celui d’une de ses sœurs. Et il était moins éperdument épris de cette sœur-là… »

L'Afghanistan du président Rabbani, de Massoud et consorts n'est donc pas non plus une terre de liberté absolue. Les femmes y sortent cependant sans leurs maris pour faire leurs courses et, lorsqu'elles pressent le pas, on voit parfois une *burka* se soulever légèrement et dévoiler une cheville. Jusque-là, je ne m'étais jamais rendu compte à ce point combien la cheville d'une femme peut libérer d'érotisme, de rêve et de promesse de beauté. Et c'est dans cet Afghanistan perdu dans un autre temps et recru de guerre que je vais reprendre ma marche.

Le laissez-passer du général

Le 1er août, à 5 heures, je prends congé de mes hôtes, Mir, Stefan et Alexandre. En partant au lever du jour, j'espère éviter la chaleur, les coups de feu et les affrontements nocturnes entre factions rivales. Dans un pays jonché de mines en dehors des routes, où le trafic de drogue fleurit, où rôdent des bandits de grand chemin qui auraient tôt fait de dépouiller un touriste et de le supprimer derrière un rocher, la vie humaine ne compte guère. Je sais aussi que le contenu de mon sac vaut ici des années de labeur. Je repars l'estomac noué. La peur au ventre !

Je n'ai guère marché plus d'une dizaine de kilomètres lorsque, au hameau de Khoneka, je suis abordé par un adolescent avec un *pacol* sur la tête. Malgré son âge, c'est un colosse aux manières brusques : il saisit mon bâton d'une poigne ferme, refuse de le lâcher et insiste pour m'offrir un thé. Je n'ai guère le choix. Dans quel traquenard suis-je tombé ? En Afghanistan, l'espérance de vie est faible ; je choisis la diplomatie plutôt que la courageuse niaiserie de me soustraire à l'hospitalité terroriste. À la *tchaïkhane* – « maison de thé » –, deux hommes sont persuadés qu'un étranger ne peut se balader sans sac rempli de billets : « Qu'as-tu dans ton sac ? De l'argent ? » C'est le genre de pensée qui me préoccupe lorsque je songe que d'autres hommes, armés eux, peuvent aussi la partager. Mon inquiétude est accentuée par les observations des deux Suisses de Médecins sans frontières, Juerg Draeyer et Chantal Ludi, qui m'accueillent au soir à Baharak pour une nuit de repos :

– Les Afghans croient que les voitures des ONG ne servent qu'à transporter des dollars. Heureusement, ils les respectent.

– Et les femmes que vous fréquentez dans votre boulot, comment sont-elles ?

Abdul, dans la tchaïkhane de Robate.

– Peu différentes de chez nous, m'informe Chantal. Lorsqu'elles le peuvent, les Afghanes sont coquettes sous leur *burka*. Elles aiment se maquiller, se parfumer et faire des commentaires sur les hommes.

– Pays bizarre, continue Juerg. Moi, je suis allé examiner des enfants malades, sans doute d'une épidémie de coqueluche, dans un village sous l'égide d'un homme âgé. J'avais besoin de plus d'informations sur l'apparition des symptômes. Le père étant absent, j'ai demandé au vieux si je pouvais poser des questions à la mère. Il m'a dit méchamment : "Si tu viens ici pour voir nos femmes, tu peux repartir !" Quelle étonnante mentalité ! On vient pour aider et on se fait engueuler. Même mon interprète était surpris. C'est vraiment un drôle de pays.

En Afghanistan, le Moyen Âge ressurgit sans cesse. À Bahrak, en l'absence de Sardar Khan, l'homme lige de Massoud parti sur le front, c'est son bras droit qui me signe une lettre m'autorisant à poursuivre ma route. Le passeport importe peu ici : j'ai beau avoir un visa en règle, personne ne me le demande. Seul compte le laissez-passer signé d'un militaire.

Je marche parfois dix ou vingt kilomètres entre chaque village, sur des routes parsemées, ici et là, d'épaves et de restes de la guerre contre les Soviétiques : chars en capilotade, éclats d'obus... Je ne suis pas seul, je croise des hommes à pied ou sur des ânes ; ce sont les modes de transport les plus répandus. Les cavaliers sont plus rares. Mais en voici, justement : dans cette nature sans arbre, je les ai vus de loin, à deux cents mètres, avec en bandoulière une mitraillette ou un fusil, détail qui déclenche une irrépressible montée d'adrénaline. Ils sont tous barbus. Un seul porte une veste militaire. Je pense : « Que suis-je venu faire dans cette galère ? Vont-ils me canarder ? » Plus que cent mètres : « Ah ! Tu as voulu y aller à pied en Chine. Tu as voulu passer par l'Afghanistan ! Eh bien, maintenant, tu y es ! Tu as voulu faire le malin ! Ils vont vider ton sac puis te descendre ! » Plus que cinquante mètres : « De toute manière tu n'as pas le choix. La dernière des choses à faire serait de montrer que tu as peur ou de partir en courant. » Plus que quarante mètres : « Quelle vanité faut-il pour se glisser dans un piège aussi insensé ? » Pourtant, j'ai toujours cru qu'il y a dans la vie une bonne étoile qui me protège, un *fatum* auquel je dois parfois me remettre. Et puis, je suis dans un pays musulman, un peu fataliste :

Inch Allah... ils seront pacifiques. Plus que trente mètres. Je marche d'un pas ferme. Vingt mètres, maintenant ! Je les salue, la main sur le cœur et lance un cordial *Es-salaam aleikoum. Khoub hastid ? Be kheir hastid ?* Les Afghans, même les plus humbles, sont prolixes en matière de salutations et s'enquièrent souvent, comme les Iraniens, au moins trois ou quatre fois, par différentes formules, de l'état de votre santé : « Que la paix soit avec vous ! Ça va bien ? Ça va (sans danger) ? »

Avec une telle gentillesse de ma part, ils ne peuvent pas me tirer dessus. Je m'arrête face à eux : « D'où viens-tu ? Qu'est ce que tu fais ici ? » me demande l'un d'entre eux. Il a la trentaine. Barbu, grand pour un Afghan, probablement illettré, il ne sait sans doute pas vraiment où est la France, mais, certain que, là-bas, il n'y a qu'à se baisser pour ramasser de l'argent, il voit en moi le sésame qu'il lui faut pour atteindre le monde des riches :

– Aide-moi à rejoindre ton pays !

– C'est compliqué : il te faut un visa pour aller en France.

– Donne-m'en un !

– Impossible. Seule l'ambassade de France attribue les visas.

– Ce n'est pas vrai !

– Si, si, c'est l'ambassade de France. C'est un bureau du gouvernement de mon pays qui délivre les autorisations de séjour en France. En Afghanistan, il n'y en a pas. Au Tadjikistan, non plus. En Ouzbékistan, il y en a une, mais c'est très, très difficile d'obtenir un visa pour la France actuellement.

– Je ne te crois pas. Tu n'as qu'à signer ton nom sur une feuille. Comme ça, je pourrais aller en France !

– Cela ne se passe pas comme cela.

– Bon, alors, je n'ai qu'à y aller avec toi. Tu me feras entrer dans ton pays. Tu diras que je suis ton ami.

– Mais moi, je ne vais pas en France mais en Chine, à pied, lentement. Et de plus, c'est dans la direction opposée, vers l'est !

– Dans l'autre direction ! C'est dommage. Tant pis !

Je ne pensais pas m'en sortir à si bon compte avec ce gaillard qui me voyait hâbleur et conteur de sornettes. Après un brin de causette apportant un certain plaisir mêlé d'angoisse, je prends congé d'eux et poursuis ma route. Immanquablement, je me dis alors : « Quels personnages ! C'est extraordinaire de vivre cela ! J'ai eu raison de passer par l'Afghanistan ! »

Moudjahidin tadjik.

À toutes ces questions, il m'arrive de répondre que je viens de la dernière ville et que je vais vers Echkachem. Quand le type n'a pas l'air sociable, j'ajoute que j'attends la voiture d'un ami de MSF ou d'une ONG qui va passer me prendre. Ce n'est pas vrai mais je suppose que la mention du nom de ces amis de l'Afghanistan me vaut plus de considération. Quant à ma lettre, je ne la montre que si on me la demande. Je ne suis jamais certain de savoir sur qui je tombe, un partisan de Massoud ou un gaillard qui l'apprécierait moins. Dans une telle entreprise, le nombre de bonnes rencontres importe peu. Une seule mauvaise suffit pour que le voyage s'achève.

Ces jours-ci, je côtoie les files d'ouvriers qui, dans le cadre du Programme alimentaire mondial des Nations unies, élargissent et aplanissent la piste entre Bahrak et Echkachem. Ils préparent peut-être aussi le cheval de Troie d'une invasion pakistanaise. Il n'y a aucune mécanisation des tâches ni aucun véhicule de chantier. La terre est creusée sur les bas-côtés pour en extraire des pierres. Elles sont ensuite charriées sur des brouettes ou des sortes de brancards jusqu'à la route. Des cantonniers se chargent alors de les mettre en place et de les concasser. De la terre est ajoutée comme liant, et l'ensemble est pilonné et nivelé au moyen d'une large hie maniée par un homme robuste. Le travail de cette fourmilière humaine est fascinant. La paie journalière des fourmis ouvrières est de six kilos de blé. Les Suédois et les Norvégiens ont une politique analogue pour encourager la scolarisation des enfants : ils donnent aux parents cinq kilos de blé par mois pour chaque garçon qui va à l'école et, pour chaque fille, ils offrent, en plus du blé, quelques litres d'huile. Cela ne coûte pas trop cher, et c'est utile et efficace. Pendant trois jours j'essaie de manger comme les Afghans. Je ne m'alimente que de thé et de pain : cela ne me suffit pas pour récupérer de la fatigue de ma trentaine de kilomètres quotidiens. Chaque jour, dans les villages, les habitants écoutent solennellement en groupe, sur leur unique poste de radio rouillé, les actualités iraniennes ou la BBC en persan pour s'informer de l'avance des talibans. Ces derniers n'ont toujours pas pris Taloqan. Cela semble rassurer beaucoup de monde, et moi en tout cas ! Je refais néanmoins chaque soir le point sur la plus proche porte de sortie vers le Tadjikistan ou le Pakistan, en prévision de leur déferlement subit.

Nuit à la mosquée

Le 3 août, au village d'Alejgareu qui surplombe la route, je demande encore asile à la mosquée. À mon arrivée, sous l'auvent, cinq hommes à la mine patibulaire posent sur moi un regard dur et inquisiteur et me détaillent de la tête aux pieds, sac à dos compris. Ils ont l'air mal en point. L'un a le visage émacié et les jambes maigres. Un autre, étique lui aussi, respire mal, se racle la gorge et crache. Il est peut-être tuberculeux. Son voisin également. Je me dirige vers eux, aussi naturellement que possible : « *Es-salaam aleikoum!* Je suis français. Comment allez-vous ? » Nous avons une heure avant le coucher du soleil et la prière du soir pour faire connaissance. Ils sont plusieurs à revenir du Pakistan à pied. Ils sont allés vendre leurs moutons vingt dollars par tête à Peshawar ou pour moins que cela à Chitral. En Afghanistan, ils n'en auraient tiré que la moitié. Ma première observation était juste. Ils sont tous en mauvaise santé : difficultés respiratoires, douleurs au ventre, des calculs sans doute, qu'ils ne font pas soigner par manque d'argent, en espérant qu'ils passeront un jour, *Inch Allah*. Je conseille donc à ces pauvres hères de se rendre à l'hôpital de Bahrak chez Médecins sans frontières, pour lesquels, coutume locale oblige, ils me demandent une recommandation.

Je reste à l'extérieur, sous l'auvent, pendant que Zinaïdine, le jeune imam à la barbe noire, fraîchement émoulu des médersas pakistanaises, dirige la prière. Après ce devoir, Zinaïdine et quelques habitants du village nous offrent du thé et du pain. Je subodore, mais peut-être me trompé-je, qu'il est sympathisant des talibans. Devant la foule, rhéteur érudit, il me lance d'un coup :

– Les chrétiens pensent-ils que Jésus est le fils de Dieu ?

– Oui.

Dans le noir, je ne perçois que le contour de la vingtaine de personnes qui éclatent de rire autour de lui. Zinaïdine est le mentor d'un public acquis à sa cause. Noyé parmi ces inconditionnels, j'explique que j'ai lu le Coran. Cela a au moins le mérite de calmer leurs ardeurs moqueuses. Il est difficile de s'exprimer sur un sujet aussi sensible que la religion avec un tel auditoire qui vous guette dans l'ombre. Il vaut mieux choisir prudemment ses mots dans son pauvre vocabulaire dari, la version locale du persan, pour ne vexer personne. J'espère qu'un des croyants peu éduqués ne m'a pas pris pour un blasphémateur et ne va pas

Cantonniers sur la piste entre Baharak et Echkachem.

venir dans la nuit régler son compte à l'infidèle d'un coup de couteau. En réalité, c'est seulement contre les puces et les moustiques que j'ai à lutter, inquiet d'attraper le paludisme. Mais vers 4 heures, un *« Allah u Akbar! »* fend la nuit étoilée dont le bleu sombre s'illumine juste. Zinaïdine vient de sa belle voix d'annoncer au soleil qu'il est temps pour lui d'apparaître.

Dans l'après-midi du 5 août, je passe avant Echkachem un col à près de 3000 mètres. Je bois l'eau d'une source et admire l'ineffable beauté du mont Nauchak. Le point culminant de l'Afghanistan domine de ses 7485 mètres deux chaînes de montagnes dentelées. Au sud, derrière la plus éloignée, c'est le Pakistan. Au nord, la plus proche se dresse entre l'Afghanistan et le Tadjikistan, avec des pics qui dépassent 6000 mètres, comme le pic Maïakovski. Je devine entre elles l'échappée vers le corridor du Wakhan, l'apogée de mon voyage, à la fois l'aventure véritable et le saut dans le temps.

Marco Polo serait passé par là! Il mentionne le Wakhan dans son *Livre des merveilles*: « Tellement on s'élève qu'au sommet de ces monts, dit-on, c'est le plus haut lieu du monde. Et quand on est en ce haut lieu, on trouve une vaste plaine entre ces deux montagnes... » Cette fortification naturelle et l'histoire ont fait que le Wakhan, sorte de manche de la casserole afghane, est toujours afghan. À la fin du XIXe siècle, les Russes avaient conquis la plus grande partie de l'Asie centrale. Les Britanniques voyaient d'un mauvais œil l'avancée russe à trente kilomètres de l'actuel Pakistan et les soupçonnaient de vouloir étendre cette conquête jusqu'aux Indes et aux mers du Sud. Une guerre menaçait lorsque la famine en Russie priva de crédits l'armée du tsar. Il n'était plus question de conflit entre les deux empires. La Grande-Bretagne se désintéressant de l'Asie centrale, les deux pays signèrent un pacte de non-agression qui délimitait une zone neutre sous souveraineté afghane, le corridor du Wakhan. Au nord de cette barrière géographique, les territoires seraient russes. Au sud, ils seraient britanniques.

Où les enfants naissent dans le crottin

Je redescends donc, rêveur, les yeux et le cœur pleins de promesse, vers Echkachem, où des perdrix dressées au combat font la fierté de leurs maîtres. Leurs affrontements servent de support à des paris endiablés où les perdants misent dans

Kholam Hussein, à Golrona, devant une zone inondée par un affluent du Pandj.

l'excitation générale leurs maigres économies. Je suis conduit à l'antenne de Médecins sans frontières, une autorité utile et respectée. Philippe Le Gall, placide Gaulois, m'accueille pour deux journées de repos. Je suis épuisé. Je n'ai jamais été aussi content d'aller chez le médecin. Il faut dire que celui-ci est, par le truchement de MSF, un prix Nobel de la paix. Les villes et les villages du nord-est de l'Afghanistan n'ont pas l'électricité. Leur peu de lumière provient des générateurs des ONG. Sous une faible ampoule, je discute avec Philippe et Djamila. Lui, ancien de la marine marchande, s'est rendu compte sur le tard que sa vocation était la médecine. Elle, infirmière tadjike et douce ismaélienne, a passé la frontière pour aider ses voisins. Indépendamment de son humanisme, le personnel de MSF a souvent une vision intéressante des pays dans lesquels il intervient. En l'occurrence, mes hôtes confirment mes observations :

« Les gens d'ici ne se lavent pas. Seuls les mains et le visage sont passés à l'eau sans savon avant les repas. Je n'ai jamais vu de couches de crasse pareilles à celles collées sur les bras des enfants, qui, comme s'ils y étaient prédestinés, naissent souvent dans le doux et chaud crottin. On fait pas mal de prévention, mais il n'y a pas que les maladies qui s'attrapent tôt dans ces contrées, les enfants aussi. Les mariages des filles sont arrangés dès la puberté. Dans la clinique de fortune d'Echkachem débarquent des mères qui n'ont guère plus de 12 ans. Leur âge ne peut qu'être estimé en l'absence d'état civil, et les parents ne connaissant pas toujours précisément eux-mêmes le leur. “Abdul est né l'année où l'on a acheté le cheval noir !”, voilà le genre d'indication qu'on recueille. Beaucoup de filles qui, vers 15 ans, n'ont pas encore eu d'enfant, viennent nous voir très perturbées. Elles se sentent d'autant plus responsables que l'homme afghan ne peut pas concevoir d'être stérile. C'est donc forcément la faute de sa femme. Malgré tous ces archaïsmes, je ne peux m'empêcher d'aimer les Afghans, et les ismaéliens en particulier. »

La majeure partie de la population de la région d'Echkachem et du corridor du Wakhan est ismaélienne, fruit d'une scission à l'intérieur de l'islam chiite. Djafar, le sixième Imam, aurait d'abord désigné comme successeur son fils Ismaïl, mais ce dernier serait décédé avant son père. À la mort de Djafar, une partie des chiites décida de suivre le fils d'Ismaïl, Mohamed. C'est de lui que descend l'Agha Khan, quarante-neuvième Imam et guide spirituel des ismaéliens. Il vit aujourd'hui en Europe et règne sur sa communauté disséminée dans de nombreux pays. Ses fidèles lui adressent des dons qu'il utilise en partie pour le développement de zones défavorisées majoritairement peuplées d'ismaéliens : vaccinations en Afghanistan, projets scolaires au Pakistan… La version ismaélienne de l'islam se veut humaniste et tolérante. Les hommes ne sont pas obligés de porter la barbe et, de fait, n'en ont généralement pas. Les femmes ne portent pas de *burka*, juste un foulard autour de la tête, et vivent de manière moins recluse que les sunnites. Les glabres ismaéliens doivent être plus inquiets que quiconque de la progression des talibans. On dit qu'à Kaboul les policiers de la répression du vice et de la promotion de la vertu contrôlent la taille des barbes en les saisissant à partir du menton et en regardant si elles dépassent de l'autre côté de leur poing fermé. Si ce n'est pas le cas, le contrevenant risque la prison jusqu'à ce que sa barbe ait la dimension satisfaisant au goût du jour. Quant aux immodestes femmes ismaéliennes, il y a fort à parier qu'elles seraient vite ramenées à une attitude plus pudique par le port de la *burka*.

La veille de partir d'Echkachem pour le corridor du Wakhan, où il n'y a pour ainsi dire pas d'argent en circulation et pas un magasin pendant trois cents kilomètres, j'achète un kilo et demi de thé, des stylos, des cigarettes et des allumettes. J'ai besoin d'une monnaie d'échange, avec une valeur importante par rapport à son poids, pour faire du troc ou des cadeaux à mes futurs hôtes. Sur la balance de MSF, mon sac pèse vingt-trois kilos, avec un litre et demi d'eau, sept boîtes de conserve de poisson, du pain, des biscuits, des œufs durs et du sel. C'est insuffisant pour vivre les deux ou trois semaines que je pense passer là-bas mais je pourrai certainement me procurer du pain sur place. Et si je suis en difficulté, j'essaierai de sortir plus vite que prévu du Wakhan en direction du Pakistan.

« Où est-ce la France ? En Afrique ? »

Le 8 août, je mets enfin le cap vers le passé. Dans le Wakhan, j'aborde un monde encore plus reculé que le reste du nord-est de l'Afghanistan. Même sans électricité, ce dernier me paraît presque moderne alors. Plus je m'enfonce dans le couloir, plus je remonte le temps. Le large fleuve sur ma gauche n'est autre que l'Amou-Daria à sa naissance. Il sépare le Tadjikistan

Enfants afghans de Pigich.

de l'Afghanistan. Selon les prononciations et les transcriptions occidentales, il est appelé Pandj, Piandj ou Pandjah, dont une traduction – les « cinq doigts » – proviendrait de la trace de main laissée sur la roche par l'Imam Ali à Kaleh e Pandjah.

Avec la fonte des neiges, son cours est suffisamment haut pour empêcher les incursions mais, en hiver notamment, des bandits de grand chemin tadjiks s'aventureraient du côté afghan. Des habitants du cru m'assurent que, même maintenant, quelque malandrin pourrait me repérer avec des jumelles depuis l'autre rive et traverser le cours d'eau pour me détrousser. Je presse donc le pas en me souvenant du triste sort survenu au Tadjikistan à une Française et à des archéologues japonais. Le contraste entre les deux berges est sidérant. Dans l'ex-Union soviétique qui me paraissait décrépite le mois dernier, je vois des routes goudronnées sur lesquelles l'apparition, le soir venu, de « lucioles » est pour les voisins afghans source de fascination et d'envie.

Une vingtaine de kilomètres après Echkachem, je m'arrête pour la nuit dans une clinique de fortune tenue par des Afghans. Ce n'est en réalité qu'une maison en partie délabrée avec une large cour où sont désintoxiqués une douzaine d'opiomanes de la région. Il n'y a, bien sûr, ni électricité ni remède. J'y croise Lutfekhoda, le médecin afghan. Il part à pied essayer de récupérer quelques médicaments chez MSF. Tel est le dernier et seul hôpital du Wakhan, si on peut appeler ainsi cette morne bâtisse. Le bruit court que les talibans ont massé six mille hommes à Chitral au Pakistan pour prendre les moudjahidin à revers en entrant dans le Wakhan par son autre accès. Aujourd'hui, les nouvelles à la radio étaient au contraire plutôt bonnes : les talibans qui avaient progressé jusqu'à sept kilomètres de Taloqan, en ont été repoussés à vingt-cinq. Et la rumeur d'une attaque depuis le Pakistan n'est pas confirmée.

À Degurgund, le deuxième soir avant le coucher du soleil, je vois de jeunes hommes, fluets en apparence, qui portent sur leur dos des bottes de foin à l'aide de claies. Elles pèsent au moins quarante kilos. C'est pour nourrir le bétail en hiver. Comment font-ils, ces titans efflanqués ? L'un d'eux vient à ma rencontre. Il me tend sa main rude, rêche et calleuse mais je sens dans cette poigne toute la générosité du monde : *Khub hasti ? Be kheir hasti ?...* Buzar Chah, 18 ans, et ses acolytes me conduisent à la *mehmanhane* – maison des invités –, que nombre de villages prévoient pour les chemineaux et pérégrins de tout poil. Une plate-forme ombragée a été bâtie dans la cour. Les villageois s'y retrouvent pour discuter sur des tapis. C'est là que je déroule mon sac de couchage pour une nuit reposante malgré le fort vent du soir. Peu au fait des usages locaux, dans le doute, je propose de l'argent à mes hôtes mais ils se sentent insultés et refusent mes billets. Un autre agriculteur se joint à nous pour dîner. Il est loin d'être sot bien qu'il n'ait pas eu la chance d'aller à l'école. Je le sens hésitant, il veut poser une question mais n'ose pas. Il se risque enfin : « Où est-ce la France ? En Afrique, en Asie, ou en Europe ? » Dans un pays où il est fréquent d'ignorer que la Terre est ronde et où presque personne n'a vu la mer, je remarque que Mehmet connaît au moins le nom de trois continents. Je savoure sa question qui rajoute un soupçon d'exotisme à ce segment de mon parcours. Valant son pesant de kilomètres, cette naïveté fait mon bonheur. Me revient ensuite la réflexion de Bahreddin. Son épouse était présente mais seul Bahreddin parlait, bien sûr, et il n'avait pas répondu quand je lui avais demandé le prénom de sa femme. Cela ne me regardait tout simplement pas. Je devais être bien effronté à ses yeux pour m'intéresser, fût-ce par prénom interposé, à la femme d'un autre. Malgré tout, il ne perdait pas son intérêt pour l'étranger : « Combien coûte une femme en France ? Ici, la dot est de mille dollars. » Je lui avais donc communiqué mon appréciation de célibataire occidental :

– En France, c'est gratuit de se marier. Il n'y a rien à payer à l'épouse ni à son père. Les époux ou leurs familles partagent généralement les dépenses pour la fête et le banquet.

– C'est un bon système. Trouve-moi une Française. Ainsi, avec celle-là, ça m'en fera deux !

Le 11 août, après avoir marché aussi vite que possible, j'arrive quand même de nuit à Kaleh e Pandjah. Je ne veux pas être pris pour un maraudeur ou un brigand, ni pour cible dans la nuit. Kaleh e Pandjah est le village où siège le chah – l'équivalent ismaélien de l'imam pour les sunnites et du mollah pour les autres chiites – du Pandjah, chef spirituel de la quasi-totalité des Afghans du Wakhan. Il m'invite chez lui où il reçoit déjà son homologue, le chah de Zebak, qui officie en dehors du Wakhan et qui est accompagné du commandant Hakim Big Khan et de leur escorte. Les chambres étant réservées à ces hôtes de marque, je passe une non moins agréable nuit sous la voûte étoilée.

Coupeur de foin dans le corridor du Wakhan.

Au réveil, Salaadin m'apporte un sac de savoureux *kultche.* Ce sont des petits pains durs, ronds ou triangulaires, de huit à dix centimètres de diamètre, faits de farine de blé, d'huile, d'eau et de sel. Après m'avoir laissé assister au départ de ses invités de la veille, Ismaïl Chah me propose de prolonger mon séjour chez lui et de m'installer dans la chambre d'honneur.

Le cérémonial précédant un départ est fascinant de codes et de solennité. Les familiers ou les personnes de rang égal se tendent la main droite comme nous, mais ils élèvent ensuite les deux mains jointes à la hauteur du menton et inclinent légèrement la tête pour pouvoir simultanément embrasser la main de l'autre. Les vassaux du chah adoptent à son égard une salutation plus déférente encore. Ils baisent sa main tendue. Les tenues typiques, les turbans et l'allure des hommes qui s'y livrent donnent à ces effusions d'amabilité plus de poids encore et contribuent à leur sérieux empreint de considération mutuelle. Les enfants à qui je tends la main me la serrent et embrassent ensuite la leur par respect pour l'étranger et l'adulte que je suis, un peu comme ils le feraient s'ils avaient touché un saint homme. J'en suis très flatté bien sûr.

Plus d'une semaine pour aller chez le médecin

J'ai atteint le point où le Wakhan se coupe en deux : d'un côté, le chemin qui mène au Grand Pamir, le long du fleuve-frontière avec le Tadjikistan, de l'autre, le Wakhan proprement dit, où je m'engage plus avant. Cheulk, village d'environ soixante-dix personnes, est aussi connu sous le nom de Garm Choma – la « source chaude » – en raison de sa source d'eau sulfureuse. Le chah du Pandjah y a fait aménager deux bassins clos de murs, l'un pour les hommes, l'autre pour les femmes. Je m'y accorde un moment de toilette et de détente d'autant plus agréable que, depuis le bassin, une fenêtre donne sur un sommet enneigé qui doit dépasser 6 000 mètres. C'est ma dernière toilette complète avant longtemps. Je discute avec Djalad et son fils Saïdal, âgé de 22 ans mais déjà père de trois filles :

– Ma femme aussi est de Cheulk. Il n'y a que six familles ici. Les générations vivent toutes sous le même toit.

– Vous n'avez pas d'école ?

– La plus proche est à deux heures à pied. En général, les enfants n'y vont pas.

– Les voitures ne peuvent pas arriver jusqu'à vous ?

– Il y a bien toujours la piste mais il ne vient même pas un véhicule tous les mois et demi à cause des rivières à passer. C'est trop dur ! J'ai moi-même du mal à comprendre comment les 4x4 les plus résistants franchissent les cours d'eau à certains moments de l'année.

– Comment faites-vous quand vous avez besoin de sel ?

– Des colporteurs et marchands ambulants vont de village en village. On apprend par le bouche à oreille que Khandud a reçu du sel ou du thé mais, souvent, le temps d'y aller, deux jours de marche ou de cheval, tout a été vendu. Quatre jours perdus ! C'est pire si on doit se rendre chez le médecin : Echkachem est au moins à cinq jours d'ici. On a largement le temps de mourir en route. Et si on habite plus loin dans le Wakhan, il faut plus d'une semaine à moins de pouvoir franchir la montagne pour entrer au Pakistan.

MSF, la Fondation Agha Khan et une ONG britannique ont défini ensemble un programme de vaccinations infantiles dans la région d'Echkachem et à l'orée du Wakhan, mais le manque de médicaments est encore flagrant. Dès que j'atteins un village ou que des habitants du Wakhan me voient, ils se précipitent pour me demander des remèdes. MSF m'a confié une boîte de mille aspirines pour soulager les malades que je rencontrerai, en me recommandant de leur dire de les prendre avec les repas car beaucoup de personnes souffrent en plus de maux de ventre, abondance d'opium oblige. Le premier jour, j'ai donné vingt comprimés. La nouvelle s'est répandue comme une traînée de poudre : « Un étranger qui a des remèdes ! » Les gens accourent des champs ou me rattrapent sur le chemin : « Êtes-vous docteur ? » Ma réponse les déçoit d'autant plus que je dois réduire ma distribution à quinze comprimés par famille. Le deuxième jour, je ne donne plus que douze aspirines, puis dix. Le troisième, huit. Le quatrième, six. Et ainsi de suite. Je crains de n'avoir guère, en bout de course, qu'un maigre reliquat à laisser aux Kirghizes. Ainsi va la vie au grand air. Privés des bénéfices de la médecine et de l'éducation, les Wakhis n'en goûtent certainement pas autant l'intérêt qu'un citadin occidental en week-end dans un environnement serein, en bonne santé et avec suffisamment de nourriture. Et encore, loin des affres du front, ceux que j'ai vus ne sont-ils sans doute pas les plus mal lotis…

À mon départ, Saïdal m'offre un collier d'amandes de noyaux d'abricots à manger sur le chemin. Il m'assure que ces cœurs légèrement amers apaisent le ventre. J'ai faim et trop peu de nourriture pour l'épargner. Je l'utilise donc, confirmant après tant d'autres que l'esprit ne peut se rassasier du charme des souvenirs qu'une fois l'estomac rempli.

Au village de Rurung, en contrebas duquel le cours d'eau que je suis s'est un peu élargi, Darvich m'offre de passer la nuit dans un réduit aux murs de pierre et au toit de bois. Sous les crénelures enneigées des hauts sommets afghans, l'utilisation des matériaux bruts fait merveille, comme dans les villages préservés de la campagne ou des Alpes françaises. Darvich est ravi de rencontrer un étranger pour la première fois de sa vie. Il me réveille au petit matin en m'amenant du *chirtchaï*, thé au lait, avec un pain au goût de châtaignes. Âgé d'une vingtaine d'années et vêtu à la manière traditionnelle, *kamiz* vert et *pacol*, il s'est marié jeune comme la plupart des habitants de ces contrées. Il est déjà l'heureux père de jumelles de 1 an, qu'il me montre dans le berceau de bois à bascule de sa fabrication. Dehors, les paniers d'osier, fourches et autres outils de bois ont également été confectionnés sur place. Dans un autre village, j'ai écouté la musique d'un violon artisanal, ingénieux assemblage d'un bidon d'huile percé, d'un bâton pour le manche, de cordes de récupération et d'un archet de fortune réinventé de la même façon. J'ai regretté alors de ne savoir jouer d'aucun instrument et de ne pas pouvoir apporter ma contribution à cette forme de communication que la musique permet entre les hommes. Comme à Rurung, je me suis aperçu combien d'objets quotidiens sont nés des mains mêmes de leurs utilisateurs. Issu d'une société industrielle, sans talent ni dextérité pour être l'habile façonnier que se doit d'être tout paysan wakhi, je ne serais qu'un piètre bougre si je devais vivre dans ces campagnes.

Darvich et moi discutons en persan. Il ponctue régulièrement mes phrases du mot *saïs*, qui doit signifier « c'est cela », et par quelques éclats de rire. Soudain, la porte s'ouvre. Dans la pièce surgit une vieille mégère furibonde aux doigts griffus, que je vois pour la première fois. Elle nous prend à parti en wakhi parce que mon hôte est en retard pour se rendre aux champs. Je suis étonné qu'une femme exprime autant sa personnalité dans un pays musulman. J'essaie de m'excuser en persan pour

Abdul Bakhi, agriculteur de Ratchau.

la calmer et dédouaner mon hôte de toute faute, mais elle me lance sèchement *Zaban e dari ne midunam* – « Je ne comprends pas le dari » – et s'en va en claquant la porte. Darvich, l'air nullement perturbé par l'intrusion de cette virago, s'esclaffe même à nouveau et me fait comprendre que cela n'est pas grave : « Elle vient des montagnes ! » Au cours de mon voyage, j'ai rêvé d'apparitions plus angéliques. En tout cas, les femmes, à un âge où elles ne peuvent plus enfanter, paraissent libres de leurs faits et gestes.

Emporté par la rivière

Je marche parfois dans la pente au-dessus du fleuve, sautant de rocher en rocher quand la piste disparaît totalement avant de reprendre plus loin. Le 16 août, je progresse ainsi sur un sol rocailleux à proximité du village de Nichkhaur. Sous les cimes neigeuses des montagnes, des chameaux à poil épais reconstituent leurs bosses paresseuses qui s'affalent sur le côté. Je suis bientôt tiré de ce charme idyllique par un affluent de la rivière Pandj, d'une dizaine de mètres de large. Il n'est guère profond. Je m'attends à ce que l'eau me monte à mi-cuisse mais le fond est encombré de galets et de rochers qui rendent certainement l'équilibre difficile avec un courant très fort. Je le remonte pour trouver un passage plus favorable. C'est très en amont que je me décide à le traverser. J'enlève mes chaussures et les attache à mon sac à dos déjà lourd. J'avance dans l'eau. C'est facile au début. Le courant tourbillonne autour de mes jambes. Ma progression est plus lente. Au milieu du cours d'eau, je suis bloqué par la force du courant et le poids de mon sac. Je ne peux pratiquement plus bouger un pied, ni l'avancer ni le reculer. Ma stabilité est très précaire. Arrive ce qui devait arriver : comme je pose le pied sur une pierre, elle se dérobe. Je tombe sous mon poids. Comme la pierre, je suis emporté moi aussi. Mes mains en accrochent d'autres, que j'entraîne. Mon sac se gorge d'eau et coule. Je redoute de me cogner la tête contre un rocher. J'ai conscience de dévaler rapidement vers le fleuve furieux à côté duquel mon torrent n'est qu'une plaisanterie. Dans son bouillon, je n'aurai aucune chance d'en réchapper. On pense beaucoup et vite dans ces cas-là. Je refuse de mourir ainsi. Ni mes parents, ni personne ne saura où je suis passé. Je n'ai pas le droit de finir comme cela. Je ne veux pas.

Dans ces circonstances, ce n'est pas toujours la vie qui vous lâche. C'est quelquefois l'homme qui la laisse partir. Confronté avec une certaine ironie à la mort dans un paysage magnifique, sous un soleil radieux, j'offre à la nature le spectacle de mon désastre. Elle me paraît horrible et narquoise en retour mais, moi, je sais bien à quel point je tiens à la vie. Ballotté par le courant, je m'accroche et lutte. Je ne sais guère comment mais je reviens vers le bord. Je respire tout en remarquant que je suis toujours du mauvais côté. J'ai eu très peur quoique je ne m'en sorte qu'avec le mollet qui saigne et quelques ecchymoses. Mes appareils photo sont intacts. Mon sac pèse des tonnes. Et il faut recommencer ! Comment vais-je faire ? Et voilà que survient la Providence, sous les traits de Khayam Big. Moustachu, il a un puissant torse de taureau et des jambes musclées de lutteur. Un vrai tank, âgé de 25 ans. Lui aussi veut traverser la rivière mais il en a l'habitude et a plus les qualités pour le faire que moi. J'essore mon maillot et vide un peu d'eau de mon sac. Il le prend sur son dos et nous décidons de traverser. Pour être plus stables, nous nous tenons par la main et, tant bien que mal, nous prenons pied sur l'autre rive. Je me demande comment se débrouillent les enfants et les personnes âgées qui doivent passer ainsi à la fonte des neiges. Bien sûr, c'est leur pays, ils apprennent cela tout jeunes et, bien sûr, ils ont un meilleur équilibre que moi mais, nom de Dieu, comment font-ils ? Khayam Big m'invite à me reposer dans son village, le temps d'un thé. J'étale mes habits, sac de couchage, allumettes et autres affaires mouillées au soleil pour les sécher.

Ma journée de marche – vingt-cinq kilomètres – n'est pas épuisante. J'arrive bien avant le coucher du soleil à Sarhad e Wakhan, le dernier village du Wakhan proprement dit. Il est à deux cents kilomètres d'Echkachem et à 3 200 mètres d'altitude. Son chef militaire, Hafez Khan, barbe et cheveux châtains, couleur rare chez les adultes, pantalon afghan et veste de combat, est un homme de Massoud. Il est mandaté un peu à la manière d'un préfet chez nous. Son principal travail est de veiller à la sécurité de la frontière avec le Pakistan, mais il règne aussi sur les villageois ismaéliens. Sunnite, il s'est fait aménager un lieu de prière ouvert sur l'extérieur. Les ismaéliens, eux, n'ont pas de « maison de prière » et prient chez eux. Hafez Khan m'héberge et est heureux de m'emmener faire le tour du propriétaire. Il me demande mon avis sur la construction d'un bassin où afflue une eau chaude à l'odeur soufrée autour duquel il fait ériger des murs. Ma qualité d'Occidental me confère comme par essence divine le statut d'expert omniscient : médecin, vétérinaire, architecte, ingénieur des ponts et chaussées… Je suis parfois désolé de décevoir la confiance placée en moi. En l'espèce, le regard que je jette sur son ouvrage doit lui paraître approbateur car Hafez Khan me trouve un logement.

Le 17 août, je fais relâche à Sarhad en prévision des trois grosses journées de marche qui m'attendent dans le no man's land qui suit. Je reviens un peu en arrière avec Hafez Khan jusqu'au village de Tchelkan où je suis passé la veille. Là se dressent les murs en pisé d'une école. L'instruction des enfants est une des préoccupations principales de Hafez Khan. Les enfants des deux villages ont étudié dans cette école, mais l'État ne paie plus les salaires de leurs dix maîtres. Les enseignants devant manger comme tout le monde, ils sont retournés aux champs. Cinq à six mille dollars par an suffiraient pour payer les dix maîtres avec un contrôle sur place pour vérifier que l'argent est bien utilisé ! Je suis affligé de voir dans la triste salle des professeurs le vent feuilleter sans conviction les manuels scolaires déchirés, posés sur ce qui reste du mobilier, et disputer à la poussière la jouissance du lieu. Quand les cours étaient dispensés, des enfants de 7 ans et plus s'entassaient dans chaque salle pour apprendre. C'est ici un privilège qui se mérite durement : les fenêtres sont ouvertes sur la nature et la rêverie mais n'ont pas de vitres. Les cours dispensés le matin de 8 heures à midi devaient être un calvaire dès qu'il commençait à faire froid, c'est pourquoi ils étaient suspendus au moins trois mois en hiver en plus du mois de congé d'été durant lequel les enfants aident leurs parents aux champs.

Trois jours sans habitants

À partir de Sarhad, je peux me rendre en quatre heures de marche au Pakistan par le col Baroghil, à environ 3 900 mètres. C'est facile au mois d'août. J'ai plutôt envie d'aller au bout de cette langue de terre que les Occidentaux nomment toujours Wakhan alors que ses habitants l'appellent Pamir après Sarhad. Là justement, il n'y a plus d'habitant afghan : la plaine s'efface devant la montagne. Un premier col à plus de 4 100 mètres commande une zone que, trois jours durant, je traverse au-dessus de 3 600 mètres d'altitude. Hafez Khan pense que je risque trop de m'y perdre pour me laisser y aller seul. Il me confie à Niyazbek, un ânier qui charge ses sacoches et mon sac sur sa bête. L'idée de ne pas avoir de poids sur le dos pour trois jours est plaisante. Au premier col, il tombe de légers flocons, mais la vue ne tarde pas à se dégager sur des paysages tous plus saisissants les uns que les autres : cimes découpées et enneigées, montagnes arides, vallées encaissées, gorges abruptes fendues par des rivières impétueuses, étranges sculptures de terre ocre, rouge ou brunâtre modelées au gré de l'érosion… Ici et là surgit la silhouette d'un conifère tourmenté par l'altitude et par le vent, qui se manifeste par rafales et ajoute son souffle au caractère indomptable de cette nature déserte.

Nous nous arrêtons pour déjeuner près d'une source. Hafez Khan a prévenu trop tard Niyazbek qu'il fallait du pain pour deux, aussi n'avons-nous que six pains ronds et minces pour trois jours de progression à quelque 4 000 mètres. Anticipant un passage vers le Pakistan plus dur encore que cette étape-ci, je n'ose pas entamer ma réserve de boîtes de conserve. Nous déjeunons d'un demi-pain et d'eau. Le soir, après le passage d'un pont de fortune sur une rivière impétueuse, nous redescendons vers la bergerie abandonnée de Baharak. Nous faisons du feu. Je sors mon thé pour accompagner agréablement un autre demi-pain.

Le lendemain matin, nous nous levons à 5 heures, prenons le thé et notre quatrième repas de pain consécutif. Montées et descentes se succèdent. En milieu de matinée, nous croisons un homme à cheval, Kader Khan, suivi par son fils juché sur un âne. Il est allé vendre du thé et rapporte du fromage de chèvre, dont il me donne un morceau. En fouillant mes poches, je retrouve deux bonbons que je leur tends en retour. Ils m'offrent un autre morceau de fromage, facilitant ainsi le partage avec Niyazbek. Quel bon chèvre ! Oh, quel délicieux fromage !

Peu après 10 heures, nous marquons une pause près d'un cours d'eau cristallin. J'aide Niyazbek à déharnacher son animal et fais un brin de toilette dans le torrent avant d'ouvrir une boîte de conserve de poisson. Je crains toujours de manquer de nourriture au milieu du désert montagneux que je vais bientôt traverser en trois ou quatre jours pour gagner le Pakistan. Aussi suis-je économe de mes réserves mais, celle-là, nous l'avons méritée ! Une demi-boîte avec un morceau de pain améliore notre ordinaire, qui reste frugal pour l'effort soutenu en altitude.

Vue sur l'Hindu Kuch depuis le Petit Pamir.

Alors que je m'arrête pour faire une photo, Niyazbek prend un peu d'avance sur moi. Je m'assieds par terre et sors mes deux appareils pour saisir la montagne fascinante. Je suis seul, je ne vois même plus Niyazbek quand, soudain, surgissent deux hommes à cheval. Ils portent des vêtements militaires et des lunettes de soleil, l'un d'eux exhibe une montre dorée. Dans ma situation, la vision de ces deux cavaliers est apocalyptique. Je ne peux que m'en remettre une nouvelle fois au destin en leur adressant la parole :

– *Es-salaam aleikoum !*

– *Wa aleikoum es-salaam !*

– Vous arrivez du Pakistan ?

– Oui.

– Par où ? Par le col d'Irchad ?

– Oui. (C'est un des plus bas, à 4 925 mètres d'altitude.)

– Ah ! Justement, j'y vais. Y a-t-il beaucoup de neige ?

– Non. Les chevaux sont passés sans problème.

– Merci. D'où êtes-vous ?

– De Fayzabad. Et toi, qu'est-ce que tu fais là ?

Je réponds à leurs questions sans chercher à connaître la nature de leurs occupations puis prends vite congé.

Je n'ai pas encore rejoint Niyazbek quand, parvenu au sommet d'une côte, l'échine légèrement pliée par l'effort, je suis surpris par ma troisième rencontre de la journée : un face-à-face avec un monstre hirsute d'environ neuf cents kilos, à près de 4 000 mètres d'altitude ! Il ne m'a pas entendu, ni senti venir. Je vois à son œil défiant que la bête est encore plus perplexe que moi. C'est presque un animal antédiluvien, une sorte de bison d'Asie, qui me dévisage. Il est bien plus gros qu'un bœuf. Il s'est arrêté. C'est mon premier yack. Je ne sais pas quelle peut être la réaction de cet animal, qui est vite rejoint par dix de ses congénères. Ils se sont figés, inquiets. Sur ce point, ils ressemblent plus à des vaches qu'à des taureaux ou des buffles. Certains ont des cornes. Le dernier de la troupe est monté par un homme. C'est visiblement le chef de l'expédition, il est accompagné par deux aides à pied. Je les contourne et les salue. Ils poussent quelques cris et s'en vont avec leur bétail.

Nous ne rencontrons plus personne de la journée. À 3 700 mètres, Langar, le village où nous nous arrêtons, est abandonné au moins pendant l'été. Un vent froid souffle violemment sur le cimetière voisin. Nous récoltons des brassées de bois épars pour faire du feu. Niyazbek s'en occupe. Je prends quelques notes avant le coucher du soleil. Les journées de marche sont finalement assez courtes. Vers 16 heures 30, avec le thé, nous partageons notre avant-dernier pain. Niyazbek ne connaît pas vraiment son âge : « Sans doute 20 ans, peut-être 22 ou 23. » Je lui en donnais plus.

Au matin, nous repartons après avoir partagé le dernier pain et un paquet de biscuits. Enthousiasmé par la beauté des paysages, je ne cesse de faire des photos. Je me promets que chacune sera la dernière mais c'est comme une drogue : je ne peux m'arrêter tant je suis fasciné, captivé, conquis par les couleurs de la terre et des pics enneigés avec lesquels le soleil, les nuages et le vent jouent en les plongeant dans la magie d'une lumière diaprée.

Le chemin gravi en début d'après-midi est raide. L'herbe est la seule végétation qui subsiste à ces hauteurs. Nous sommes à plus de 4 000 mètres et continuons à monter. En passant une butte, d'un seul coup, c'est l'émerveillement : nous voyons, une trentaine de mètres en contrebas, l'alpage d'Akbilis. Un ru coule au milieu des yourtes, cinq d'environ huit mètres de diamètre, toits pointés vers le ciel, d'un côté, et, de l'autre, la plus grande, d'une dizaine de mètres de diamètre. Les femmes sont vêtues de rouge et d'orange à l'exception des coiffes blanches qui leur descendent jusqu'au bas du dos. Les hommes portent, eux aussi, des chapeaux typiques, le haut de forme kirghize en feutre blanc ou le *toghi* tadjik. L'animation qui règne autour de leur troupeau d'une centaine de yacks est comme étouffée par le silence du paysage alentour. Les femmes préparent la traite. Les hommes, un peu plus tard, rattraperont les animaux pour les attacher, deux à deux, par les naseaux à de grosses pierres afin qu'ils ne fuient pas pendant la nuit.

Chez les Kirghizes du Pamir

Nous sommes invités dans la grande yourte dont l'extérieur est en feutre fabriqué à partir de laine de mouton. Pour entrer, il faut soulever la porte lestée par une pièce en bois qui la maintient fermée lorsque le vent souffle. À peine suis-je à l'intérieur que c'est un nouvel enchantement. Je suis projeté dans un conte des mille et une nuits : partout des tapis, sauf dans le prolongement de l'entrée, où un espace est prévu pour faire du feu à même le sol. Pour que la fumée puisse s'échapper, une ouverture circulaire est ménagée au centre du toit. Elle peut être obturée par une pièce de feutre commandée par une corde. Le mur du fond est tendu de couvertures dont la face supérieure est tissée de fils dorés ou argentés, qui confèrent à cette habitation pourtant simple une note scintillante, rutilante et luxueuse, à cette altitude.

L'armature de la yourte est composée d'une base d'arceaux qui lui donne sa forme circulaire. Ils sont étayés vers le sommet par des montants en arc de cercle. On m'assure que le tout se monte en une heure si un grand nombre de personnes s'y attellent simultanément. J'admire l'édifice qui résulte de cet assemblage. Il est dressé au moins une fois par an, les Kirghizes du Pamir afghan n'étant que des semi-nomades. Le point le moins élevé de la vallée du Petit Pamir dépassant 3800 mètres, l'hiver est très rigoureux, aussi habitent-ils des maisons en pierre.

Même près des cours d'eau, il n'y a ni céréale ni légume ni fruit. Seule l'herbe permet de faire vivre yacks, moutons et chevaux. Les troupeaux constituent la seule fortune des Kirghizes avec ce qu'ils ont réussi à conserver dans leurs yourtes : ustensiles de cuisine, beaux coffres de bois et de métal, parfois incrustés de verroterie, achetés au Tadjikistan, tapis d'origines diverses et couvertures matelassées de laine de mouton dont les étoffes dorées sont importées du Pakistan. Chaque automne, tout cela est chargé sur les yacks et redescendu vers les maisons en dur jusqu'au printemps suivant. Deux fois par an, durant les mois chauds et quand les cols sont assez dégagés, des caravanes de yacks partent vers le Pakistan s'approvisionner en blé, thé, sucre, sel, étoffes, allumettes et autres produits de première nécessité. Yacks et moutons servent de monnaie pour le troc. De rares bouteilles thermos, des chaussures et bottes en caoutchouc, surtout aux pieds des enfants, sont les objets les plus exotiques que l'on voit ici.

Même au mois d'août, il fait froid à la nuit tombée, à plus de 4000 mètres. Usman, le chef du village, me propose de dormir dans la yourte où logent tous les hôtes. Je la partage avec un groupe de moudjahidin afghans venus en mission ponctuelle de surveillance des frontières. Usman, la quarantaine passée, est robuste, mais ses épaules avachies semblent porter le fardeau de l'existence en ces lieux isolés. À son regard et à son

Jeunes éleveurs kirghizes de l'alpage d'Akbilis.

attitude nonchalante, on déduit pourtant qu'il doit être assez imperturbable pour répondre au destin sournois et à n'importe laquelle de ses imprévisibles bassesses : « À moi, on ne la fait pas ! » Pour la venue des soldats, les Kirghizes ont dû tuer, à contrecœur peut-être, un mouton. En l'absence de bois, le feu est allumé dans la yourte avec des bouses de yack, des crottes de mouton et même des excréments humains séchés que les habitants collectent dans des hottes et empilent en tas sous les rayons du soleil. Un Kirghize pose au-dessus du feu une énorme marmite et l'enduit de graisse animale. Au terme de trois jours de pain et thé, je me lèche les babines à l'idée de la viande savoureuse en cours de préparation.

Le chef des moudjahidin, Jan Mohamed, est assis en tailleur dans la yourte. Doté d'un fin visage assombri par une moustache noire, il contrôle mes lettres d'un regard sévère : « Elles sont insuffisantes. Le signataire n'a pas compétence sur ce territoire. » Dans mon existence précédente, j'ai déjà connu des négociations commerciales et professionnelles serrées, mais je n'étais pas désarmé dans un pays en guerre près d'une frontière sensible. Le rapport de forces ne m'est pas favorable. Je me sens toutefois plus rassuré que lors des rencontres sur les routes d'Afghanistan. Jan Mohamed a peut-être estimé que je parlais trop à Usman et ne lui accordais pas l'attention due à son rang. Et s'il voulait me signifier que c'est lui qui commande et faire preuve d'autorité devant ses hommes et les Kirghizes ? En évoquant divers sujets, il laisse entendre que, dans un pays d'analphabètes, il est un homme ouvert et cultivé. C'est un fait : il a vécu neuf mois à Ispahan et possède une assez bonne connaissance du monde. Notre conversation s'écoule, fluide ; des sourires s'échangent. Il n'y a pas de plus belle démonstration de force que la magnanimité. Devant son auditoire, Jan Mohamed livre son jugement : « C'est bon. Tu peux rester. J'aime les Français. » À l'issue du repas, le Salomon afghan se révèle même attentionné à mon égard en m'offrant un beau stylo à encre et un verre... Duralex, sans doute le produit français le plus répandu au monde !

À mon réveil, Usman m'apprend que, dans une semaine environ, il conduira une caravane de yacks depuis Akbilis jusqu'au Pakistan et que je pourrai partir avec elle. C'est l'occasion de mener à terme mon exploration du Wakhan. Je reviendrai après me joindre à la caravane, si elle est toujours là. Puisque je vais faire une boucle, je m'accorde le luxe d'en parcourir quelques tronçons à cheval et même à dos de yack.

Le village d'Utchdjilga domine le superbe lac Tchakmatin dans la vallée. Huit yourtes y ont été dressées. Je déplie mes affaires dans la maison en dur qui sert de *mehmanhane*. Le soir venu, quatre jeunes viennent jouer aux cartes pour tuer le temps, puis ils servent un plat de viande bouillie, du yack, abattu la veille : nous la prélevons au couteau sur l'os. Son goût est proche de celle du bœuf : c'est un régal. Mes compagnons d'un soir me tendent des morceaux de choix. Je m'aperçois alors qu'ils raclent jusqu'au moindre bout de graisse et curent les cartilages pour laisser les os astiqués et ivoirins comme nous les voyons rarement dans les assiettes occidentales. J'ai presque honte en pensant à la société d'abondance et de gaspillage à laquelle j'appartiens.

Au matin, je constate que deux Kirghizes ont dormi à mes côtés, tout habillés, leur chapeau sur la tête. L'enlèvent-ils parfois ? Pas ce matin car il tombe de légers flocons – nous sommes à la mi-août. La neige tient sur les montagnes alentour. Le grand Abdul Aziz, sous des dehors secs, a la bonté de me trouver du pain, du fromage de yack et même un bout de viande pour la route. Au campement suivant, je suis logé dans la yourte de Djurabaï. Deux de ses filles filent la laine. La troisième, âgée de 5 ans, s'entraîne déjà au rôle de future mère. Elle tient dans ses bras un bébé de quelques mois. Djurabaï m'offre du *kaïmak*, une sorte de beurre qui baigne dans du lait de brebis. Cinq hommes entrent soudainement. Ils viennent de descendre de cheval. Chacun porte de hautes bottes noires, des vêtements noirs, une ceinture noire à grosse boucle argentée, un pardessus noir, un chapeau noir et des lunettes noires. L'un d'entre eux est plus âgé que les autres. Leur irruption dans la tente est intimidante. Je me crois dans une version locale du « Parrain » ou dans le « clan des Kirghizes ». Ils sont peut-être de la belle-famille. Après leur entrée théâtrale, sans mot dire, ils s'assoient tous en rond au fond de la yourte. Assis à leur gauche, je suis scruté à travers tous leurs verres noirs. Ils me jaugent, sans rien laisser paraître de leurs sentiments. Je ne suis pas entièrement rassuré mais ce gang de rustres doit bien finir par me trouver sympathique puisque leurs lunettes noires tombent et qu'ils me sourient.

Moudjahidin afghans sous la grande yourte.

À cheval et à dos de yack à 5000 mètres d'altitude

Le sol est givré le 23 août. Je continue à pied jusqu'à Karadjilga. C'est là qu'habite le chef des Kirghizes, Abdul Rachid Khan, pour lequel j'ai une lettre d'introduction de Hafez Khan. Comme dans tous les autres minuscules campements, une yourte est réservée aux invités sur les six qu'il compte. On me fait entrer dans la grande yourte et me demande de patienter. La décoration est un mélange de genres : trois superbes tapis afghans dont un de cinquante ans « valant plus de trente moutons » contrastent avec un tapis turc de facture industrielle et de criardes tentures chinoises avec des motifs floraux jaunes importées du Pakistan. J'attends avec d'autres personnes l'arrivée du chef. Nous nous levons dès qu'entre cet homme d'environ 55 ans. Il a un peu d'embonpoint mais un visage creusé au regard dur et intelligent dont l'autorité naturelle impose le respect. Abdul Rachid Khan me reçoit de manière solennelle en présence de son secrétaire Niyaz Ali. Tous deux sont des hommes réfléchis qui voudraient pouvoir faire plus pour la cause de leur maigre peuple de 1237 âmes : 825 Kirghizes dans le Pamir e khord, le Petit Pamir, et 412, de l'autre côté des montagnes, dans le Pamir e Kalon, le Grand Pamir.

« Pour que nos enfants puissent continuer à vivre ici, il faudrait construire une école et un dispensaire médical sur le site, près d'une source d'eau chaude, où Niyaz Ali et Abdul Wali, mon fils aîné qui a 34 ans, t'amèneront demain à cheval. Nous avons eu des contacts avec l'ambassadeur d'Allemagne au Tadjikistan mais nous n'avons pas pu poursuivre nos relations et il serait bon que tu fasses passer une lettre à une ambassade d'Allemagne, idéalement au Pakistan. » Abdul Rachid Khan, se raccrochant à moi, trop rare intermédiaire avec le reste du monde, comme à une bouée de sauvetage, poursuit : « Connais-tu aussi un vétérinaire pour soigner nos yacks et nos moutons ? » L'absence d'école, le manque de soins médicaux et l'éventuelle mainmise des fondamentalistes talibans sur la totalité de l'Afghanistan font envisager à certains un départ pour le Kirghizistan. La vie y serait plus facile pour les jeunes générations, à défaut d'être forcément plus heureuse.

Avec mes deux camarades cavaliers, nous atteignons l'extrémité du Wakhan et la frontière avec le Tadjikistan à Gunjiboy. Nous traversons des paysages sublimes. Les sommets afghans et

Enfants sous la yourte d’habitation.

Dans le Pamir afghan.

tadjiks se reflètent dans le bleu enchanteur du lac de Tchekaratak. Il existe certainement très peu de paysages qui peuvent rivaliser de majesté et de beauté avec le Wakhan. Ce corridor est maintenant, pour moi, la plus large et la plus belle avenue du monde. Sur cette artère majeure se dressent des gratte-ciel dont les toits couronnés de blanc narguent les nuées cotonneuses dispersées dans l'azur. De toutes parts s'en échappent vers la Chine, le Pakistan et le Tadjikistan de monumentales vallées qui convient à l'émerveillement. À côté de ses avenues majestueuses, ce carrefour de montagnes a bien aussi quelques impasses qui mènent à des cirques colossaux où des léopards des neiges et des mouflons donnent au Wakhan le précieux spectacle de la vie.

Comme nous revenons le lendemain vers Karadjilga, je m'isole près d'un cours d'eau pour une rapide toilette à 4000 mètres d'altitude. C'est l'eau de fonte d'un glacier. J'y mets la main. Elle doit avoisiner 2 °C. J'ai quand même envie de me laver les aisselles. Je garde ma fourrure polaire sur les épaules pour le cas où quelqu'un surgirait. Si je ne le faisais pas, je manquerais de respect à mes hôtes et cela pourrait me valoir des ennuis. Puis, ne m'étant pas lavé les cheveux depuis deux semaines, je décide de commettre un acte de bravoure : perpendiculairement au torrent, je m'installe en appui sur les mains, la tête au-dessus de l'eau, et, d'un coup, je plie les bras comme pour entamer une série de pompes. Ma tête plonge dans l'eau. Je la ressors aussitôt et me rassieds. J'ai l'impression que mon crâne va imploser. Les secondes et les minutes passent. La douleur s'estompe. Je dois être fou pour recommencer l'exercice avec l'échantillon de shampooing qui me reste. Je m'en enduis les cheveux et replonge la tête dans l'eau glaciale. La terrible douleur revient. L'eau est trop froide pour que j'ose me rincer convenablement. Si quelqu'un de caché m'observe, il doit penser : « Ces Occidentaux ont de curieuses habitudes. » Il aurait raison : si on ne chauffe pas l'eau, il faut être masochiste pour se laver ici. Tant pis, j'y retourne et me frotte hargneusement le cuir chevelu. Je ressors si péniblement mon occiput que je considère que cette fois, c'est suffisant. Si je dois séjourner dans le Wakhan, je me laverai l'été prochain !

De toute manière, dans ce pays où il n'y a pas de miroir, on n'est guère préoccupé par son apparence ni par le regard des autres. On est, tout simplement. Ces Afghans et ces Kirghizes aux visages poudreux, aux mains terreuses, m'ont aidé à revenir un temps à ce pourquoi l'homme a été biologiquement conçu : être. Être en paix avec l'univers et avec soi-même. Ces hommes de culture musulmane savent tout cela intuitivement, de par leur vie et leur enseignement millénaire. Avec une recette à peine plus compliquée que celle de la Bible, le Coran dont ils sont pénétrés veut symboliquement que le premier homme ait été pétri de poussière. Je viens moi-même d'un pays où, traditionnellement, chacun est fier que ses racines profondes se trouvent dans les campagnes. La marche est un lien à la terre et un retour aux origines. Je traverse avec le Wakhan l'une des plus extraordinaires périodes de mon existence. Je me rapproche de mon essence et du mode de vie de lointains ancêtres, au milieu des montagnes et des bêtes. Directement en contact avec la terre en Afghanistan, même séparé d'elle par une croûte de bitume dans d'autres pays, j'ai souvent eu, à travers la marche, l'impression de me fondre dans la nature et qu'elle fondait en moi.

Nous dînons en présence du chef, avec les doigts, de riz chaud au beurre et de yaourt, que les Kirghizes appellent *ayran.*

– Ne peut-on pas passer d'ici en Chine ?

– Si, répond Abdul Rachid Khan, on peut s'y rendre par un col à plus de 5000 mètres, à trois heures de marche. De l'autre côté, des militaires sont stationnés sous la frontière. Le jour, ils montent jusqu'au col. Avec ton visa chinois, ils te laisseront peut-être entrer. Abdul Wali, mon fils, est même passé par là sans visa.

Je doute fort de ses dires car, d'après ce que je sais, cette partie de la Chine est interdite aux étrangers. Mais cette voie est certainement grandiose. Elle n'a peut-être même jamais été empruntée par un Occidental. L'expérience me tente. Je demande à partir le lendemain matin à 6 heures 30, supposant que la probabilité de trouver des Chinois au col est faible et qu'il faut vraisemblablement plus que les trois heures annoncées pour y arriver. Ma décision n'emballe pas mes guides et, de fait, nous ne sommes pas en route à dos de yack avant 10 heures 30.

Après une progression sur une pente faible durant plus de deux heures, nous marquons une pause d'une dizaine de minutes pour laisser les bêtes récupérer. Nous repartons vers le col sans avoir mangé. La pente raidissant nettement, les animaux s'essoufflent. Mon yack ahane dans la montée. Il s'arrête sans cesse. Je descends pour le tirer, mais, libéré de mon poids, il repart vers

Abdul Wali sur son yack, non loin du col de Karadjilga.

les cimes. Finalement, nous laissons les yacks cent mètres sous le col, attachés à une pierre. Nous franchissons un champ d'éboulis avant de traverser un névé. Il est 16 heures 30, nous sommes de l'autre côté du col, c'est la frontière. Nous avons mis près de six heures. Il n'y a évidemment personne ! Abdul Wali observe l'empire du Milieu à travers ses jumelles. Nous décidons de laisser Niyaz Ali avec la mitraillette, mon sac et les bêtes, du côté afghan de la frontière. Si nous sommes arrêtés, il préviendra Abdul Rachid Khan pour que l'on nous vienne en aide. Nous redescendons encore cent cinquante mètres de dénivelé, un maillot blanc noué à mon bâton de marche faisant office de drapeau. La pente devient plus abrupte. Nous voyons des maisons dans la vallée, à environ une heure et demie en contrebas.

« Camp militaire », m'annonce Abdul Wali. Même aux jumelles, c'est difficile à dire. La lumière rasante du soleil sur le faîte des montagnes du Karakorum est magnifique, mais je serais inconscient de croire qu'il s'agit d'une invitation à entrer dans le pays. Si j'arrivais de nuit dans une zone militaire chinoise dans une région interdite aux touristes, je pourrais me faire tirer dessus ou emprisonner sans que personne le sache. Mes proches me croiraient mort en Afghanistan ou à l'orée du Pakistan, et certainement pas dans une geôle chinoise. Cette fois, le jeu n'en vaut pas la chandelle. Abdul Wali me regarde et interroge :

– Alors, tu y vas ?

– Non, il va faire nuit. C'est trop dangereux !

– Pourquoi ? Je suis passé là pour aller un mois en Chine.

– Un mois. Où ça en Chine ?

– À Tachkorgan.

– Et qu'est-ce que tu as fait pendant un mois à Tachkorgan ?

– J'étais en prison !

Ce détail corrobore mon analyse. Nous retournons en Afghanistan, un peu déçus. La balade était exceptionnelle mais nous sommes arrivés trop tard, comme je l'avais prévu. Il fait froid. Dans moins d'une heure, il va faire nuit noire et nous sommes à 5 000 mètres. Je remonte sur un yack qui s'engage avec une assurance déconcertante dans les éboulis, scrutant parfois avec attention le sol, une patte en l'air, pour trouver le meilleur point d'appui. Les deux ou trois premières minutes, je suis inquiet de la raideur de la pente et me penche en arrière pour aider l'animal et ne pas basculer vers l'avant et sur ses cornes.

Sa puissance musculaire et son sens de l'équilibre me sidèrent. L'habitude de ces reliefs tourmentés, un centre de gravité très bas et le fait d'avoir toujours trois pattes pour se stabiliser au cas où la quatrième flancherait l'avantagent par rapport à un pauvre bipède. Progresser de nuit étant malaisé, voire dangereux, je suis encore plus furieux d'être parti si tard. Tout d'un coup, mon destrier épuisé et apeuré par les menaces de coups de fouet d'Abdul Wali s'écroule dans le trou du ruisseau qu'il traversait. Chance inouïe, il s'affale vers l'avant sans écraser ni casser mes jambes laissées libres sur le côté. Finalement, vers 22 heures, des gens munis d'une lampe nous signalent leur village pour que nous ne le manquions pas dans l'obscurité.

Le petit caïd

Le lendemain de notre retour, un autre fils d'Abdul Rachid Khan, âgé de 15 ans, un petit chef fumant cigarette sur cigarette, part au Pakistan avec trois hommes et sept chevaux. On m'avait dit que je pouvais me joindre à eux pour une somme quotidienne très raisonnable qui représente néanmoins ici, à titre de comparaison, deux ou trois fois le salaire d'un médecin ou cinq fois la paie journalière d'un ouvrier, juste pour les accompagner sans monopoliser un cheval supplémentaire.

Dans un pays comme l'Afghanistan, je comprends qu'un étranger paie plus cher que le tarif local. C'est sa contribution au développement. Ce dont j'ai horreur, c'est l'arrogance du tyran qui m'annonce le lendemain, une fois mon sac attaché sur un cheval et deux minutes avant le départ, que le prix a triplé. Fort du fait que, de là, il faut trois à quatre jours sans présence humaine avec le passage d'un col à 5600 mètres pour se rendre au Pakistan, il pensait me forcer la main malgré l'accord préalable passé avec son père. Quand je lui demande pourquoi le prix a augmenté, il se lance, un peu gêné, dans des explications oiseuses : « C'est difficile. Il y a beaucoup de neige. » Abdul Aziz, à qui j'avais donné des médicaments qui avaient soulagé son enfant, s'éloigne d'une conversation dans laquelle, je le lis dans ses yeux, il aimerait me soutenir mais ne peut s'opposer à l'autorité du fils de son chef. C'est vrai, après tout, je les ai aidés en leur apportant quelques remèdes et ils me prient aussi d'être leur messager au Pakistan en délivrant une missive à l'ambassade d'Allemagne à Islamabad, au sud de mon itinéraire.

Je surprends donc tout le monde à mon tour en disant que je ne pars plus avec eux mais à pied. Le chef leur ordonne alors enfin de me conduire gratuitement à cheval jusqu'au village suivant, où nos routes se sépareront. Ainsi soit-il, les quatre cavaliers m'y escortent et Abdul Aziz me serre chaleureusement la main en souhaitant que Dieu me garde. Le petit caïd détourne le regard lorsque je le salue d'un hochement de tête. Va donc acheter des cigarettes au Pakistan plutôt que des médicaments pour tes frères et sœurs !

Si la plupart des Kirghizes m'ont accueilli généreusement, notamment les personnes âgées, musulmans pratiquants, seuls quelques adolescents m'ont paru pleins de morgue et vénaux. Chez ceux-là, le respect pour les anciens s'étiole peu à peu au profit de l'attrait de la possession. L'individualisme que je déteste dans la société occidentale – l'américaine, en particulier, en est percluse – a donc gangrené certains Kirghizes du Wakhan. À trois reprises, déjà, j'ai été abordé par des adultes entre 20 et 35 ans, attirés uniquement par mon argent. L'un arriva à cheval :

– Bonjour ! D'où viens-tu ?

– De France.

Puis, sans me demander mon nom ni où j'allais, il se lança :

– As-tu des *keldar* ?

Keldar, un mot utilisé par les Wakhis pour désigner, je crois, la monnaie pakistanaise.

– Des *keldar* ?

– Oui, *keldar* ? Dollar ? *Pul* – l'« argent » en persan ?

– Oui, un peu de dollars.

– Combien ?

– Peu !

Heureusement, dans ces cas-là, leur agressivité n'est que verbale, en partie due à leur manque d'instruction et à leur machisme. Forclos sur leur terre pure dans un ciboire de montagnes paré d'un pavillon de neige, ils attribuent peut-être aussi à l'étranger une richesse fabuleuse lorsqu'ils ont vu, en dehors du Wakhan, les voitures des ONG, le comble du luxe pour eux. Pourtant même si leur comportement s'explique, je suis en fin de compte presque content de pouvoir dénigrer quelqu'un dans le pays que je visite. Cela prouve que je n'en ai pas une vision idéalisée.

Dans cet endroit qui est le plus reculé de tous ceux que j'ai traversés, je m'attendais à une terre aussi accueillante et désintéressée que l'Iran, l'Arménie et les ex-républiques soviétiques ou que le reste de l'Afghanistan. Je dois être dans ce voyage un peu à la recherche de mon Graal, une espèce d'idéal de relation entre les hommes. Il y a soixante ans déjà, Saint-Exupéry dénonçait l'appauvrissement de cette terre des hommes. Pour quelques matérialistes pitoyables, en effet, un type pauvre est un pauvre type. Deviendront-ils riches pour autant? Leur fréquentation, en tout cas, ne l'est pas, riche, au contraire de celle de leurs aînés, toujours dignes et irréprochables.

De toute manière, après un vol en hélicoptère pour entrer en Afghanistan et une fuite en voiture lors de l'attaque des talibans, je ne souhaitais pas vraiment interrompre encore la continuité de mon tracé par une course à cheval, même si elle me permettait d'appeler ma famille plus tôt depuis le Pakistan. Je redeviens donc à nouveau un marcheur, qui contemple le monde du haut de ses deux jambes. Fatigué, je frissonne. Est-ce mon alimentation qui est insuffisante par rapport à l'effort fourni? Il me reste de l'aspirine, dont je prends deux comprimés. Me voici bientôt arrêté par une rivière au courant violent où je m'engage, mais, trop faible, je fais demi-tour et remonte plutôt le cours d'eau. Loin en amont, des pierres émergent du flot. Je saute de l'une à l'autre. Il est tard. J'ai encore froid. Le village d'Utchdjilga ne doit plus être loin mais je grelotte à nouveau. La nuit tombe. Je butte plusieurs fois contre des pierres et m'écroule. L'hypothermie me gagnant, je plaque mes bras contre mon torse pour conserver davantage de chaleur. Je parviens à un ru, que j'espère être celui du campement. L'obscurité est totale. Enfin, par je ne sais quel heureux hasard, j'aperçois le pâle lumignon qui éclaire, plus tard que d'habitude ce soir, des femmes occupées à traire les yacks. Je rejoins le hameau où le jeune Abdul Ahat m'invite à me réchauffer près du feu sous la yourte de sa famille.

Après un repas, une aspirine et une nuit de sommeil, la forme revient. De plus, en ce 28 août au matin, Abdul Aziz m'apporte une heureuse nouvelle: « Usman part après-demain d'Akbilis avec une caravane de yacks et de chevaux pour le Pakistan. » De temps à autre, à près de 4000 mètres d'altitude, la faune me réserve de réjouissantes surprises. Alors que plus tôt j'ai aperçu des marmottes, je musarde en contournant un ravin.

À une vingtaine de mètres, dans les hautes herbes, un renard de bonne taille croise ma route. Avec la queue, il mesure plus d'un mètre. Sous le vent, il ne m'a pas flairé. Il avance à pas feutrés. Son attention doit être rivée sur un animal que je ne distingue pas. Voulant le photographier, je pose mon sac aussi délicatement que possible pour en extraire un appareil photo. Malgré mes précautions, je suis repéré. Nous nous regardons fixement une poignée de secondes. Je ne bouge pas. Que se passe-t-il dans la tête d'un renard ? Il doit savoir ce qu'est un homme. Pourrait-il m'attaquer ? Non, je ne le crois pas. Il détourne la tête et disparaît dans les herbes, sans trop se presser. Une heure et demie plus tard, c'est un lièvre pansu qui détale par bonds.

Karim Kul et Alina

Je traverse à gué un cours d'eau limpide. Malheureusement, je suis moins loin que je ne le croyais : j'aperçois le hameau de Buzzai Gombad que je pensais avoir déjà contourné. Je n'ai plus qu'une heure de jour devant moi et je remonte le plus vite possible. D'après l'altimètre de ma montre, je devrais être au niveau d'Akbilis mais le cours d'eau sur ma gauche est trop large pour correspondre à celui qui y coule. La nuit est tombée. Dans l'obscurité, je crie le nom d'Usman, en espérant ne pas être trop loin d'Akbilis et que quelqu'un m'entendra. Seul un chien me répond. Je crie à nouveau et les aboiements se rapprochent, annonciateurs de la venue d'un monstre qui se rue sur moi. J'avance en le tenant à distance juste suffisante au moyen de la bonne vieille technique de la menace alternée du bâton et de la pierre. Je fais mine de lancer cette dernière, sans jamais la lâcher. L'animal est de plus en plus agressif lorsqu'une voix fluette interrompt ses aboiements. Je vois se détacher la silhouette d'un bonhomme qui lui envoie des pierres et calme ses ardeurs belliqueuses. Puis mon sauveur miniature se tourne vers moi : « Suis-moi ! » Il me conduit jusqu'à son grand-père, un monsieur courbé au visage émacié mangé par une barbe blanche comme la neige et au sourire rayonnant comme un soleil. Karim Kul me souhaite la bienvenue et assez vite me demande si j'ai des allumettes. Ma réponse le soulage : je me rends compte combien le simple fait de ne plus avoir de quoi allumer un feu peut devenir catastrophique ici. À la lumière des flammes, le Petit Prince de tout à l'heure s'avère être une princesse d'une dizaine d'années

Moïdun au campement estival de Tirgin Gorum.

aux traits fins : Alina. Karim Kul a la charge de sa petite-fille en l'absence passagère de son père et celle, permanente, de sa mère, emportée par un refroidissement peut-être, comme tant de jeunes adultes de la région, ou par je ne sais quelle maladie. Je constate, dès le lendemain, que la pureté d'Alina la fait déjà convoiter comme épouse par des hommes du village voisin. Eux qui ont 20 ans voient dans son beau sourire d'enfant les prémices d'une beauté immarcescible. Peut-être sera-t-elle mariée à 12 ans. Ou plus tôt ! Bercé par le crépitement du feu, j'admire les bottes noires qui montent jusqu'aux genoux de Karim Kul. Elles sont sans doute en cuir de yack. La partie supérieure de son pantalon est rembourrée, de laine de mouton je suppose. C'est certainement un bon isolant contre le froid et un amortisseur efficace pour le cavalier kirghize. Karim Kul offre un peu de viande de mouton à son *mehman* – « invité ». Je lui laisse mes allumettes, du thé et ce qui me reste de sel. Il ne sait trop comment me remercier ou plutôt remercier Allah du passage d'un étranger providentiel et, pour ma part, je me nourris de ces échanges simples dont la générosité et l'amitié constituent le seul mobile.

Au point du jour, Karim Kul s'est assis péniblement sur les tapis de la yourte avant de s'agenouiller et d'arquer son dos cassé pour réveiller sa petite-fille d'une délicate bise sur le front. C'est un geste d'affection que j'ai assez peu vu par ici. Le fait de partager l'intimité de la famille m'a permis d'être ému par le naturel de cette tendresse matinale. Je sens que je conserverai toujours de ce vénérable vieillard un souvenir exquis. L'amitié évanescente dans notre monde réel est plus belle lorsqu'elle prend un parfum d'éternité. La vraie durée d'une rencontre n'est pas celle qui se mesure à l'horloge mais celle qui persiste dans la mémoire grâce aux images que l'esprit en conserve.

Une caravane de yacks vers le Pakistan

En retournant vers Akbilis, je remonte un peu trop haut d'après mon altimètre, mais je finis par repérer les yourtes en contrebas. Je redescends vers elles tranquillement et retrouve Usman. Il me confirme son départ, le lendemain, pour le Pakistan *via* le col d'Irchad. Quatre personnes l'assisteront. La caravane comprendra une vingtaine de yacks portant des charges légères à l'aller et deux chevaux, utiles pour rattraper un yack qui déciderait de se faire la belle.

Le matin du mercredi 30 août, je quitte Akbilis. Je suis à pied les cinq Kirghizes montés à dos de cheval ou de yack: Usman et Sultan, ainsi que Kirghizbaï, Khalil et Chamchetin, tous trois d'une vingtaine d'années. Ils insistent pour que je monte sur un yack mais, reprenant la marche au point où je l'avais abandonnée, je veux aller à pied. Nous sommes simplement convenus qu'une bête porte mon sac à dos et que je monte sur une autre pour passer les rivières. Je dois le faire dès le départ pour traverser la rivière Pandj. Elle a moins d'un mètre de fond mais emporterait un homme comme un fétu de paille tant son courant est fort. Ma monture a le corps presque entièrement submergé. Elle tire son cou en l'air pour sortir la tête de l'eau. J'ai les jambes repliées sur son dos. L'eau étant trouble, je crains qu'elle ne pose le pied dans un trou ou que la profondeur n'augmente encore. En amont, un yack épuisé est déjà en difficulté. J'ai peur que, balayé par le courant, il ne vienne buter sur ma bête déjà hésitante et ne l'entraîne. Pourtant, les animaux puissants franchissent finalement l'obstacle. Je descends de mon yack sur l'autre rive avec juste le pantalon mouillé. Quand je me mets en retard sur la caravane le temps de prendre une photo, je la rattrape sans peine en accélérant le pas. Les yacks ne vont pas plus vite qu'un homme acclimaté à l'altitude. Nous préparons notre bivouac assez tôt dans l'après-midi à côté des deux maisons abandonnées de Tachkepruk – le « pont de pierre ». Les yacks étant déharnachés, Usman et Sultan s'installent pour la prière. Les trois jeunes s'en désintéressent.

Au milieu de ce prodigieux paysage de montagne, nous dormons à la belle étoile. J'ai rarement admiré des cieux aussi clairs, presque diamantins. Quand je me réveille la nuit pour changer de position, c'est un enchantement: j'écarquille les yeux, incrédule, avant de me rendormir, rassasié de féerie céleste.

Le deuxième jour, nous levons le camp et le scénario reprend, identique à celui de la veille: je suis la vingtaine de yacks dans la vallée. Ils traversent presque tout de suite un affluent de la rivière Pandj. Une bonne heure après, ils franchissent le fameux pont de pierre qui est en réalité un étranglement naturel des parois rocheuses. Dans l'après-midi, juste avant le replat d'Adinabaï, une des étapes les plus impressionnantes du voyage, les yacks ont à négocier une gorge de quarante mètres de profondeur. La descente dans ce sillon géant est assez aisée mais la remontée d'une pente à soixante-dix degrés promet d'être absolument fascinante. Je reste au bord du précipice pour admirer l'extraordinaire spectacle des vingt yacks qui s'enfoncent dans le canyon en assurant chacun de leurs pas et traversent le ruisseau qui s'échappe d'une cascade. Les Kirghizes ont mis pied à terre. Ils laissent les bêtes s'engager seules dans les raidillons où le risque d'accident est trop élevé pour a monture avec un cavalier. Toute chute serait mortelle. L'ascension a commencé. Des bêtes s'arrêtent dans la pente roide, bloquent le passage de toutes les suivantes puis reprennent lentement leur effort. Quand, je ne sais trop comment, la troupe entière est parvenue de l'autre côté de la faille, je suis seul derrière, m'étant attardé pour fixer l'exploit caravanier sur la pellicule. Je pose soigneusement le pied à chaque pas dans la montée afin de ne pas glisser. Je ne m'en tire pas trop mal. Le groupe a fait halte à Adinabaï où, à plus de 4000 mètres, les bêtes peuvent paître et se reposer. Nous dînons de riz. J'ouvre des conserves de poisson, espérant faire plaisir à tous, mais deux des jeunes, habitués à la saveur de la viande de yack et de mouton, n'apprécient guère cette chair en sauce.

– C'était difficile. Tu n'aurais pas trouvé le chemin sans nous, me dit l'un d'entre eux.

– Oui, c'était très dur. Je me serais sans doute perdu. Mais, avec de la chance, j'aurais pu m'en sortir.

Nous nous couchons, non pas avec les poules mais avec les yacks, sous le firmament toujours scintillant de pureté, et nous réveillons en septembre. Les Kirghizes démarrent sans traîner à 6 heures 30. J'emboîte le pas. Nous avançons sur de la terre poudreuse en surplomb. Trente mètres en bas d'une paroi presque verticale nous narguent les rochers de la rivière sur lesquels nous viendrions nous écraser au moindre faux pas. Il est interdit de perdre l'équilibre ! Au cours de cette partie de notre progression, mon organisme m'impose un arrêt et, par voie de conséquence, un retard d'au moins trois minutes sur la caravane.

Abandonné à plus de 4000 mètres

Quand je l'aperçois à nouveau en contrebas, la caravane a passé entre-temps une rivière alimentée par la fonte d'un glacier. La traversée est un peu risquée. Rendu méfiant par ma tentative

La caravane avant le replat d'Adinabaï.

malheureuse deux semaines plus tôt, j'hésite à m'aventurer dans cette eau froide. Sultan, en serre-file du troupeau qui m'abandonne, me fait signe de contourner la base du glacier qui débouche un peu en amont. Me voyant bloqué, je lui demande avec le bras et lui crie de revenir mais, après m'avoir pointé le glacier, il me répète avec le même geste circulaire que je dois en faire le tour. Je fulmine en regardant s'éloigner mes anciens compagnons. Mon sac à dos est attaché sur l'une de leurs montures. Il contient mes vivres, mon sac de couchage et mes vêtements chauds. Je n'ai sur moi, en plus de mes appareils photos, qu'un tricot et une fourrure polaire. Je vais voir si je peux sauter de pierre en pierre sans remonter aussi haut que le glacier mais les pierres, très espacées, sont rendues glissantes par l'eau ou la glace. Ce n'est pas le moment de se casser une jambe. Je remonte donc sur un replat du glacier, un terrain que je préférerais aborder avec crampons et piolet. Le risque de glisser est toutefois faible en raison des éboulis de roche et de terre qui donnent au pied un appui solide. J'ai très peur, en revanche, que la glace et la terre ne masquent des crevasses. Si je chute dans l'une d'elles, mes Kirghizes, qui ne seront pas revenus en arrière tant mon sort les indiffère, n'entendront plus parler de moi, jusqu'à ce que dans deux ou trois cents ans, un promeneur découvre là, prisonnier d'un bloc de glace, l'*Hibernatus* marseillais.

Dans ce pays où la frontière entre la vie et la mort est ténue, les deux aînés penseront : *« Inch Allah »*; les trois plus jeunes : « Il n'avait qu'à monter sur un yack et rester près de nous. Il voulait marcher. Il se croyait si fort. » Je ne dis pas qu'ils auraient complètement tort. C'était sans doute à moi, suivant la caravane, de me plier à la discipline collective, mais c'était la seule fois en trois jours qu'il leur aurait fallu m'attendre. Perçoit-on ma volonté d'aller à pied comme de la bêtise ? Peut-être cela déplaît-il qu'un Occidental ait l'outrecuidance de vouloir marcher en altitude alors qu'eux, fils des montagnes, acclimatés à l'air raréfié, se déplacent plus raisonnablement à dos de bête. Ma déclaration de la veille – « Avec de la chance, j'aurais pu m'en sortir » – est-elle apparue comme de la prétention ? Je n'affirmais pourtant rien de plus que mon ignorance. Maintenant, je vais savoir ! Le sentiment d'être trahi n'est jamais plaisant. Il l'est encore moins quand on est affaibli par l'effort et le manque d'alimentation et qu'on joue sa peau à 4925 mètres, sans être assuré de trouver le col. Il est trop tard pour que je croise une caravane en provenance du Pakistan. Si je m'égare ou me blesse, je passerai la nuit dehors et sans sac de couchage ; mes chances de survie seraient alors minimes. Durant la traversée de ce massif montagneux, Alexandre le Grand avait perdu plus d'hommes à cause du froid que lors de toutes ses campagnes d'Asie centrale.

Bien que j'aie pris beaucoup de retard en contournant la rivière par le glacier, je ne suis pas encore inquiet. Il est tôt. J'ai perdu la caravane de vue dans les méandres du relief ; elle doit avoir trois quarts d'heure d'avance ; je suis de plus ralenti par deux cours d'eau : je découvre en amont des pierres sur lesquelles je saute pour passer le premier mais j'ai plus vite fait d'ôter mes chaussures et de patauger pour franchir le second. Les Kirghizes ont maintenant plus d'une heure d'avance sur moi. J'hésite sur la route à prendre, craignant de me perdre. De temps à autre tout de même, je distingue un semblant de sentier, des empreintes de yacks et même des bouses fraîches.

Par la faim et la soif, les prémices de la fatigue se font sentir. Les deux premiers ruisseaux sur ma route sont trop troubles pour que je m'y désaltère. La nature va-t-elle se liguer contre moi, elle aussi ? Je suis pourtant respectueux envers elle. Il fait heureusement très beau et la visibilité est excellente. De la bonne eau coule plus loin ; elle est glacée mais je m'en régale. J'en bois lentement plus d'un litre et m'en asperge. Une passe se dessine entre les deux montagnes. Mon altimètre m'indique une hauteur inférieure à celle marquée pour le col ; j'ai l'habitude de corriger ses farces et, par temps clément, c'est normal. La neige borde mon parcours mais le col est dégagé et un sentier en redescend.

Glacier sous le hameau de Yarz Yarz.

PAKISTAN
Vers la dernière frontière
1er-17 septembre 2000

La magie des sommets sur l'autre versant – pakistanais, j'espère – éclipse presque, sous le ciel bleu, la majesté du côté afghan que je quitte. Par les hasards de la Création, l'érosion a fait dans la terre rouge des sculptures qui, sous les neiges, laissent papillonner le regard et glisser l'imagination sur un relief inventé. Dans cette région au confluent de l'Afghanistan, du Pakistan, du Tadjikistan et de la Chine, située dans le prolongement de l'Inde et du Népal, se rejoignent les plus hautes chaînes de montagnes du globe : l'Hindu Kuch, le Pamir, le Karakorum et l'Himalaya. Cinq des quatorze 8 000 mètres au monde sont au Pakistan, dans un rayon d'environ deux cents kilomètres. Le temps est dégagé mais ce ne sont sans doute que de « petits sommets » de 6 000, 7 000 et plus que je contemple, émerveillé. Si je suis où je pense être, c'est l'un des plus beaux jours de ma vie. Dans le cas contraire, ce sera sûrement la pire nuit… La dernière aussi, peut-être. Je prends quelques photos avant d'entamer la descente.

En moins d'une heure, je parviens à un surplomb qui domine une vallée. Un majestueux rapace, certainement un aigle, maître des lieux, la surveille de son vol plané. En bas, je vois un rassemblement d'hommes et de yacks. Mes Kirghizes sans doute. Avec mon sac à dos…

Je redescends dans la vallée : c'est bien eux. Usman n'est pas là mais je retrouve les quatre autres. Je leur livre le fond de ma pensée : « J'aurais pu mourir sans mes affaires. Les deux jours précédents, je marchais pourtant à la même vitesse que vous. » Mais dans ce contexte, la vie humaine est sans importance. Elle va et vient selon les vicissitudes de notre bas monde et comme il plaît à Allah. Ils me répondent donc avec tant de désinvolture et un naturel si déconcertant pour un Européen que mes remontrances sont comme autant de coups d'épée dans l'eau. C'est plus tard que j'avoue ma profonde déception à Usman :

– Vous m'avez abandonné devant un important cours d'eau alors que c'est pour m'aider à les franchir et à reconnaître le chemin que j'ai dit que je vous laisserai de l'argent. Si je m'étais perdu, si j'avais eu un accident, j'aurais passé la nuit sans habit chaud ni sac de couchage. J'aurais pu mourir.

– L'argent convenu, tu n'as pas à me le donner.

Je ne saurai jamais quel est le fond de sa pensée : Usman souhaitait-il passer la frontière sans moi après s'être rendu compte que je pouvais lui occasionner des problèmes si une patrouille de l'armée nous contrôlait ? A-t-il saisi l'opportunité de s'éclipser sans perdre la face, sans avoir à m'expliquer que ma présence le gênait ? Peut-être étais-je, sans m'en rendre compte, de mauvaise humeur à cause de ma trop faible alimentation et de mon épuisement ? Il ne me reste que peu d'argent mais je lui laisse malgré tout la somme promise, qui n'est pas considérable : je sais qu'elle aidera un peu son village. Je ne veux pas non plus qu'il ait une mauvaise image des étrangers en général et des Français en particulier. De toute manière, je demeure en vie, c'est l'essentiel. J'aurais pu mourir à cause d'eux, certes, mais, grâce à eux, j'ai vécu aussi et, que je le veuille ou non, je ne serai sans doute plus jamais vraiment le même.

Apparemment, mon sac à dos n'a pas été ouvert ; il n'y manque rien. Je reste encore une nuit avec les Kirghizes. Après une récupération difficile à 4 300 mètres par la faute du vent coléreux qui s'est levé dans la nuit, je pars seul vers le premier village habité, Babakhundi. Cette fois-ci, j'ai mon sac sur le dos. J'hésite encore, je franchis la rivière, suis un sentier et traverse un village abandonné qui doit être Yarz Yarz – les « genévriers ». Je passe sur un pont de pierre naturel, un resserrement de la gorge étayé par des troncs. Je surplombe une vallée où vient s'épancher un glacier qui paraît infini. Soumise à un climat plus doux sur le versant sud de la vallée, la végétation réapparaît peu à peu. S'épanouit même une sorte d'olivier, si j'en crois son tronc noueux et ses feuilles effilées. Comme je suis à nouveau épuisé, le village de Babakhundi me semble fort éloigné. Finalement, j'entrevois au loin une construction aux murs blancs, sans toit, fermée sur les côtés et pavoisée de drapeaux de différentes couleurs. Je l'aurais prise pour un fortin si elle ne m'avait été présentée comme un mausolée par les Pakistanais rencontrés. Généreusement, ils m'offrent du pain et du thé. Ils trempent des cristaux de sel dans leur thé au lait, ce qui lui confère un goût surprenant mais pas déplaisant, surtout quand on a faim.

Même ses voisins hésitent sur l'origine du mausolée. Elle se perd dans les méandres de l'histoire. En tout cas, il a valu au village son deuxième nom de Ziyarat – le « pèlerinage » – et est dédié à Babakhundi, saint homme de l'islam, qui, d'après certains, a trouvé là sa dernière demeure. Pour d'autres, seule son épée y est conservée et le monument ne sert qu'à graver dans les mémoires le souvenir de son passage. D'après une troisième école, c'est Mohamed Bakr, le cinquième Saint Imam chiite, et non Babakhundi qui y est enterré, à l'endroit où il s'est éteint au cours d'un voyage. On m'assure également que Mohamed Bakr repose à La Mecque. Je ne saurai jamais le fin mot de cette histoire, ce qui, somme toute, importe peu. L'hospitalité est également de mise au Pakistan : mes théoriciens en mausolée me proposent de passer la nuit sur place. Je préfère marcher au plus vite jusqu'au poste frontalier de Sost sur la route Pakistan-Chine, à quatre-vingts kilomètres d'ici. En situation irrégulière, je suis pressé de prévenir mes parents, sans nouvelles depuis un mois, que je suis sain et sauf.

Je quitte Ziyarat et son monument énigmatique après 15 heures, bien décidé à rejoindre au soir Zud Khun, le village suivant, à une vingtaine de kilomètres. Deux heures plus tard, je suis dépassé sur la route par la camionnette de Sarfaraz, un ancien alpiniste. Il veut me prendre à bord et, sans se vexer de mon refus, il m'informe qu'il m'attendra chez lui à Zud Khun pour m'offrir le gîte. Après avoir suivi la piste et admiré un magnifique coucher de soleil frangeant d'or la dentelure des sommets pakistanais, je presse le pas. Dans la nuit, un véhicule aux phares aveuglants s'arrête à ma hauteur. Ce n'est que Sarfaraz venu avec son frère à ma rencontre par crainte que je ne trouve pas sa maison, à un kilomètre. Il m'invite à entrer dans sa voiture mais, comprenant que l'idée me déplaît, son frère descend du véhicule et termine l'étape à pied avec moi. Tant par l'âge que par la couleur des cheveux, je suis le chaînon intermédiaire entre les deux frères. Sarfaraz, l'aîné, est le stéréotype du Pakistanais tel qu'on l'imagine chez nous. Son cadet, le blond Daria, tient peut-être sa chevelure de quelque lointain soldat d'Alexandre le Grand posté dans la région il y a vingt-trois siècles.

Nous dînons de copieuses assiettes de riz et de pommes de terre – « Les meilleures du Pakistan sont produites dans cette vallée », récitent fièrement mes hôtes – avec un peu de viande et ma première salade verte, fraîche et croquante, depuis, me semble-t-il, une éternité. Dans cette ancienne colonie britannique où les plus instruits parlent anglais, Daria me raconte : « Je suis guide de haute montagne mais aussi poète. Ma langue est celle des Wakhis d'Afghanistan et du Tadjikistan. Elle était jusqu'alors transmise oralement de génération en génération. Des amis et moi l'avons retranscrite en alphabet latin. J'écris aussi des chansons en wakhi qu'un cousin fait passer sur une radio de Gilgit, la grande ville du nord du Pakistan. »

Je continue ma découverte de cette vallée parsemée de cultures de pommes de terre et de champs de blé en pleine saison des récoltes. La joie de vivre des femmes dont les cheveux sont couverts d'un foulard – les habitants sont presque tous ismaéliens – éclate sous le soleil. Elles me parlent, rient, s'amusent d'un rien et me serrent même la main pour me dire au revoir. Après avoir expédié quatre-vingts kilomètres en deux jours, j'arrive épuisé au village de Yarz Rich – le « genévrier puant », si ma traduction est exacte –, sous un sommet conique strié de coulées de neige qui me rappelle les estampes du mont Fuji. Le lendemain, 4 septembre, toujours exténué par le manque de nourriture conjugué aux efforts des dernières semaines, je m'arrête souvent, m'accroupissant ou m'asseyant pour récupérer. Je suis à la peine et me demande si je ne vais pas tomber d'inanition lorsque, j'aperçois enfin Sost de l'autre côté de la rivière.

Encore arrêté !

Parvenu dans les bureaux de l'immigration, je demande un tampon d'entrée au Pakistan sur le visa qui figure dans mon ancien passeport. L'officier, constatant que je n'ai pas de tampon d'entrée ni de sortie de Chine, me demande en anglais :

– Vous arrivez de Chine ?

– Non ! D'Afghanistan !

Il me regarde en écarquillant les yeux puis s'absente pour signaler mon cas à ses supérieurs. De toute façon, je n'aurais pas pu m'en sortir avec des balivernes. Les gradés se réunissent autour de moi. Visiblement, je dérange : « C'est la première fois qu'un étranger, non-afghan, se présente de lui-même au poste frontière après être entré illégalement depuis l'Afghanistan. » Ils conservent par sécurité mes deux passeports – le nouveau et l'ancien –, mais m'accordent l'autorisation de sortir déjeuner au restaurant voisin, le Four Brothers. Pour assouvir ma faim pantagruélique, j'y engloutis, avec une copieuse ration de pain, trois bols de viande de mouton, de lentilles et de légumes verts. Beaucoup de plats sont végétariens dans cette Inde musulmane et plutôt pauvre. Je me sens nettement mieux, prêt à retourner au poste. Ma situation n'a pas évolué favorablement : « Vous êtes un *law offender* – "hors-la-loi" –, le bureau de l'immigration de Sost vous remet à la police. »

Devant le commissariat de Sost, des pierres blanches posées sur un fond noir accueillent le nouvel arrivant : *Welcome*. En matière de bienvenue, je suis inquiet : mon arrivée depuis un territoire ennemi suscite-t-elle la méfiance des autorités de la République islamique du Pakistan ? Le tout puissant ISI, l'Inter Service Intelligence, l'agence du renseignement pakistanais, État dans l'État, pourrait-il être informé de mon entrevue avec le président Rabbani ? La manière polie avec laquelle la police me traite me laisse penser qu'il n'en est rien. Mon sort n'a rien à voir avec celui que m'ont fait subir certains paranoïaques iraniens. Mon cas est signalé par radio à la direction de la police pour le nord du Pakistan à Gilgit, car la seule ligne téléphonique de Sost est actuellement en dérangement. Je n'ai donc pas encore pu appeler mes parents pour leur dire que je suis en vie et sorti d'Afghanistan. À 20 heures, aucune réponse de Gilgit n'est parvenue. Le chef de la police locale, Barkhat Ullah Khan, qui n'a que 35 ans, m'autorise à dormir au Sky Bridge Inn.

Joueurs de billard à Sost.

Je n'ai pas dormi à l'hôtel depuis deux mois et n'ai pas pris de douche depuis trois semaines et demie. Les dernières, chez le chah du Pandjah, consistaient en brocs d'eau que je me versais sur le corps. Ma peau boucanée revit sous le savon. Je dîne avec des Belges qui se rendent en Chine. Comme dans un film d'espionnage, je leur laisse quelques dollars en plus du numéro de téléphone de mes parents pour qu'ils les avertissent de ma sortie d'Afghanistan et de mon arrestation.

Les Pakistanais qui travaillent à Sost n'y demeurent pas. Hormis quelques touristes occidentales ou japonaises, on n'y voit pas de femmes. Sost n'est, en réalité, guère plus qu'une rue. Avec ses restaurants un rien crasseux, ses magasins proposant un bric-à-brac chinois clinquant et sa ligne téléphonique fonctionnant quand elle le veut bien, ce point de passage entre le Pakistan et la Chine paraîtrait horrible et arriéré à quiconque. Après mes six semaines d'Afghanistan, il m'apparaît comme un havre de plaisirs raffinés et la vitrine de la haute technologie du XXIe siècle avec son eau chaude, même capricieuse, et ses épiceries qui vendent de délicieux abricots secs de la proche vallée de Hunza et des biscuits emballés. Sost a même son musée de plein air, dont les œuvres exposées sur fond de hautes montagnes enneigées changent avec la lumière du jour. Des camionneurs patientent, palabrent ou jouent au billard en espérant que les douanes les laisseront vite passer en Chine ou rentrer au Pakistan, et j'ai loisir d'admirer les merveilles d'art naïf que constituent leurs camions. Ils sont décorés de motifs joyeux peints de couleurs vives – rouge, bleu, jaune – et leurs pare-chocs sont, sur toute leur longueur, rehaussés de chaînettes en métal qui tintent joyeusement dès qu'elles s'entrechoquent. À proximité de telles symphonies de couleurs sur roues, je me souviens du slogan de Renault dans les années 1980 : « Beau comme un camion ! », qui n'a jamais sonné aussi juste qu'au Pakistan.

Le lendemain, je me présente au commissariat à 8 heures et y patiente la majeure partie de la journée. En milieu d'après-midi, mes « hôtes » me transfèrent à Gilgit. À mon troisième jour de captivité, le directeur de la police pour le nord du Pakistan prend une décision : l'immigration doit m'accorder le tampon d'entrée. En revanche, je ne suis pas autorisé à marcher sur la KKH, la Karakorum Highway. Le tracé de cette route mythique,

Équipe d'entretien de la Karakorum Highway.

percée pour relier Islamabad et Kachgar, a coûté la vie à des centaines de cantonniers. Il a fallu, dans les années soixante et soixante-dix, creuser au flanc des montagnes et couper des falaises sous la menace constante des éboulements et des glissements de terrain. Aujourd'hui, les deux pays concernés annoncent fièrement que leur poste frontière, installé au col de Khundjerab à 4733 mètres, est le plus haut du monde desservi par une route goudronnée. Je repars donc en minibus à Gilgit négocier le droit d'arpenter la KKH. Après cela, je continue en bus de nuit jusqu'à la capitale pour tenir ma promesse: porter à l'ambassade d'Allemagne la lettre des Kirghizes qui demandent la création d'une école et d'un hôpital. Je défends leurs intérêts auprès de trois diplomates mais je conserve peu d'espoir. Il ne leur faut pourtant pas grand-chose. La visite d'Islamabad, médiocre Brasilia de l'Asie du Sud, ne me console guère. Seuls sa gigantesque mosquée et deux ou trois autres bâtiments sortent du lot.

De retour à Sost, j'obtiens l'autorisation de marcher les quatre-vingts kilomètres jusqu'à la frontière mais on me refuse le tampon de sortie du pays, que je reviendrai chercher en autocar. Je devrai alors repartir, toujours en autocar, pour la Chine, et là, négocier le droit de marcher sur place. Les accords signés avec les Chinois prévoient le passage de la frontière en véhicule motorisé ou à vélo mais pas à pied. C'est une histoire sans fin!

Bientôt la Chine?

Le 13 septembre, après avoir repris la marche en fin d'après-midi, je suis vite logé par des ouvriers de la région de Gilgit. Pour combattre leur nostalgie du soir, ils se lancent un par un dans une danse étonnante. Dans l'immense et unique pièce où l'on mange et dort, tous les regards convergent vers le danseur. Il décrit, seul, un cercle au rythme d'une lente mélopée dans le dialecte de l'assistance. En orbite sur son cercle imaginaire, il tourne autour de son axe, avance une première fois le pied extérieur, puis le même pied une deuxième fois, pratiquement sur place. Il répète ensuite les mouvements de manière moins marquée avec le pied intérieur. Il évolue lentement au début, puis le rythme accélérant jusqu'à devenir une sarabande frénétique, il se met à tourner à toute allure sur lui-même telle une toupie et déclenche les applaudissements, sifflements et cris de ses collègues.

Le lendemain à l'aube, mon propre pas, plus égal, retrouve la Karakorum Highway. Sa régularité n'est perturbée que lorsque des éboulis dévalent les pentes, qui m'obligent à courir pour les éviter. Le soir, je suis à nouveau logé sous la tente d'ouvriers. Pour mon dernier jour de marche au Pakistan, la montée est raide, bien qu'après six semaines passées en altitude, et motivé par la proximité du but, je ne ressente pas la fatigue. Je coupe les lacets pour n'être plus qu'à deux kilomètres de la frontière. La route redevient horizontale en approchant du col. Je songe à mon départ, à mes deux années d'effort, aux pays que j'ai traversés, en associant un visage à chacun. J'en ai les larmes aux yeux. Je me souviens des pièges administratifs, des moments où j'ai dû entonner « La Marseillaise » ou d'autres airs pour me donner du baume au cœur, oublier la douleur, tromper la solitude. J'ai beaucoup chanté les airs du Stade Vélodrome, dont j'avais retouché les paroles. Je reprends : « Moi, je suis un Marseillais. Rien ne saurait m'arrêter. Et l'Afghanistan, c'est dépassé… »

Je repense aux ampoules, aux tendinites, aux douleurs du genou qui m'ont obligé à m'arrêter plusieurs semaines, à l'opération de ma hernie, aux contrôles et arrestations… Qu'importe cela, maintenant, ma Chine est là ; elle me tend les bras. Je touche, après quinze pays, cette borne ornée de deux idéogrammes qui matérialise mon entrée dans le « pays du Milieu ». Centre du monde pour ses habitants, il en était surtout pour moi le bout. Je savoure cette victoire sur moi-même et sur les revers passagers entre d'inoubliables couchers et levers de soleil. Sur ce col, près du panneau qui indique 4 733 mètres, j'ai beaucoup de mal à trouver le sommeil, perturbé par l'altitude et l'excitation d'être arrivé.

Le lendemain matin, je repars en sens inverse en bus pour revenir, toujours en bus, vers la frontière. À ma question : « N'êtes-vous pas heureux de me voir enfin partir pour de bon ? », le douanier Amam Ali Chah et ses collègues m'offrent un thé en guise d'unique réponse.

Au pays de la bicyclette, sur l'asphalte après Tachkorgan.

CHINE
Au bout du rêve dans le pays du Milieu
17 septembre – 1er octobre 2000

Mon entrée en Chine le 17 septembre n'est pas telle que je l'espérais. J'arrive en autocar au poste de l'immigration de Tachkorgan, cent vingt-huit kilomètres au-delà de la frontière politique. Tachkorgan est le centre administratif de cette Région autonome tadjike dans le Xinjiang, les « nouveaux territoires » de la Chine qui, elle-même, est une mosaïque de peuples composée de cinquante-six « nationalités » (Mandchous, Mongols, Ouïghours...), dominées par le milliard cent millions de l'ethnie han. Les Hans sont les Chinois de notre imaginaire, ceux de Pékin, Shanghai, Canton ou Hong Kong. Ils tiennent les rênes de l'administration, et c'est avec la composante militaire que je dois négocier à Tachkorgan l'autorisation de retourner à la frontière en car pour parcourir à pied les kilomètres manquants.

Le Chinois à une étoile, derrière le comptoir de l'immigration, doit avoir 18 ans. Il est plutôt rigolo avec sa dégaine d'enfant dans un déguisement de soldat trop ample pour lui. Il a l'air gentil. Il s'en va plaider ma cause dans les bureaux mais en revient avec un air contrit. Je connais sa réponse avant qu'il ne l'articule : *Buchi!* qu'Abdul, de l'hôtel Ice Mountain, venu m'aider dans la traduction, n'a pas besoin de m'expliquer. J'argumente mais ce n'est pas le bon interlocuteur. Je demande donc à voir son supérieur à deux étoiles ; une étoile en plus oblige à une mine sévère de prime abord. J'arrive pourtant à le dérider avec mes dix mille kilomètres à pied. Il est même bientôt conciliant et fait l'aller-retour entre nous et le bureau d'un quatre étoiles que je ne me représente que par l'entremise d'une photo affichée à l'extérieur des bureaux : un air dégingandé et pataud.

– *Buchi !* C'est trop dangereux pour vous de marcher là-bas !

– Mais j'ai déjà marché dix mille kilomètres et traversé quinze pays, et des pays bien plus dangereux que la Chine.

Il repart et revient.

– *Buchi !* C'est impossible !

– Mais des étrangers vont du Pakistan en Chine à vélo. Ils sont libres d'aller où ils veulent dans cette zone.

Aller-retour :

– *Buchi !* Les cyclistes le font en un jour !

– Je connais des cyclistes qui l'ont fait en deux ou trois.

Nouvel aller-retour :

– *Buchi !*

– Je le ferai en deux jours !

Va et vient.

– *Buchi !*

– Si vous voulez, vous pouvez demander à un soldat de m'accompagner pendant les deux ou trois jours nécessaires.

– *Buchi !*

– Je paierai le soldat s'il le faut.

– *Buchi !*

Il s'agit de son dernier *buchi* et, plutôt que de braquer définitivement son escogriffe de chef contre moi, je décide de m'adresser à son supérieur à Kachgar. La réponse des autorités de Kachgar n'est guère plus satisfaisante. C'est un « oui, mais... », il faut acquitter plus de quatre cents dollars pour le permis, un accompagnateur et sa nourriture. Je n'aurai, en outre, ni le droit de parler aux autochtones ni de les photographier. Je n'hésite pas longtemps. Je me priverai de ces kilomètres-là. Cela représente évidemment une grosse déception mais, avec plus de neuf mille kilomètres sur ma route principale et dix mille en comptant mes promenades annexes, je n'ai besoin de rien pour prouver quoi que ce soit. De toute manière, la continuité de mon tracé a déjà été rompue une fois à la frontière afghano-tadjike. Ce sera donc la seconde coupure. Surtout, je préfère donner les quatre cents dollars en question à une bonne cause, celle des enfants afghans ou arméniens, plutôt qu'au gouvernement chinois et à ses intermédiaires avides.

Magie du Karakorum et derniers doutes

Je ne sais plus trop avec quels ennuis les administrations peuvent encore bloquer ma route. Ayant donc « sauté » malgré moi cent vingt-huit kilomètres, je m'apprête à reprendre mon chemin au départ de Tachkorgan au matin du 23 septembre. Tachkorgan – « fort de pierre » – possède une citadelle de terre ocre, riche de deux mille trois cents ans d'histoire. Sa beauté tient à la splendeur du décor : surgis de l'horizon, les 7546 mètres du Muztagata semblent, avec les monts contigus, ne former qu'un autre site inexpugnable, d'un seul tenant. *Tag* est à rapprocher du turc *dag*, « montagne », et *muz* signifie « glace ». Muztagata signifierait ainsi « père de la montagne de glace » ou « père des montagnes prises dans les glaces ». En ce jour de nouveau départ, le sommet est tantôt pris dans les nuages tantôt caché dans les méandres de la route mais, dès qu'il réapparaît, ce point de repère colossal attire irrésistiblement le regard.

Les villages tadjiks disparaissent au profit des kirghizes, où je parviens à avoir des échanges simples avec mes souvenirs de turc mâtinés d'expressions d'Asie centrale. Ce qui me surprend le plus au cours de cette étape, c'est que, contrairement aux habitants des pays précédents, les gens me demandent immédiatement de leur donner quelque chose – montre, bâton de marche, chaussures –, sans même me proposer de thé ni m'inviter chez eux... Peut-être ces musulmans ont-ils trop peur des autorités chinoises peu favorables aux contacts de leurs minorités avec des étrangers ? Au fond, cela m'arrange car je veux avancer le plus vite possible pour éviter la police et l'armée.

À la fin de cette journée de reprise, Resul, grand-père kirghize, voyant que j'ai froid, veut m'offrir un thé. Je reviens sur mon impression initiale, mais à peine suis-je entré chez lui qu'arrive un soldat, une étoile, ouïghour sans doute. Il contrôle mes papiers de manière un peu sèche sans toutefois être désagréable. Un peu plus tard débarquent deux autres soldats, l'un han, l'autre ouïghour, qui porte une veste de combat sur un pantalon ordinaire, une lampe torche allumée à la main. Extrêmement antipathique, il me jette un regard dur et, d'un signe de sa lampe, m'intime l'ordre de les suivre. La garnison militaire de Khekje, à trente-neuf kilomètres de Tachkorgan, que j'espérais atteindre ou dépasser ce soir, n'est qu'à quelques centaines de mètres. Je suis conduit dans le bureau du supérieur hiérarchique de mes deux soldats, un Chinois han, matricule B652649. Ils lui claironnent fièrement quelque chose du genre : « Regardez ce qu'on a trouvé ! », dans cette langue que je ne comprends pas. L'officier semble sympathique. En compulsant mon passeport et en s'esclaffant, il signale par téléphone à ses patrons qu'un Français va à pied jusqu'à Kachgar avec des papiers en règle et il me fait ramener chez Resul pour qu'il me loge au soir. Voilà un gradé qui me laisse une meilleure impression de l'armée chinoise que ses sbires et son vénal collègue de Kachgar.

Malgré ma contrariété, je suppose que je dois être reconnaissant au gouvernement de cette République de moins en moins populaire de me laisser marcher librement les trois cents derniers kilomètres jusqu'à Kachgar. Cela témoigne d'une ouverture d'esprit, ou au moins d'une ouverture aux apports en devises du tourisme bien plus grande qu'il y a vingt ans, ce qui est une bonne chose pour tous.

Toutefois, je n'arrive pas à percevoir de générosité à la tête de cette administration coercitive. Elle se veut le parangon de l'esprit olympique mais restreint toujours la liberté de circuler. Ce n'est peut-être qu'une crainte infondée, une impression laissée par les médias et les commentaires d'autres voyageurs, mais tout me semble calculé dans cette mécanique qu'est la Chine, visant à un seul but : la supériorité de l'empire du Milieu sur sa périphérie et à l'extérieur de ses frontières.

La Chine est un des pays qui ont connu le plus fort développement économique dans les années quatre-vingt-dix. Ignorant la crise qui a frappé les autres pays asiatiques émergents, elle les rattrape progressivement. L'infrastructure de ses communications se développe rapidement : les routes sont entretenues, les chemins de fer performants, les liaisons aériennes multiples et les réseaux de télécommunications modernes. Dans le Xinjiang, province supposée riche en pétrole, tous ces investissements constituent à la fois un catalyseur de la croissance industrielle et un moyen de mieux contrôler les populations musulmanes, excentrées et parfois turbulentes vis-à-vis de Pékin. Lors de mon séjour au Xinjiang, une explosion détruit un camion de l'armée chinoise. Le gouvernement assure aussitôt qu'il s'agit d'un accident mais certains Occidentaux évoquent plutôt la thèse de l'attentat autonomiste. Ce ne serait guère étonnant : bien que la présence chinoise ne soit pas récente, elle est ici vécue comme une occupation.

Comparé à l'Est surpeuplé qui manque d'eau et de nourriture et est dépendant en matière énergétique, le Xinjiang a droit à une tolérance par rapport à la politique du « un enfant par famille » : deux et parfois trois enfants sont admis. Les « nouveaux territoires » sont donc une autre Chine à l'habitat clairsemé, où des populations en majorité musulmanes vivent en bordure de l'immense désert du Taklamakan.

Je ne suis pourtant que dans une des régions les plus reculées de cet immense pays de neuf millions et demi de kilomètres carrés, comparable en superficie au Canada et aux États-Unis et plus vaste que le Brésil ou l'Australie. Plus encore que par sa superficie, la Chine est un géant par sa population. Son milliard trois cents millions d'habitants, plus les Chinois de la diaspora, fait que pratiquement un habitant de la planète sur quatre est chinois par le passeport ou le sang reçu. Je suis impressionné par le stade auquel est arrivée la fourmilière singapourienne avec à peine trois millions de Chinois alors que nous, cigales françaises, sommes guettés par l'indolence et la démission. La Chine m'inquiète par sa farouche âpreté à s'enrichir et sa volonté de développement sans égard pour les conventions internationales sur le commerce et la propriété intellectuelle. Cette Chine puissante comme un colosse et froide comme un couperet m'effraie par son esprit de conquête et son organisation militaire dotée de l'arme nucléaire. Les Chinois, comme les Turkmènes, sont persuadés que le XXIe siècle sera le leur, mais avec plus de discernement et de chances de réussite que les Centre-Asiatiques. Espérons que nous ne leur donnerons pas raison ni le bâton pour nous battre.

C'est donc avec plaisir que je retrouve les Kirghizes. La modernisation gagne les villes avant leurs habitations encore rustiques. Au réveil, le petit-déjeuner est un amusant mélange culturel : comme en Asie centrale, nous découpons des morceaux de pain pour les mettre à tremper dans du thé au lait mais, au lieu de les repêcher avec les doigts, nous les attrapons avec des baguettes. Nous sommes bien en Chine. Ce même jour, je franchis le dernier col avant Kachgar, à environ 4 000 mètres. J'admire la vue sur un autre monstre de 7 719 mètres lui, le Kongur Chan, avant de couper les lacets de la route en suivant la ligne électrique qui descend vers la vallée.

Chameau de Bactriane et nécropole kirghize, devant le mont Kongur.

Le lendemain, 25 septembre, je passe devant un cimetière kirghize de cinq ou six modestes constructions de terre recouvertes d'un dôme et, pour certaines, éventrées. Des chameaux velus paissent devant l'imposante silhouette du mont Kongur. Je dors juste à côté du Karakuli, l'onirique « lac noir », entre les deux géants de pierre et de neige. Au petit jour, ils se reflètent dans le miroir de sa surface lissée. La terre brune tirant sur le rouge, striée par l'érosion, ajoute au caractère grandiose et tragique de cette nature tourmentée par les éléments.

Le 27, à la mi-journée, au village d'Isikbulak, je me désaltère avec l'eau qu'on vient de me donner en regardant une grand-mère qui file la laine sous le mont Kongur. Hélas, en redescendant du village par une pente un peu forte, mon sac sur le dos, je saute sur l'asphalte et me démets à nouveau légèrement le genou. C'est bien le moment, cent quarante kilomètres avant d'arriver !

Au soir, mon articulation est encore endolorie quand je pose mes bagages au restaurant du Kirghize Sitiwaldi, à côté du poste de contrôle du trafic routier de Gez. Le père de Sitiwaldi, Ochurbek, a un doux visage encadré d'une barbe. Son fils âgé de 2 ans, Chamusbek, déambule, comme beaucoup d'enfants en Chine, avec un pantalon découpé devant et au niveau du postérieur pour parer aux urgences physiologiques. Sa sœur, Aïpere, de quatre ans son aînée, émerillonnée et gaie comme un pinson, joue la fausse timide. Elle se cache derrière les barreaux des chaises du restaurant pour n'en être que mieux photographiée lorsqu'elle laisse apparaître ses yeux malicieux. Séduite par la magie de l'appareil et du flash, elle me réclame une nouvelle séance de pose le lendemain matin. Alors que je m'apprête à repartir, elle me tire par la main, presque les larmes aux yeux : « Ne pars pas ! » Un voyageur célibataire doit, le cas échéant à contrecœur, être inflexible avec les femmes. Je résiste à sa supplique et à son numéro de séduction. Peut-elle deviner qu'une autre m'attend ? Kachgar, belle alanguie dans son oasis, avec laquelle j'ai rendez-vous depuis plus de deux ans et dont la rencontre est maintenant prévue le dimanche 1er octobre. Je viens à peine de signifier ma décision irrévocable à Aïpere qu'une grand-mère japonaise descendue du bus au poste de contrôle vient lui offrir des bonbons, charmée par son air séraphique. La malicieuse m'oublie bien vite pour sourire à sa bienfaitrice nippone. Souvent femme varie…

Le jour le plus long

Je ne suis plus qu'à cent vingt kilomètres de Kachgar et ma douleur au genou revient. Vais-je devoir m'arrêter si près du but ? Deux jours plus tard, samedi 30 septembre au matin, soixante-dix kilomètres me séparent encore de Kachgar et je tiens à voir le dimanche son marché aux bestiaux hebdomadaire. Tous les étrangers qui s'y sont rendus s'accordent à dire que c'est un spectacle extraordinaire. Mon avant-dernier jour de voyage en sera donc le plus long : cinquante-trois kilomètres entre 8 heures du matin et 1 heure, le matin suivant, en prenant quand même le temps au village de Jung Yang Tchang de faire une partie de billard, passion commune aux Ouïghours et aux Hans. En début d'après-midi, ce jour-là, j'atteins Opal, un bourg réputé pour la saveur de ses pastèques et de ses melons. Ils font la fierté de leurs producteurs qui en amoncellent des tas près de la route, sur les éventaires et les étals des maraîchers. Certains vendeurs proposent aussi de petits pains durs, en forme d'anneaux, recouverts de graines de sésame et dont le goût s'apparente curieusement à celui des *baegel* des juifs new-yorkais. À l'étalage de Sit Hochmet, sous lequel dort le très jeune Kasim, je marque une pause pour manger cinq œufs durs. J'engloutis ensuite un plantureux *plov*. Sous les auvents de fortune des cafés de plein air, les clients s'entassent sur des bancs pour déguster dans de grands bols un mélange de glace pilée, de sirop et de lait. Ils savourent autant le contenu de leurs bols que, les yeux rivés sur les écrans, qui une scène de kung-fu, qui une déclaration d'amour à l'eau de rose d'un film chinois ou indien de troisième catégorie.

Je pourrais passer la nuit ici mais je continue vers Kachgar, malgré le besoin de compagnie et la ténacité d'un brave paysan ouïghour qui guide vers son village au moyen d'un bâton son unique vache aux étonnantes cornes en tire-bouchon. Bavard, il marche moins vite que moi et me bombarde de questions. Il veut tout savoir de la France, notamment si on y trouve des vaches, des yacks et des moutons… Chaque fois que je presse le pas, une nouvelle interrogation me ramène à sa hauteur. Comble de malheur, à l'amorce d'une pente, un jeune sur une vieille moto rouge le rejoint et le prend à l'arrière. Comme souvent dans ces pays, la moto, qui maintenant me précède, n'est pas avare de gaz toxiques. Le bouvier n'est toujours pas

Glaneur de maïs ouïghour, après Opal.

à court de questions et continue à m'interroger, tout en donnant de temps à autre, depuis la moto, des coups de bâton à sa vache pour la stimuler un peu dans la montée. Profitant d'un moment d'inattention de sa part, la vache quitte la ligne droite et s'aventure hors de la route. Je suis enrôlé dans l'expédition de rodéo consistant à la faire revenir dans la bonne voie.

La mission accomplie, lassé par le harassement verbal et les nuages d'émanations méphitiques, je me prévaux de l'alibi de la vue sur une falaise grandiose pour abandonner lâchement cette curieuse caravane. Sur la paroi de terre friable, le vent a modelé de saisissantes sculptures. Je repars, bientôt arrêté par quatre cyclistes anglophones :

– Nous sommes de Slovénie. Nous avons entendu parler de toi par des cyclistes néo-zélandais. Tu as cinq minutes pour discuter ?

– Bien sûr. Vous êtes de quel endroit en Slovénie ?

– De Postojna et de Ljubljana.

– Ah ! J'y suis passé il y a environ deux ans. Il y a de belles grottes à Postojna. J'ai aimé Ljubljana aussi. Lorsque vous y retournerez, si vous y pensez, ce serait sympa de saluer de ma part Marija et Drago. Ils vendent des marrons près du triple pont de Joze Plevnik dans le centre-ville. Vous leur direz que le Français Philippe est finalement arrivé en Chine. Vous leur demanderez aussi s'ils ont reçu les photos que je leur ai envoyées après mon opération. Je serais vraiment très content si vous me teniez au courant par un message Internet.

– Nous le ferons, c'est promis. Bonne route !

– Vous aussi !

Matej, Gorazd et la blonde Marija tiendront parole. À mon retour en France, je trouverai leur courrier Internet m'apprenant que Drago et Marija ont bien reçu les photos postées de Marseille et ont été émus jusqu'aux larmes d'apprendre que je me suis souvenu d'eux après les deux années écoulées.

Vers 19 heures, il me reste encore une quarantaine de kilomètres pour rejoindre Kachgar. Je suis épuisé. Dans l'obscurité, je m'arrête souvent sur les bornes kilométriques pour récupérer un peu. De nombreuses charrettes, chargées de bois ou de sacs, parfois en convoi, se rendent certainement à Kachgar, au marché du dimanche. Leurs conducteurs espèrent, en arrivant tôt sur les lieux, obtenir les meilleurs emplacements de vente.

Ils seront aussi les premiers pour conclure de bonnes affaires. Les charretiers chantent de leurs belles voix, qui résonnent dans les allées bordées d'arbres et emplissent d'une joie nouvelle le ciel étoilé du Xinjiang. C'est grâce à eux que je trouve, malgré mes jambes lourdes, le courage d'avancer. C'est un peu aussi grâce à un camionneur de Kachgar, Abdul Sehmet, qui, vers minuit, m'offre un plat de nouilles dans un restaurant à une vingtaine de kilomètres du but. Cependant, je vais surtout puiser mes forces dans le souvenir d'un homme qui, en dépit de son absence, a souvent occupé mes pensées en cours de voyage, modèle de volonté, de dépassement de soi-même et de refus de l'adversité, à côté duquel les efforts de la plupart des gens, les miens en particulier, paraissent insignifiants.

Le 30 janvier 1998, environ six mois avant le début de mon voyage, j'arrivais au sommet du mont Aconcagua avec une amie, à la suite de nos deux autres compagnons. Partis tard le matin, nous encourageant mutuellement, nous avions vaincu après des efforts considérables l'infernal pierrier de la Canaleta où chaque pas en avant ramène souvent trois pas en arrière. En résistant du mieux que nous pouvions aux éboulis et après avoir repris notre souffle, nous comptions quinze pas avant de nous arrêter de nouveau, bloqués par la faiblesse de nos poumons et de nos jambes. Nous étions donc parvenus exténués à la croix blanche qui, à 6959 mètres, orne le point culminant de la cordillère des Andes. Arrivé avant nous, fatigué lui aussi, un homme, encordé à ses camarades, savourait sa victoire et sa communion avec la montagne. Il enleva de son cou un chapelet retenant une croix de bois pour l'accrocher autour de la grande croix blanche. Sans doute souhaitait-il ainsi remercier Dieu de l'avoir laissé parvenir jusque-là. La différence entre cet homme et ses amis, entre cet homme et nous, c'est qu'il avait atteint le toit des Amériques avec une béquille dans chaque main, pour soutenir sa jambe atrophiée.

Je voulais alors te féliciter, mon frère, mon grand frère. Je voulais te remercier d'exister mais j'avais à peine la force de parler dans cet air où l'oxygène était raréfié. J'essayais de communiquer avec tes compagnons, en espagnol, en français puis en anglais, mais ils me répondirent dans ce qui me semblait être une langue slave dont je ne maîtrisais alors pas un traître mot. J'étais trop fatigué pour pousser la conversation plus avant et, en raison de l'heure tardive, vous vous apprêtiez à redescendre. Ces gars qui t'accompagnaient avaient des visages rudes, mal rasés, que j'imagine toujours être ceux de montagnards avertis, venus assister un de leurs pairs, victime d'un accident malheureux. Ce jour-là, ayant mesuré par moi-même l'abnégation dont doit faire preuve un homme ordinaire pour atteindre les cimes, mes yeux incrédules ont dû constater que, toi aussi, tu avais vaincu l'altitude.

C'est un des plus grands honneurs que m'ait offert la vie, sans doute le plus grand, que d'avoir croisé le chemin d'un homme comme toi. Je ne sais pas d'où tu étais, montagnard, mi-homme mi-Dieu côtoyant les nuages, et je ne peux que m'associer à Saint-Exupéry et Guillaumet pour affirmer que, ce que tu as fait, aucun animal ne l'aurait fait. Je ne sais toujours pas si tu étais polonais, slovène, serbe, ukrainien, russe ou d'ailleurs, mais peu importe. Tu es de partout et de nulle part à la fois, et c'est mieux ainsi. En ce dernier jour, comme lors de beaucoup d'autres passages délicats, tu m'as aidé, tu m'as porté. Quand on a de ses yeux vu ce que ta seule volonté put réaliser, on sait que l'on n'a pas le droit de renoncer à la chose juste que l'on désire accomplir. En ce samedi soir, mon frère, je pense à toi et tu m'accompagnes jusqu'à 1 heure du matin à Chufu, où je trouve un repos propice, à cinquante-trois kilomètres de mon départ d'étape.

Dimanche, je suis fourbu. Je croise les charrettes qui reviennent du marché avec à l'arrière des sacs de grain, du bois, des choux, des carottes, toutes sortes de légumes et, bien souvent, des moutons et des chèvres. Parfois, des vaches et des ânes, récemment acquis, suivent, attachés par une corde, la charrette de leur nouveau propriétaire. Je fais la connaissance d'Aziz, âgé de 63 ans, qui veut me prendre à l'arrière de sa bicyclette.

– D'où viens-tu à pied ? me demande-t-il en ouïghour.

– De France, lui réponds-je en souriant et savourant avec un peu d'avance cette arrivée qui a été si longue à se dessiner.

– C'est loin la France ? Combien de temps as-tu mis ? Une semaine ?

– Plus, lui dis-je en riant. Deux ans, je marche lentement.

Comprenant que, pour rien au monde, je ne monterai à l'arrière de sa bicyclette, Aziz roule seul vers le marché. Quel curieux sentiment : je voudrais profiter intensément de ce moment mais je suis épuisé et veux aussi arriver pour me poser.

Femme voilée dans le centre de Kachgar.

92
文明家庭

Je ne vois pas de panneau marquant l'entrée de la ville et que j'aurais pu prendre en photo sept cent quatre-vingt-quatre jours après mon départ de Marseille. Les premiers bâtiments sont modernes et laids. J'espérais quelques vieilles maisons pour m'accueillir. Peu importe. Je dois quand même avoir l'air guilleret ; j'ai en tout cas le cœur empli de la légèreté et de la douceur de l'existence. Je suis allé au bout de ce pari un peu fou. Je l'ai fait ! Je pose mon sac à dos en bout de course dans un établissement qui n'aurait pas pu avoir un plus beau nom après deux années de rencontres de gens merveilleux : l'hôtel de l'Amitié (même s'il faut expliquer au gouvernement chinois que l'amitié ne se décrète pas comme une réforme politique). Abdul Rekib m'y accueille, souriant. Après une douche, je m'installe sur le lit pour souffler et faire le vide : arriver à Kachgar un dimanche est une chance. Je vais aller au marché et n'ai pas à réfléchir à ce qui se passera après mon dernier pas.

Au bout du rêve : le marché de Kachgar

Le marché occupe une superficie impressionnante avec une large partie couverte et permanente organisée en quartiers regroupant des échoppes par spécialités : couteliers, marchands d'épices, papetiers, bonnetiers... Une fois par semaine, les éleveurs de la région, venus de très loin parfois, se retrouvent à Kachgar pour vendre et acheter des bêtes dans une immense section du marché à ciel ouvert, close sur trois côtés par des murs et sur le quatrième par un cours d'eau. Lorsqu'on entre dans cette enceinte, on quitte le monde moderne pour pénétrer dans un univers où le temps n'a presque plus prise. Des femmes s'y promènent, le visage intégralement couvert d'un voile opaque. Étonnant spectacle que celui de cette Chine musulmane où le gouvernement communiste ne veut pas heurter de front les revendications autochtones et laisse les fidèles prier à la mosquée ! Comme souvent en terre d'islam, les hommes portent des chapeaux. On distingue ainsi l'origine ethnique de chacun : les Ouïghours sont coiffés du haut-de-forme local en feutre sombre et arrondi au sommet, les Kirghizes en ont leur propre version blanche rehaussée de lignes et motifs de fil noir, les Tadjiks sont reconnaissables à leurs couvre-chefs carrés, et puis, il y a la multitude indéfinissable qui a trouvé son bonheur dans des casquettes et coiffes plus classiques chez les chapeliers locaux.

Marché aux bestiaux.

Élaboration des nouilles.

Les chameliers, eux, font la joie des badauds dont le regard est arrêté par un adorable chameau blanc. Les yacks, monstres velus des hauteurs, souffrent en bordure du désert du Taklamakan. Des chèvres sont attachées en grappe, tête-bêche, par cinquante, parfois plus : une dans un sens, une dans l'autre, liées entre elles par la corde qui serpente autour de leurs cous. Des acquéreurs surprennent les pauvres bêtes coincées en venant par-derrière tâter la qualité de leurs pis. Non loin de là, des brebis bientôt de sortie sont entre les mains d'un coiffeur pour dames : il allège leur toison par d'adroits coups de ciseaux avant qu'elles ne s'en repartent sur un camion. Ailleurs encore, sur plusieurs rangées d'une centaine de mètres, des acheteurs potentiels et des curieux admirent la course de chevaux fougueux montés par de tout jeunes cavaliers déjà maîtres de leur art. Quelques ânes, insatisfaits de passer la journée à la ville plutôt qu'aux champs, braient leur mécontentement tandis que les vaches acceptent plus paisiblement leur sort, comme à l'accoutumée.

Je reste des heures dans ce lent et quiet grouillement en m'arrêtant pour manger dans les baraques de plein air. Les cuisiniers y malaxent, allongent et entortillent la pâte pour confectionner à la main des nouilles au bon diamètre, qu'ils plongent ensuite dans l'eau bouillante. Les clients affamés attendent impatiemment leurs bols. Une fois servis, la bouche abaissée au niveau de la table, ils en aspirent le contenu au moyen de baguettes dans un joyeux concert de sifflements. Délestés de quelques pièces mais le ventre en paix, ils repartent après une exclamation de bonheur, un rot de délectation ou un soupir de plaisir pour la conclusion des dernières transactions de la journée, en se frayant un chemin parmi des rangées de gourmands qui règlent leur sort à des tranches de melon. Je retourne dans le centre-ville où, en ce jour de chance – encore un, mais on a parfois la chance que l'on veut bien se donner ! –, je remercie Mao Ze Dong, le Grand Timonier, l'homme de la Longue Marche, d'avoir choisi, il y a cinquante et un ans, le 1er octobre pour mener à bien sa Révolution. Le soir de mon arrivée à Kachgar, un peu comme un Chinois qui parviendrait en France un 14 juillet au terme d'un vaste voyage, j'ai droit, les jambes lourdes d'une dizaine de milliers de kilomètres, à un monumental feu d'artifice. Après tout, je suis dans le pays qui les a inventés.

Sort-on vraiment un jour d'un songe éveillé aussi beau, d'un tel rêve sans sommeil ? N'est-on pas marqué à jamais par le bleu de la liberté dans l'azur, le blanc étincelant des neiges, le vert des forêts et cet arc-en-ciel fascinant que sait être l'homme ? Oublieux de la dictature iranienne et des horreurs de la guerre croisées sur mon chemin en ex-Yougoslavie et en Afghanistan, mais riche des souvenirs de rencontres merveilleuses, de la bonté de mes congénères, de ces extraordinaires gens ordinaires, je souris tout seul. Je veux croire en la sagesse de l'homme, espérer encore et toujours en une fraternité à venir qui ne soit pas un mirage. Malgré toute la douleur du monde, malgré les différences de nations et d'idéologies politiques, de peuples et d'ethnies, de religions, de langues et de cultures, finalement, au fond de nous-mêmes, là, sous notre chair, nous ne sommes pas aussi éloignés les uns des autres que certains ont intérêt à nous le laisser entendre.

Je pense qu'avant de rentrer dans l'Occident frénétique où le rythme des choses s'accélère, je dois essayer de saisir une dernière fois un peu de l'illusion fluide et diaphane du temps alangui.

Je désire rester ici une bonne semaine et revoir le marché du dimanche, avant de m'en retourner tranquillement en autocar à travers l'Asie centrale.

Marseille, 8 août 1998 – Kachgar, 1er octobre 2000.

Étant parvenu au terme de mon long voyage, il m'apparaît important de remercier les sociétés et institutions qui, dès le départ, ont cru en ce projet et l'ont soutenu :

- Tout d'abord, la société Ricard, dont l'approvisionnement passe toujours par l'antique route de la soie et des épices, de la réglisse de Turquie et de Syrie à l'anis étoilé de Chine, et en particulier son président, Alain Chamla, ainsi que Paul-Robert Bouhier, directeur du marketing, Christian Carrère, directeur de la communication, et François-Xavier Diaz, directeur général de la S.A. Paul Ricard ;
- Le Conseil général des Bouches-du-Rhône et son président, Jean-Noël Guérini ;
- Aigle, qui m'a équipé en chaussures et vêtements, en particulier son président, Yves Mouriès, ainsi que Florence Bennet et Mireille Sarle ;
- Leica, pour son aide dans l'achat d'appareils photos ;
- Kodak, pour ses pellicules photographiques (en particulier Arnaud Tezenas du Montcel et Chantal Jouannic) ;
- Les laboratoires Picto, à Marseille (en particulier Philippe Denoueix et Valérie Mezzo) et à Paris (Tristan Cassiet), pour leurs tirages ;
- Air France, Aeroflot et Europ Assistance pour les retours ;
- Pyrenex, Primus et Casio.

Également l'ensemble des médias qui ont chroniqué ma progression, notamment :

- *Point de vue* (Patrick Marescaux, Xavier Houssin, ainsi que Magdalena Banach, Luc Castel, Sylvie Dauvillier et Nathalie Lourau) ;
- *La Provence* (Laurent Gilardino, René Gérard, Marie-José Lembo, ainsi que Nicole d'Acorsi, Jean-Michel Amiel, Dominique Arnoult, Marie-Ève Barbier, Géraldine Dalban, Jean-Jacques Fiorito, Paul-Henry Fleur, Danielle Guedon, Florian Launette, Gérard Le Maout, Irène Loguirato, Hervé Nedelec, Alain Roseghini et Frédéric Speich) ;
- France Bleue Provence (notamment Christiane Chadal et Laurent Segui).

À mon retour :

- L'UNESCO pour l'exposition consacrée à mon voyage et, notamment, Doudou Diène et Catherine Sténou, directeurs de la division du Dialogue interculturel, Reynaldo Harginteguy, Klara Isaak, Gail Larminaux, ainsi que Jacques Dominique et Carlos Gangoso ;
- L'Éclat de verre et Actua Concept pour les encadrements photographiques ;
- Marc Alaux, Julie Boch, Michel Janssens et Émeric Fisset, de Transboréal, pour la mise au point de cet ouvrage.

Et bien sûr l'Olympique de Marseille :

- Son président, Robert Louis-Dreyfus, ainsi que Thierry Agnello, Cédric Dufoix, Jean-Philippe Durand, André Fourniel, Laurent Hervé, Yves Marchand, Laurent Oreggia, Nathalie Paoli, Dorothée Rizzo, Jean-Michel Roussier et Louis Vassalucci ;
- Les 60 000 spectateurs du Vélodrome, dont les encouragements chaleureux, au soir du 8 août 1998, m'ont porté bien au-delà du stade.

Remerciements

Quoiqu'il me soit impossible de remercier tous ceux qui m'ont offert leur amitié sous la forme d'un thé, d'un sourire ou d'une tape sur l'épaule, j'aimerais citer ici les personnes qui, en deux ans de vie nomade, m'ont permis de m'enrichir de plus de souvenirs qu'en dix de vie sédentaire. Que les personnes omises m'excusent...

Mes parents, mon frère Christophe, mes oncles, tantes, cousins Magnier, Grandval, Clivio, Arlès, Guiol, Combemorel, Gigout et tous les autres. Je tiens également à remercier le consulat général de Russie à Marseille pour l'aide apportée dans les démarches administratives et, notamment, Alexandre Choulguine, consul général, Yury Kotelnikov et Arthur Kamalidenov. Pour leurs conseils, au ministère des Affaires étrangères à Paris, François Descoueyte, ainsi que Georgia Brochard et Aude da Costa.

Linda et Stéphanie Vertannes, Bernard et Nanouche Maurel, Steve Cuppy, Olivier, Rosy et Gabriel Autran, Patrick, Gillian et Cyprien Martini, Bernard, Élizabeth et Marie Faure, Jacques Hébrard, Bertrand et Barbara Brugnot, Emmanuel de Reyniès, Gabriel Chakra, Daniela Carrillo, Loïc Garcin.

Jérôme et Jean-François Achilli, Antoine et Aïda Agopian, Stéphanie d'Aïeti, Philippe et Anne Aigle, Pierre Albrand, Patrice et Cécile Amanatiou, Ismaïl Amohd, Éric Angélica, Rosa Ares, José d'Arrigo, Pierre, Chantal, Joël, Elsa et Édith Autran, Christian et Catherine Avazéri, Paul et Maria Alba de Backer, la famille Badiane, Djamel Bahli, Jean-Jacques et Corinne Barbagelata, Olivier Barrier et Laure Conan, Corinna Berthold, Delphine Blanchet, Jacques Blein, Luc Bohez, Bruno, Laurence, Adrien et Camille de Boissezon, le capitaine de vaisseau Buchaillet, Pierre Buet et Maëlys Castella, Vincent Bunel, François-Xavier et Pierre Calendini, Jean-Pierre Canavèse, le contre-amiral Capelle, Anne-Marie Casalta, Nadine Castellano, Éric Chartier et Charlotte Paturel, Olivier Combemorel et Nadège Buffe, Daniel Commeau, la famille Contardo Florès, Jean-Pierre Corsi, Ignace Corthouts, Manu Costantino, Denis Coubronne, Nicholas Crane, Pia Daix, Jules Dellamonica, Jean-Louis Deseine, Yves-Marie Deshayes, Jérôme Destoppeleir, Isabelle Dubois, le général Durand, Géraldine Éloy, Giancarlo et Yvana Fagiano, Yvan et Marie-Françoise Fauvel, Dominique et Catherine Ferrier, la famille Franquebalme, Philippe Frayon, Henri et Monique Garcin-Nicolas, Patricia Gonnet, Ibou et Meriem Goudiaby, François Grenot, Francis et Virginie Gros, Cyril et Stéphanie Gutton, Sylviane Hauser, Michèle Isnardon, Étienne et Delphine d'Izarny Gargas, le père André Jues, Nadia Karkar, Tomoko Kataoka, Nathalie Kiss, Emmanuel et Imke de Lanversin, Joyce Leader, Philippe Le Dreff, Frank et Laurence Legré, Christian Lemesre, Alice Lipscomb, le père Michel Lombard, Pascale Lucionni, Benoît Magnier, Emmanuelle Maillot, Christian et Lucile Malaterre, Olivier Martin, Jean, Reine et Nathalie Martini, Jean-Denis Marx, Pierre Masschelein, Edmond Maurin, Sarr M'Baye, João Francisco, Fatima et Pedro Menezes, Cathy Menguela, Frédéric et Florence Mineau, Gilles et Yukiko Monteau, Nicolas Moulin, Éric Muller Borle, Pierre Nakache, Taichiro et Keiko Nakamura, Roberto do Nascimento, Marie-Hélène Needham, Xavier Nègre, Pierre Pailheret, Aldo et Joseph Palazzolo, le général Piquemal, commandant la Légion étrangère, Gilles Passédat, Frédéric et Cécile, Frank et Laurence Potié, Alexandre Poussin, Paolo Queiroz, Sue et Michel Raison, Jean-Vincent et Isabelle Ramos, Diane Raphaël, Christophe, Marie, Violette, Gabrielle, Stéphane et Élizabeth Rastoin, Philippe Reboul, Hélène Rémond, Willy Renard, Karine Ricard, Olivier, Naomi, Léo, Cécile et Rémi Richard, Patrick et Brigitte Roubinet, Marc Roussel, Akiko Sakurada, Sebastião Salgado, Jeannine Savioli, Priscilla Telmon, Sylvain Tesson, Dominique Tian, Aïcha Touré, Laurent et Brigitte Tézier, Patrick Thierry, Jean-Claude Tirroloni, Louis et Sophie de Traverse, Edmond Tuilier et Sylvie Lachamp, Masami Umeda, Florent Vaudelin, Robert Villani, adjoint aux sports de la ville de Marseille, Brigitte Wijns, le vice-amiral Witrand, Olivier et Ghada Zattara, Jean-Bernard Zonta, Alpina Sports, l'Association des anciens élèves de l'ÉSSEC et le Club alpin français.

SUR LA ROUTE EN FRANCE : la famille Barthélemy (Cassis) ; Jean-Claude et Ikou Baumier (Sanary) ; Bernard, Chantal, Perrine et Gilles Grandval, Philippe et Isabelle Brégeard (Toulon) ; Jean-Max Tixier (Hyères) ; Pierre et Astrid Combalot (Cabasson) ; Myriam et Pierre-Yves Gillot (Saint-Tropez) ; Régis et Claudine Guiol (Saint-Raphaël) ; Bernard Staegemeier (Antibes) ; Pierre et Cécile Cravéro (Cagnes) ; Danièle Orliange, Ferdy Nogueira et Véronique Biglia (Nice) ; François et Pascale Hanoun (Villefranche).

ITALIE : Silvia Varaldo, Angelo et Ada Meroni (Albisola) ; Luigi Piccione (Stella San Giovanni) ; les étudiants Giorgio, Guglielmo, Giovanni, Lidia et Sakie (Gênes) ; Giorgio et Carmela Sansone (Camoglie) ; la famille Musetti (Grondola) ; Fausto, Giovanni Ferragutti et Silvio Marvisi (Parme) ; Valeria Liparini, Riccardo Badoilato (Palazollo della Stella) ; Nicolas Burckel, Alessandro Tiozzo et Pietro Spirito (Trieste).

SLOVÉNIE : Marija et Dragoljub Krsmanovic (Ljubljana) ; Joze et Milezna Ravbar, Ludvik Miklavcik (Novo Mesto).

CROATIE : le général Skender, Melisa Skender, Snjezana Dukic (Zagreb) ; Nicola, Jadranka, Marija et Katarina Pavelic (Klostar Ivanic) ; Anto et Jela Cavrag, Antun, Drago, Nikola et Stefanica Ivastinovic (Rajic) ; Nenad Matijasevic et Nathalie Kovacevic (Nova Gradiska) ; Petar Roksanotic (Luzani) ; Shane Evans et Anke Santens (Slavonski Brod) ; Ibrahimovic et Vladimir Dzuro (Vinkovci).

SERBIE (R.F. de Yougoslavie) : Michèle Emon, consul de France, Christophe Wurtz, attaché de presse de l'ambassade de France, Zoran Lukic, Gordona, Breberina, Milorad Ivanovic, Mirjana Stefanovic du journal *Blitz*, Jovan Matic de l'AFP (Belgrade) ; Marina Rakic de l'agence Beta, Zoran Matic (Saraorci) ; Milorad Radoslavjevic (Krnjevo) ; Vijoslav Velikovic (Velika Plana) ; Mijodrag, la famille Marinkovic (Staro Selo) ; Zivomir Kostic (Bargdan) ; Milorad Stojanovic, Branko Janakovic, Miodrag Miljkovic (Nich) ; Vlastimir, Milena, Ana et Jovana Zivic (Pirot) ; Johannes Rötting (Dimitrovgrad).

BULGARIE : la famille Mintchev ainsi que l'équipe de RFI, en particulier Dessislava Mintcheva, Ludmil et Elvira Fotev, Rossitza Nikolova, Virginia, Bobby, Borislav, Galia, Ivo Hristov (Sofia) ; Daniela Raicheva Doncheva (Novi Kan) ; Stojanov Lalov (Trivoditsi) ; Albena Hristova, Marguerite ; Afarasus et Maria Turdoglu (Plovdiv) ; Giorgi Nikolov Zoro (Vinitsa) ; Mattheus Postma (de Plovdiv à Istanbul).

TURQUIE : Matthieu, Valérie, Étienne et Argentine Serres, Éric Lebédel, consul général, Zeynel, Sema et Leyla Umar (Istanbul) ; Deniz Günech (Kartal) ; les pêcheurs d'Izmit, Ismaïl Yuksek (Teketabon) ; Osman Özek et Murat Duru (Akyazi) ; Recep Kirlak et Ersin Turan (Samampazari) ; Mehmet Yilmaz (Kacükköy) ; Oktay Konuklu (Çayirhan) ; Sebahattin Sahin (Etimechgut) ; la famille Ekinci ; Adil Atiser, Dijan Albayrak, Besak Candemir et les étudiants de l'université ODTU, Jean Renoux de l'ambassade de France (Ankara) ; Kerem Küçükkürt et Devrim Asan Baçak (Elmadag) ; Alper et Ilik Güngör, Bülent Caldar, Adem Cakmak (Delice) ; Ibrahim Içten (Akbogazköy) ; Kurban Aksu et les gendarmes d'Alembeköy, Fazli Usalolug (Sarikayaköy) ; Bekir Köç (Sekerhaciliköy) ; Hüseyin Çaliskan et Dilek Akmeriç (Çorum) ; Jafer Yauzer (Bekisköy) ; Ali Ekeyilmaz (Bogazkayaköy) ; Ali, Yakup, Aïche, Saray, Zeynep et Rahime Sahin (Kapikaya) ; Gazi et Özgür Arkoç (Amasya) ; Seyit Keleç (Kizilkistacik) ; Sükrü Hüstün (Boroboy) ; Fikret Bach et Muhterem Sarak (Karli) ; Emrullah Inal (Çakalli) ; Baris Bakir, Yunus Karakus, Devrim Karagüzel et Yener Kulyinoglu (Samsun) ; Sakir Gürel, Necati et Mehmet Ali Peker, Dursun Ali Berberoglu et Ali Senol (Ünye) ; Yusuf Tunç (Laleli Mahalesi) ; Bahtiyar Gündogdu (Ekinciköy) ; Sefki, Sayit, Birtane et Canan Guguk et Münteza Aksu (Bulancak) ; Tarik Çakir et Vedat Tek (Giresun) ; Ömer Sen (Görde) ; Gülay Sofuy (Eynesil) ; Halil Kalyoncu (hôtel Best, Besikdüzü) Richard Naisby, Nürgül Günaydin, Takin Aktay, Selman Öztürk et Alper Kaplan, Zihni Agirman et Ömer Altintas, Suat Aydin et Ahmet Türkel, les étudiants Nuray Çinar, Sinan Derin, Banu Aytekin, les étudiants Onur, Pinar, Selman, Sardar, Ismail, Ibrahim (Trabzon) ; Ertan Birol et Davut Taspinar (hôtel Kaptanlar, Rize) ; Bayram Kalafat « Balik Profesor » (Gündogdu) ; Hamza et Fatma Anliaçik (Akbucak) ; Musa Reyhan (Camlihemchin) ; Mehmet et Adnan Pirikoglu (Ayder) ; l'imam Hassan, Hüseyin et Kenan Özdemir (Akarsu-Esendal) ; Süleyman et Cengis Yigit (Gökce) ; Muhamed Günüs (Dereici-Savsat) ; Camandar et Ayhan Koca (Demirkapi) ; Asik Ibrahim Kara ; Binali Nahuci (Yukari Aydere).

GÉORGIE : Vincent Braniff, David Cook, Gogi Lolachvili, Akaki et Eka Lochochvili, Giga Lelachvili, Mariam Bakuvadze, Soso Latsabidze, Goga Tsintsadze et Sacha de la société OMS, Lali Japaridadze, Delya Farzalilyeva, Leri et Archil Pavlenichvili, Medea Abacheli, Lewan, Nelli et Nino Alkazachvili, Rezo Mkheidze, Giorgi Tsukilachvili, Natali et Giorgi Postkhveria, monsieur Bruzzo, consul de France, Marc Graille, Sébastien Dubost, Martial Renaud, Jacques Alvain et Christine Macagno, Daviti Zakariachvili, Lela et Marina Axell, Hatchik, Chadiman, Sergo, Edik, Teimuraz, Tamriko et Nika (Tbilissi) ; Giorgi et David Tatochvili, Sabir Aliev, Michael Bestaev, Veja Mamukachvili, Petre Andruladze, Badri Gikochvili, Mamuka Okochvili (Achaltsiche) ; Tedo « Chevardnadze » (Aspinza) ; Irma Aspanidze (Nijgori) ; Lewan et Marina Ivanidze et Tatiana (Vardzia/Tbilissi) ; Tamadzi Netanadze (Gogacheni).

POUR LA RÉVISION DES CINQ MILLE KILOMÈTRES À MARSEILLE, le personnel de la clinique Vert-Coteau et, en particulier, les docteurs Christina Antoine et Frédéric Potié et le brancardier Christian, François Pierre, podologue, Gaspard Estarellas, kinésithérapeute, les docteurs Philippe Calas, Coudreuse et Lecurieux et tous ceux qui se sont occupés de mon genou défaillant, ainsi que les docteurs Philippe Lafitte et Jean Héraud.

ARMÉNIE : Azat et Sargiz Alosian (Kazandji) ; les sœurs Marie-Noëlle et Marie-Reine, Rostom Restakian et le personnel de l'hôpital Redemptoris Mater (Achotsk) ;

Rafik Ovsepian (Marmasen) ; Artuch Davtian et Alex Terminasian, Tonoian Arusiak, Ovsanna Yeghoyan et leurs familles (Gumri) ; Marie Apoyan, « Garry » et Henno Asoyan Gregorevic (Artik) ; Never Grigorian (Maralik) ; les familles Matovesian et Zakarian (Noramanos) ; Manvel et Nina Sagatelian (Etchmiadzine) ; Michel Legras, ambassadeur de France, Paul-Henri Cosset, premier conseiller, Jacques Fauveau, consul, Lucine Avazian, le docteur Ara Babloyan, Manuchak et Serge, Spartak Ghazarian, Dorine Kuyumdjian, Cédric Scheiddeger et Leonardo Gmuer (Erevan) ; Araïk Papiyan (Noragavit) ; Sacha Nikolayevitch Kruglov (pour le bout de chemin fait ensemble) ; Zakar Zakarian et Andranik Andranikian (Artachat) ; Gurgen et Rosa Varditer Khachatrian (Chaumian) ; Hovik et Viktor Meloyan (Surenavan) ; Vagarchak Petrosian (Goraïk) ; Guren et Nano Frangulian, Suren Vardanian, Martun Khachatrian (Sarnakunk) ; Peter Drummond Smith, Tracy Morgan, Edgarina Danielian et la Mission Ost (Sisian) ; Armen et Donara Margarian (Letsen) ; Murat et Sarigul Simonian (Tatev) ; Valerik Bardagurian (Verni Chotanan) ; Archavir Mnatsakanian (Kapan) ; Karen Voskanian, Robert Grigorian (Kadjaran) ; Valodia Oganesian (Legvaz) ; Nikolaï Gevurkian (Megri).

IRAN : Merci au peuple iranien pour son extraordinaire sens de l'accueil et à l'ambassade de France, qui n'a pas été en reste après mes mésaventures : en particulier monsieur l'ambassadeur et madame Philippe de Suremain, messieurs Jean-Christophe Peaucelle, Emmanuel Ballu, Christian Lopez et leurs épouses, messieurs Foucher et Fourrière, le lieutenant-colonel Lignée, le major Genestier, Michel Gélinine, Patricia Mariella et Fadila Chahali, Thierry et Avsaneh Lagarde, Jean-Laurent Heyraud et son épouse, ainsi que l'équipe de la Gendarmerie nationale – Philippe et Rose Dassy, Didier et Dominique Pieds-Ferrés, Jack Piquard et son épouse –, Pierre-Yves Chauvey et son équipe de cuisine, les interprètes Mehrdad Sanaï et Huchyan Montasser, les secrétaires et les standardistes iraniennes, tout le personnel du service culturel, les techniciens Frédéric Bouhaben et Denis Chrétien, ainsi que Julien Delpech et l'AFP.

TURKMÉNISTAN : Yannick Maurette (Achkhabad) ; Tchahari et Orazgul Orazmudov (Sarakhs) ; Ogulbibi et Djuma Yusupov (route du désert) ; Mohamed Nurgeldiyev, Jolaman et Asyam Ablayev (Mala Hauz Han) ; Mohamed Agahanov, Batir Pachriyev, Guhantch Alamradov (conteneur sur la route) ; Batir Geldiyev (Bayram Ali) ; Thierry Joffroy et Junko Taniguchi (Merv) ; Malmahmet Khyderov (sovkhoze Soltan-Sanjar) ; Annali Mehmedkuliyev (Utchadji) ; Annageldi Sukhanov (kolkhoze 1er-Mai) ; Alim Djoraev, Abbas Razavian, Khojam Sadatov, Aybergenov Muzabek, Miniacharov Sunnet (Garaulguyi) ; Hudaibergen Pelekeyev (Turkmenabad).

OUZBÉKISTAN : l'ambassade de France et notamment monsieur l'ambassadeur et madame Jean-Claude Richard, Djamel Mohamedi et Frédérique Wittmer, David et Marie Mercadier, Fabienne et Thierry Jourde, Jean-Christophe et Sylvie Boutes, Lola, Farangis et Alicher Tatchpulatov, Guliya Mukimova (Tachkent) ; les pompiers de Karaköl, Mitch Wersal, Nurulayev Allaverdin (kolkhoze Zaravchan) ; Alik Sayedov (kolkhoze Tchor-Bakr) ; Olivier Amar, Catherine Blanc, Jan Iversen, Christine Marchal et Véronique Tronchot, ainsi que Jocelyn Chavy, David et Judy Robare, Zoïrcho Klitchev, Zilola, Nazira Guliamova, Janne Rikhert et Jeff Garnand (Boukhara) ; Gulsara et Bako Yadugarov (Vabkent) ; Salim Otakulov, Nuruyalev Madilov, Khojaev Sadik, Zakir Echmudarov Kemalovitch (Navaï) ; Ravchan, Zulpiya, Chadman et Bakhredin Tatchpulatov (Jaloyir) ; Tachniaz et Musalam Sadinov (kolkhoze Humar) ; Yayaev Tatchpulatov (Mir Bazar) ; Eskender Irkatoch (Kattakurgan) ; Azam et Leïla Akhrorov, Edward et Anna Kidd (Samarcande) ; Ahmad et Gulnora Umarov (Vorsin) ; Astor et Bakhtiar Khodjanov (sovkhoze Ilipok).

TADJIKISTAN : Echkul Kenjayev, Sughrab Mukhedinov (Pendjikent) ; Ismatullah Rakhmatulayov (Derevni Pendjikent) ; Nasirov Muratkhan Zakirovitch (kolkhoze Tchian) ; Nurulkhak Katayev (Tchurtcha) ; Abdullah Bayev, Baba et Babir (Kuliali) ; Nassib Kadirov (Artutch) ; Yormehmet et Muzafara (Kul e Kalon) ; Narzullah Khudakulov (camp « Alp base ») ; Jurabaï Nassulayev et Abdullah Khayulayev (alpage du lac Allaudin) ; Rufina Arefieva (camp de base « Vertical ») ; Gadoyev Olim (Pasrut) ; Anvar Vakhobov (lac Iskender) ; Mehmetkul (Saratag) ; Ziya, Adolat, Ferdosi et Lola Khasanov, Barend Knoetze, Muthu Kumar, ambassadeur de l'Inde, Georges Gerle, Andreas Duschl et l'ambassade d'Allemagne, Frank Ouf, Soraya et PSF, Merlin Achley et MSF, Frédéric Roussel, Stéphane Nicolas, Hugues Temple Bayer, Mir et ACTED (Douchanbe).

AFGHANISTAN : Stéphane Recker et Alexandre Carle (ACTED Taloqan et Fayzabad) ; Juerg Draeyer et Chantal Ludi (Baharak) ; l'imam Feyzul Rahman (Khesrau) ; l'imam Zinaïdine (Alejgareu) ; Philippe Le Gall, Djamila, Charlotte Mottel et MSF (Echkachem) ; Lutfekhoda et Zalmay (Qazdeh) ; Saïd Muchtak, Nuredine et Ahmed Chah (Degurgund) ; Mehmet Big et Kurban Mehmet (Pigich) ; le chah du Pandjah et Salaadin (Kaleh e Pandjah) ; Chirgul (Wuzud) ; Darvich (Rurung) ; Hafez Khan et Niyazbek (Sarhad e Wakhan) ; Usman et Jan Mohamed (Akbilis) ; Abdul Resul (Urgayili) ; Abdul Rachid Khan, Niyaz Ali et Abdul Wali (Karadjilga) ; Aknayboy (Tachpulak) ; Abdul Aziz, Abdul Ahat et Abdul Wali (Utchdjilga) ; Alina et Karim Kul (Woremetek).

PAKISTAN : Sarfaraz et Daria (Zud Khun) ; Barkat Ullah Khan et Aman Ali Chah, Sadik Chah et la Belge An, les Néo-Zélandais Iain et Jane Jenkins (Sost) ; messieurs Cattus, consul de France, et Ravi, vice-consul, Gabriel Buti et Danielle Tournier, de l'ambassade de France (Islamabad) ; Olivier Caduff (Gilgit) ; Mahmat Karim, Mahmat Nazir, Niyat Murat, Rahmat Hussein, Abid Hussein, Chir Khan, Chir Mahmat, Fozil Alim, Fozel Khan, Abdul Salam (sur la KKH).

CHINE : les Australiens Will et Jude Harper, Dave et Cao, le Japonais Toshiyasu Tsurahara et l'Américaine Kate Edgerton, les Slovènes Sana Fajdiga, Matej Prelogar, Gorazd Sajn et Matej Vrenk, l'Américain Steve Larson, la Française Frédérique Thibout et MSF, ainsi bien sûr que les peuples tadjik, kirghize et ouïghour, et certains Hans rieurs, croisés dans les restaurants de Kachgar.

SUR LE CHEMIN DU RETOUR, l'ambassade de France au Kazakstan et en particulier Gilbert Montagne, premier conseiller, Gilles Stern, consul de France, Christian Zobler et Madeleine Barberon, vice-consuls, Nathalie Beras, attachée culturelle, Janna, Elmira et leurs collègues, Catherine Gadais, Philippe Bourel de la Roncière et son épouse, le Danois Rasmul Bedel Larsen, le Kazakh Mursaliyov Gadilbek et, à Bichkek, les Kirghizes Macha et Natacha ainsi que le Franco-Belge Johan Gely.

Paysanne ouïghoure du Xinjiang.

Convaincu que lorsque l'on a beaucoup reçu il faut savoir à son tour donner, je souhaiterais apporter au moyen de ce livre, symboliquement et à sa modeste mesure, une contribution à deux projets, dont des représentants m'ont sans cesse aidé à poursuivre mon voyage : l'un dans un pays à l'histoire chrétienne, l'autre dans un pays de culture musulmane.

Il me paraît en effet indispensable que les communautés nationales, politiques, religieuses et ethniques adoptent des attitudes tolérantes pour que le XXIe siècle laisse aux générations futures plus l'image d'une période de paix, de fraternité et de dialogue que celle d'une nouvelle époque de guerre, de haine et de repli sur soi.

Je souhaite également attirer ainsi l'attention sur les conditions difficiles que connaissent la majorité des ressortissants des pays traversés. L'équivalent de la moitié de mes droits d'auteur sera donc versé à deux organisations ne ménageant pas leurs efforts pour soulager la détresse d'autrui :

– L'association Le Blé de l'espérance, qui aide en France des enfants hospitalisés, reversera les sommes collectées à l'hôpital pour enfants malades d'Erevan en Arménie. Cet établissement, mené par les docteurs Ara Babloyan et Spartak Ghazarian, traite ou opère gratuitement les enfants de familles défavorisées, notamment des reins.

– L'organisation non gouvernementale ACTED (Agence pour la coopération technique et le développement), très présente en Asie centrale. Mon souhait est de contribuer au financement de la construction d'une école dans le Wakhan, en Afghanistan. En cas d'événements politiques défavorables à une telle création, l'argent serait utilisé pour un autre projet, éventuellement en Afrique de l'Ouest.